圭叶侗寨契约文书

龙昭松家藏卷辑录研究

陈默涵　谭洪沛　编著

知识产权出版社
全国百佳图书出版单位
—北京—

图书在版编目（CIP）数据

圭叶侗寨契约文书：龙昭松家藏卷辑录研究 / 陈默涵，谭洪沛编著．— 北京：知识产权出版社，2023.10

ISBN 978-7-5130-8881-7

Ⅰ．①圭… Ⅱ．①陈… ②谭… Ⅲ．①侗族－契约－汇编－锦屏县 Ⅳ．①D927.734.369

中国国家版本馆CIP数据核字（2023）第163481号

内容提要

本书是对中国苗侗民族山林契约文书抢救性整理、著录的成果之一，全书收录了贵州省黔东南苗族侗族自治州锦屏县平秋镇圭叶侗寨龙昭松家族保藏的山林契约文书142件。该成果的出版，旨在进一步推动日渐濒危的苗侗民族山林契约文书的抢救保护工作，有效减缓因物质载体的濒危而造成所载优秀传统文化记忆的消亡。同时希望探索出行之有效的民族民间文献遗产整理、著录规范，为民族文献学等相关学科提供有参考价值的研究资料。

本书适合民族学、历史学、民族文献学研究者，民间文化爱好者阅读。

责任编辑：王　辉　　　**责任印制：**孙婷婷

圭叶侗寨契约文书——龙昭松家藏卷辑录研究

GUIYEDONGZHAI QIYUE WENSHU——LONGZHAOSONG JIACANGJUAN JILU YANJIU

陈默涵　谭洪沛　编著

出版发行：知识产权出版社有限责任公司　　网　址：http:// www. ipph. cn
电　话：010－82004826　　http:// www. laichushu. com
社　址：北京市海淀区气象路50号院　　邮　编：100081
责编电话：010－82000860转8381　　责编邮箱：laichushu@cnipr.com
发行电话：010－82000860转8101　　发行传真：010－82000893
印　刷：北京中献拓方科技发展有限公司　　经　销：新华书店、各大网上书店及相关专业书店
开　本：720mm×1000mm　1/16　　印　张：19
版　次：2023年10月第1版　　印　次：2023年10月第1次印刷
字　数：335千字　　定　价：106.00元

ISBN 978-7-5130-8881-7

龙昭松小传

龙昭松（1930—2013年），男，侗族，贵州省黔东南苗族侗族自治州锦屏县平秋镇圭叶村六组人。昭松老人为人正直诚恳，一生以种田为业，青壮年时曾兼做圭叶溪流域砍木、拉木、放排等劳务。

本书所收录的山林契约文书，原为该村龙秉照长子龙光平用书篋装载保管。20世纪80年代龙光平去世后，其子女都迁往黔东南苗族侗族自治州首府凯里市居住，这些文书则转由龙秉照三子龙光有的后人保管。20世纪90年代，由于某些原因，保管人不愿继续保管，便将装有这些契约文书的书篋弃置于村小学的隐秘处，后被龙昭松发现并带回家中保管至今。

苗侗民族山林契约文书著录整理及其规范问题探究述要（代序）

胡展耀

苗侗民族山林契约文书，又称“锦屏文书”或“清水江文书”，是明朝末年至中华人民共和国成立初期这近400年间，贵州的清水江、都柳江中下游和湖南沅江上游等苗侗民族聚居区域形成并传承至今的一宗宝贵的民族民间文献遗产。据目前已面世的文书看来，其内容和类型主要包括有山林和田土的买卖及租佃契约、山林股份清单、官府文告、民间诉状、分家文书、契簿、账册等。这些契约文书绝大多数还分散保藏于贵州省黔东南苗族侗族自治州的锦屏、黎平、天柱、三穗、剑河、凯里、台江等县市苗村侗寨的农民家中。藏量丰富、涉及内容广泛的苗侗民族山林契约文书，是苗、侗等民族民众在长期生产生活实践中形成的混农林生产、人工营林、木材贸易等地方性生存智慧的集中反映，被国内外专家学者誉为具有世界代表意义的民族文献遗产，是民族文献学、民族学、人类学、经济学、法学、历史学、农学、林学、生态学等多学科研究极为珍贵的第一手材料，具有重要的学术价值和社会价值。

一、苗侗民族山林契约文书的著录整理现状

自20世纪60年代贵州本土文献遗产保护研究专家杨有赓首次发现并率先开展研究以来，苗侗民族山林契约文书已越来越多地受到国内外学者的关注和重视，相关的整理研究成果也相继问世，成为我国苗学、侗学研究领域的又一突出成就。对于苗侗民族山林契约文书的著录整理，出版最早、最具代表性的成果有唐立、杨有赓、武内房司主编的《贵州苗族林业契约文书汇编（一七三六—一九五〇年）》（共3卷），张应强、王宗勋主编的《清水江文书》（共3辑33册），陈金全、杜万华主编的《贵州文斗寨苗族契约法律文书汇编——姜元泽家藏契约文书》。

《贵州苗族林业契约文书汇编（一七三六—一九五〇年）》（共3卷）由东京外国语大学国立亚非语言文化研究所于2001—2003年陆续出版，是杨有赓与日本学者合作整理研究的重要成果，是国内外学术界第一次对苗侗民族山林契约文书进行大规模的分类

整理并结集出版。在《贵州苗族林业契约文书汇编(一七三六—一九五〇年)》的史料篇中，编者将杨有赓前后三次获赠的苗侗民族山林契约文书共853件以影像图片和原件释文相对应的方式编排，所有契约文书统一分类编号，每一篇释文前冠以编号和该件契约文书的“契名”“卖主”“买主”“地名”“价银”“年代”“附注”等基本著录信息。依据所涉及内容性质的不同，编者还将这些文书分为：(A)山林卖契，共279件；(B)含租佃关系的山林卖契，共277件；(C)山林租佃契约或租佃合同，共87件；(D)田契，共55件；(E)分山、分林、分银合同，共90件；(F)杂契(包含油山、荒山、菜园、池塘、屋坪、墓地之卖契及乡规民约、调解合同等)，共45件；(G)民国卖契，共20件。每一类下，又以契约文书所订立的时间为序进行编排。

《清水江文书》是目前收录文书数量最为庞大的成果，共分3辑33册，收录文书一万余件，由广西师范大学出版社分别于2007年、2009年、2011年出版。该书是对编者在锦屏各地苗村侗寨所搜集到的苗侗民族山林契约文书原件影像图片的集中汇编，在编排上“以村寨为单位，每个村寨给定一个序号”，在村寨之下又将出自同一个家族或家庭的文书分为一卷，同一卷内再依据文书持有者的初始分类分为若干帙，“每一帙的文件则依照时间先后顺序排列”，从而每一件文书形成了一个由“村寨—家族—文书类别—文件”构成的编号。对于每一件文书的影像图片，编者拟定了一个由“事主”“事由”“文书种类”“时间”等要素构成的标题。

《贵州文斗寨苗族契约法律文书汇编——姜元泽家藏契约文书》收录了锦屏县文斗苗寨姜元泽家族保藏的664件契约文书，在编排上首先依据性质将其分为“契约”和“其他文书”两大部分，在每一部分中则依据时间顺序排列。每一件文书由影像图片和释文对应编排，共占据一页篇幅，图片居上，释文居下。释文之前冠以由“事主”和“事由”构成的标题。

除上述三种成果外，近年来又先后涌现出了有关苗侗民族山林契约文书著录整理的新成果，如潘志成、吴大华编著的《土地关系及其他事务文书》(贵州民族出版社，2011年出版)、《林业经营文书》(贵州民族出版社，2012年出版)，高聪、谭洪沛编著的《贵州清水江流域明清土司契约文书·九南篇》(民族出版社，2013年出版)、《贵州清水江流域明清土司契约文书·亮寨篇》(民族出版社，2014年出版)，等等。

对比分析上述代表性的著录整理成果可以看出，虽然编者结合自身的学科背景和研究专长进行了不同取向的探索实践，但由于其数量庞大、内容繁杂且缺乏现成的体例可供参考，对苗侗民族山林契约文书的著录整理至今仍未形成统一有效的规范，甚至同一编著者在其成果中也存在着标准不一、前后矛盾的问题。因此,为了尽可能规范苗侗民族山林契约文书的著录整理工作,促进这笔宝贵的民族民间文献遗产得到合理而有效的利用,有关著录整理的规范问题无疑成了一个急需探讨的现实课题。

二、彰显原创社区的局内观点

在社会法制日益完善的今天,数百年前形成并传承下来的苗侗民族山林契约文书并没有随着时代的发展而退出历史舞台,相反,它在原创社区民众心中仍是能够赐福于子孙万代的“传家之宝”。在学术研究领域,不同学科的研究者对苗侗民族山林契约文书有着不同的认识和价值评判,但无论学界的态度如何,文书原创社区及文书持有者始终有着自己的观点。

2011年11月18日,来自锦屏县文斗苗寨的两位农民专家——姜廷化、姜兰奎应邀登上贵州大学的讲台,详细讲述了关于苗侗民族山林契约文书的土著局内观点。在原创社区,苗侗民族山林契约文书是“祖先造林营林、成家立户的依据”,人们在日常生产生活的方方面面都会用到。以文斗寨为例,姜廷化详细讲述了文书在民众日常生产生活中的作用:一是作为村寨之间的边界约定,二是买卖双方之间交易的凭证,三是租山种树的依据,四是土地、宅院、房屋等买卖或转让的凭证。随着时代的发展,虽然大部分文书已经失去了其原有的用途,但它仍是物权所有人之间经济权益和经济关系的重要凭证之一,是原创社区民众解决山林物权纠纷的重要依据。对于原创社区民众来说,文书绝不仅仅是一段远去的历史陈迹,其背后所凝聚的“契约”精神不会随着大部分文书的失效而消逝,而是成为活在人们心中的生活法则。姜廷化坦言,人们保留这些文书,既是对祖先的缅怀和纪念,也是让后人谨记:“我们是忠厚诚实讲道德的民族,诚信是我们的财富,要一代一代传下去。”

对苗侗民族山林契约文书进行著录整理,最根本的目的就是在系统化、规范化的前提下促进文书研究向更深入、更广泛的方向发展,最终使这宗宝贵的民族民间文献遗产“转化为有效的发展资源”,最大限度地造福学术,造福原创社区各族民众。在原创社区内部,人们有一整套对文书自主保藏及分类利用的传统知识体系,同时他们也希望能够将这种文献遗产转化为促进当地民族文化发展的有利资源。因此,我们在著录整理苗侗民族山林契约文书时,首先要遵从的根本性原则就是尊重并维护文书原创社区及文书持有者的权益。一方面,对于文书的著录整理和开发利用等工作,必须征得文书原创社区及文书持有者的同意，依照他们的真实意愿开展抢救整理工作。另一方面，在文书著录整理成果中要对文书原创社区、文书持有者（或收藏单位）等信息加以明确。如前文所述《贵州文斗寨苗族契约法律文书汇编——姜元泽家藏契约文书》，就在成果名称中以副标题的形式明确了文书持有者姜元泽的产权。在该书正文之前，则以彩色图片附以文字说明的形式对文书持有者姜元泽夫妇、文书原创社区文斗苗寨以及文书搜集整理过程进行了直观、扼要的介绍。

苗侗民族山林契约文书是“全球最悠久独特混农林文明系统的活态记忆库”，是原创社区各族民众“对我国乃至全人类文化宝库的独特贡献”，在对其进行整理研究的过程中还应充分尊重其民族特性，彰显其民族质量，从而真正做到尊重和维护原创社区的文化权益。

三、空间和时间二维视野下的分类编排

对事物的分类，是人类认知和理解世间万物的首要前提，同时也是人类观察、比较、分析和概括能力的深刻体现。我国人类学家纳日碧力戈曾指出：“人类进行分类是认知的需要，是实践的需要：世界上万物纷杂，变化万千，令人眼花缭乱；命名和分类使丰富多彩、变幻无穷的世界缩小为我们能把握的规模。”对某一事物的分类和命名，是人类对该事物的认知、理解和把握程度的重要体现。

苗侗民族山林契约文书藏量庞大，据保守估计应在30万件之上。文书涉及内容则更为复杂，涵盖苗侗等民族土地制度、租佃关系、农业生产、林木经营、耕作制度、商业贸易、账目会计、股份合作、风物习惯、宗族制度等日常生产生活的方方面面。将数量庞大、内容丰富的文书分门别类，有助于研究者更全面、更深入地研究苗侗民族山林契约文书及其所反映的原创社区经济、社会和文化原貌。

前文所述苗侗民族山林契约文书著录整理早期的三种代表性成果，都对文书进行了尝试性的分类：《贵州苗族林业契约文书汇编（一七三六——九五〇年）》依据文书所涉及内容的性质将其分为山林卖契，含租佃关系的山林卖契，山林租佃契约或租佃合同，田契，分山、分林、分银合同，杂契（包含油山、荒山、菜园、池塘、屋坪、墓地之卖契及乡规民约、调解合同等），民国卖契等七大类别；《清水江文书》则将文书分为十大类，即契约文书、族谱、诉讼词稿、山场清册（坐薄）、账簿、官府文告、书信、宗教科仪书、唱本、誊抄碑文；《贵州文斗寨苗族契约法律文书汇编——姜元泽家藏契约文书》虽则主要依

据时间顺序对文书进行编排，但编者在前言中也依据文书性质将其分为佃契、卖契、分合同、其他四大类别，并在释文标题中对每一大类作了进一步的细分。

对苗侗民族山林契约文书的分类，是一项相对较为复杂的工作，很难制定出明确的分类标准。经过对比分析，我们认为，上述三家对苗侗民族山林契约文书的分类，不仅各家所采用的分类标准不同，而且每一家自身的分类标准也不尽一致。以《贵州苗族林业契约文书汇编（一七三六——九五〇）》为例，编者依据文书所涉及内容的性质将其分成了七大类别，而其中G类“民国卖契”明显是依据时间划分出的一个类别，分类标准前后并不一致。

在整理校注契约文书的过程中我们发现，同一社区内尤其是同一家族所保藏的文书在反映该社区（或家族）经济、社会、文化发展的历史面貌方面具有极强的关联性，在时间维度上更具有明显的连续性，通过历时性和共时性相结合来承载并反映原创社区的经济、社会、文化等方面的发展历史。因此，我们主张，在对数以十万计的文书进行系统整理分类汇编的过程中，空间场域应作为分类的首要依据，以县-乡（镇）-村-户四级空间场域作为分类标准，同一场域内的文书在著录整理时应相应地划为一起。在以空间场域为依据进行分类的基础上，再以时间顺序为依据进行二次分类编排。

目前，学界对苗侗民族山林契约文书的分类，往往依据文书涉及内容的性质将其分为诸如田契、林契、佃契、卖契等类别。我们认为，这种分类方法，虽有一定的标准可以依据，但事实上文书的内容则远远超出了这种分类标准的复杂程度，无论如何总有一些交叉、两可或无法归类的情况。而且，这种分类方法的实用性也值得商榷，因为对于某一特定专业领域的研究者而言，或许可以选取便于自己研读的标准进行分类，但脱离了这一特定的专业领域，其分法也许就会失去相应的价值。我们对苗侗民族山林契约文书进行系统地整理分类汇编，其目的是明确文书原创社区和文书持有者的权益，在此基础上使这宗宝贵的文献遗产最大限度地服务于学术，服务于社会。因此，在整理分类汇编时依据空间和时间标准进行二级分类即可。至于更为详尽的分类，可由不同学科的研究者根据自身需要进行进一步的划分。

四、苗侗民族山林契约文书著录整理体例

苗侗民族山林契约文书是原创社区数百年来混农林复合文明系统的“活态记忆库”，是当地各族人民最为宝贵的民族民间文献遗产。因此，无论是文书本身还是其所

载内容，均是重要的学术研究资源。对其进行著录整理，就是要促进相关研究更为规范，更为深入，提高学术资源的利用效率，使其最大限度地发挥应有的学术价值和社会价值。

要达到上述目的，就须对苗侗民族山林契约文书进行科学、规范的著录整理，在著录整理过程中，一方面要最大限度地忠实于文书的原貌，另一方面要尽可能全面地著录每一件文书的重要信息。依据多年来整理校注苗侗民族山林契约文书的实践经验，借鉴和参考国内外学者在敦煌文书、吐鲁番文书、徽州文书及其他出土文献和民间文献的分类著录整理方面的成果，我们认为，对苗侗民族山林契约文书的著录整理，应采用影像图片、释文、注释三个版块内容统一编排、依次对应的文献学体例。

影像图片是文书原件最为直观的反映，也是文书原件真实性的一种重要体现。在著录时应标注其物理尺寸，并对其纸张性状、破损状况、濒危程度及字迹、印章等情况进行说明，以帮助阅读者首先从具象层面对每一件文书有一个总体性的把握。释文就是对文书所载文字内容的活字化录入，它有助于阅读者进一步对文书所载内容进行有效的判读和研究，在录入释文的过程中应尽可能忠实于原件的行文格式及出现的各种符号。注释则是对文书内容的有益补充，是对文书进行解读和研究必不可少的背景材料。

正如我国民族文献学家罗德运在《民族文献学刍论》(载《中南民族学院学报》1997年第4期)一文中所指出的：卷帙浩繁的我国各民族文献，“记录了历史上各民族的起源、名称的沿革、支派的离合、势力的涨落、部族的消长、文化的变迁等历史演化的历程，以及各民族之间相互接触和融合的概况，它们既是民族学研究的宝贵材料，又是文献学研究不可或缺的一部分”，“同时具有民族学和文献学的双重价值”，必须建立一门旨在“研究研究中国各民族文献的产生、发展和演进过程及其性质、形态、结构、类型、特点与搜集、整理、保藏、利用的一般规律”的学科——民族文献学，进行专门研究。鉴于苗侗民族山林契约文书数量浩瀚、内涵丰富，必须加以著录整理，才便于各学科领域乃至社会各界研究利用。此外，由于水渍、烟熏、折皱、火灾等原因，导致这些珍贵的文献遗产处于迅速濒危的状态，亟须抢救保护。因此，本书编著者所在的贵州师范学院民族文献遗产抢救保护研究团队，与有关县市档案文献工作人士合作，基于多年来探索实践所形成的上述著录整理原则和操作规程，参考前人著录整理成果，有计划地对贵州省黔东南苗族侗族自治州锦屏等县苗村侗寨民众家藏的契约文书进行抢救性的著录整理，形成系列成果。这本《圭叶侗寨契约文书·龙昭松家藏卷辑录研究》，就是其中的成果之一，全书收录了陈默涵、谭洪沛等人在锦屏县平秋镇圭叶侗寨龙昭松家搜集拍摄的142件山林契约文书。通过这些著录整理成果的汇编出版，以及由编著者主持承担的一系列有关苗侗民族山林契约文书抢救整理与修复保护的应用研究课题的配合研究，我们相信，一方面，可有效推动日渐濒危的苗侗民族山林契约文书的抢救保护工作，有效减缓因物质载体的濒危而造成所载苗侗民族文化记忆的消亡。另一方面，可为学术界提供一套可资借鉴的民族文献著录整理规范，为正在建设中的中国民族文献学学科提供一个鲜活的个案，促进这一新兴交叉学科的建设和完善。

凡　例

一、本书收录了编著者在贵州省黔东南苗族侗族自治州锦屏县平秋镇圭叶村龙昭松家搜集拍摄的142件山林契约文书，图片142张。

二、本书所收录的每一件契约文书包括影像图片、释文和题解三项内容。每一张影像图片前加注文书编号和原件物理尺寸，释文前加注以“订立时间+事主+事由”所构成的标题，题解则详细说明了每一件契约文书的订立人、订立时间、事由、文书类型以及文书的保藏地点、编号、内容列数字数、原件濒危度等事项。

三、本书所收录的契约文书一律按照订立时间先后排序。若原文未明确显示订立时间但可从内容信息推断出时间者，则置于相应位置；不可推断出具体时间者，置于最后。

四、为更好地保持文书著录整理的原真性，释文、标题和题解均按照古籍整理的通行惯例及文书原件排列格式，以繁体字从右至左竖排，并按国际通行的古典文献整理研究规范，在正文每一列文字之前加注列序，以便读者查阅。

五、文中地名标注“＝”，人名标注“—”。

六、文中出现计算机无法显示的字，直接改为正字，并标注“()”。

七、文中凡因原件极度残缺或因字迹模糊无法辨认之处，均以“□”标识，一“□”一字。

八、文中已被涂抹的文字，均以“■”标识，一“■”一字。

目　录

编号：LZS001（350mm×460mm）

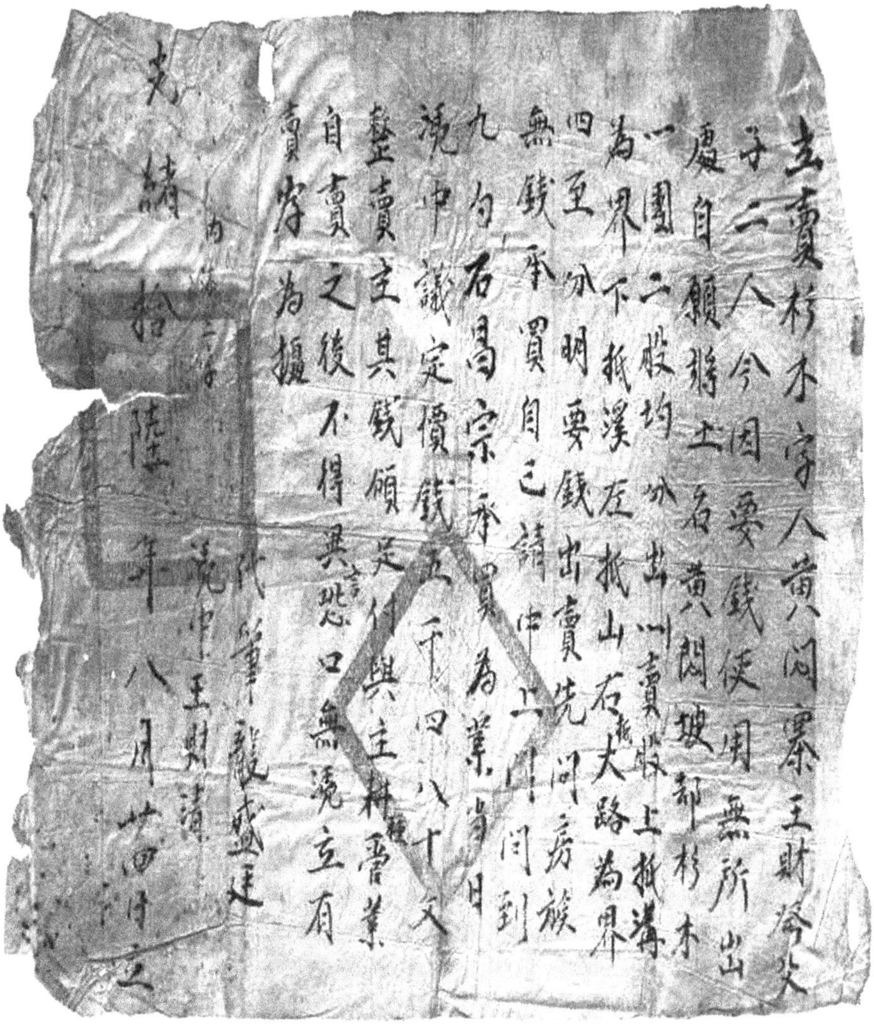
立賣杉木字人黄八岡寨王財發父
子二人今因要錢使用無所出
處自願將土名黄八閼坡郡杉木
一團二股均分出川賣股上抵溝
為界下抵溪左抵山石抵大路為界
四至分明要錢出賣先問房族
無錢承買自己請中上門問到
九句石昌宗承買為業當日
憑中議定價錢五千四八十文
整賣主其錢領足付與主耕管業
自賣之後不得異言恐口無憑立有
賣字為據
代筆 龍盛廷
憑中 王財清
內添二字
光緒拾陸年八月廿四日 立

LZS001　光绪十六年八月二十四日王财发等卖杉木字*

一　立賣杉木字人黄闷寨王財發父
二　子二人，今因要錢使用，無所出
三　處，自願將土名黄悶坡却杉木
四　一團，二股均分，出一賣股。上抵溝
五　為界，下抵溪，左抵山，右[抵]大路為界，
六　四至分明。要錢出賣，先问房族，
七　無錢承買，自己請中上门问到
八　九勺石昌宗承買為業。当日
九　(凴)中議定價錢五千四八十文
十　整，賣主其錢領足，付與主耕[種](管)業。
十一　自賣之後，不得異[言]。恐口無(凴)，立有
十二　賣字為據。
十三　　　　　代筆　龍盛廷
十四　　内(添)三字　(凴)中　王財清
十五　光緒拾陸年八月廿四日　　立

*此为王财发父子光绪十六年(1890年)八月二十四日卖杉木字据，原件现保藏于龙昭松家中，原色影像典藏于贵州师范学院『中国山地民族特色文献数据库』，编号为LZS001。原件内容共15列168字。原件有多处缺孔和裂痕，有三处红色方形印章，为圭叶侗寨少见的红契之一。

编号：LZS002（260mm×470mm）

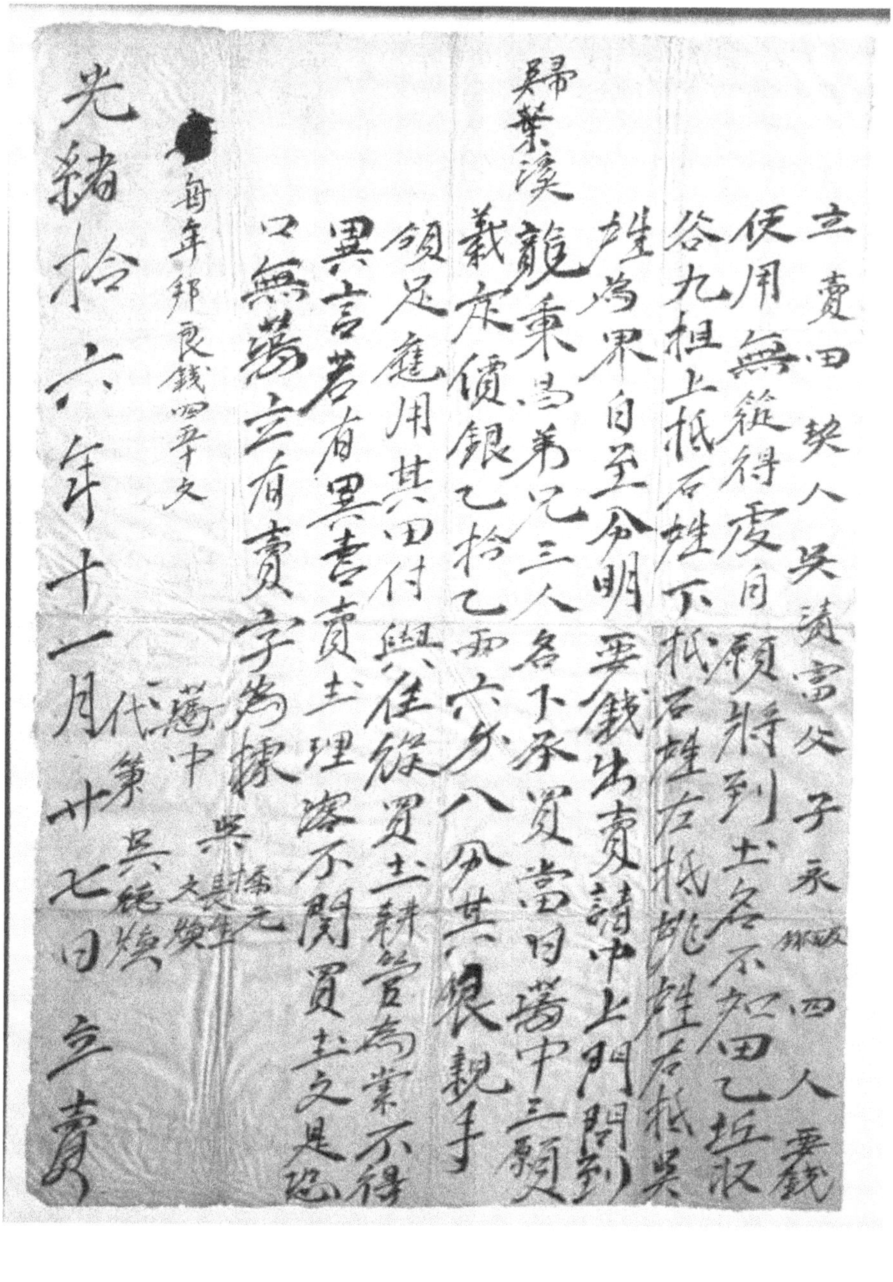

立賣田契人吳濟富父子承郎政四人要錢
使用無從得處自願將到土名不知田乙坵收
谷九担上抵石姓下抵石姓右抵姚姓右抵吳
姓為界自至分明要錢出賣先請中上門問到
歸葉溪龍秉忠弟兄三人名下承買當日憑中三面
議定價銀乙拾乙两六分八分其银親手
領足應用其田付與住從買主耕管為業不得
異言若有異書賣主理落不関買主之是恐
口無憑立有賣字為據
憑中 吳播之 吳長生 吳文煥
代筆 吳德煥
每年邦良錢四百十文
光緒拾六年十一月廿七日 立賣

LZS002　光绪十六年十一月二十七日吴渍富等卖田契*

一　立賣田契人吳漬富父子、永福（汲、钧）四人，要錢

二　使用，無簆得（處），自願將到圡名不如田乙坵，（收）

三　谷九担。上抵石姓，下抵石姓，左抵姚姓，右抵吳

四　姓為界，自至分明。要錢出賣，請中上門問到

五　（歸）葉溪龍秉昌弟兄三人名下承買。當日（憑）中三願

六　義定價銀乙拾乙兩六（錢）八分，其銀親手

七　領足應用，其田付與任從買圡耕管為業，不得

八　異言。若有異言，賣主理落，不関買主之是。恐

九　口無（憑），立有賣字為據。

十　■每年邦良钱四五十文　（憑）中　吳長生（喬元、文焕）

十一　代筆　吳德焕

十二　光緒拾六年十一月廿七日　立賣

*此为吴渍富、吴永汲、吴永福、吴永钧父子四人光绪十六年（1890年）十一月二十七日卖田契约，原件现保藏于龙昭松家中，原色影像典藏于贵州师范学院『中国山地民族特色文献数据库』，编号为LZS002。原件内容共12列187字。

编号：LZS003（330mm×450mm）

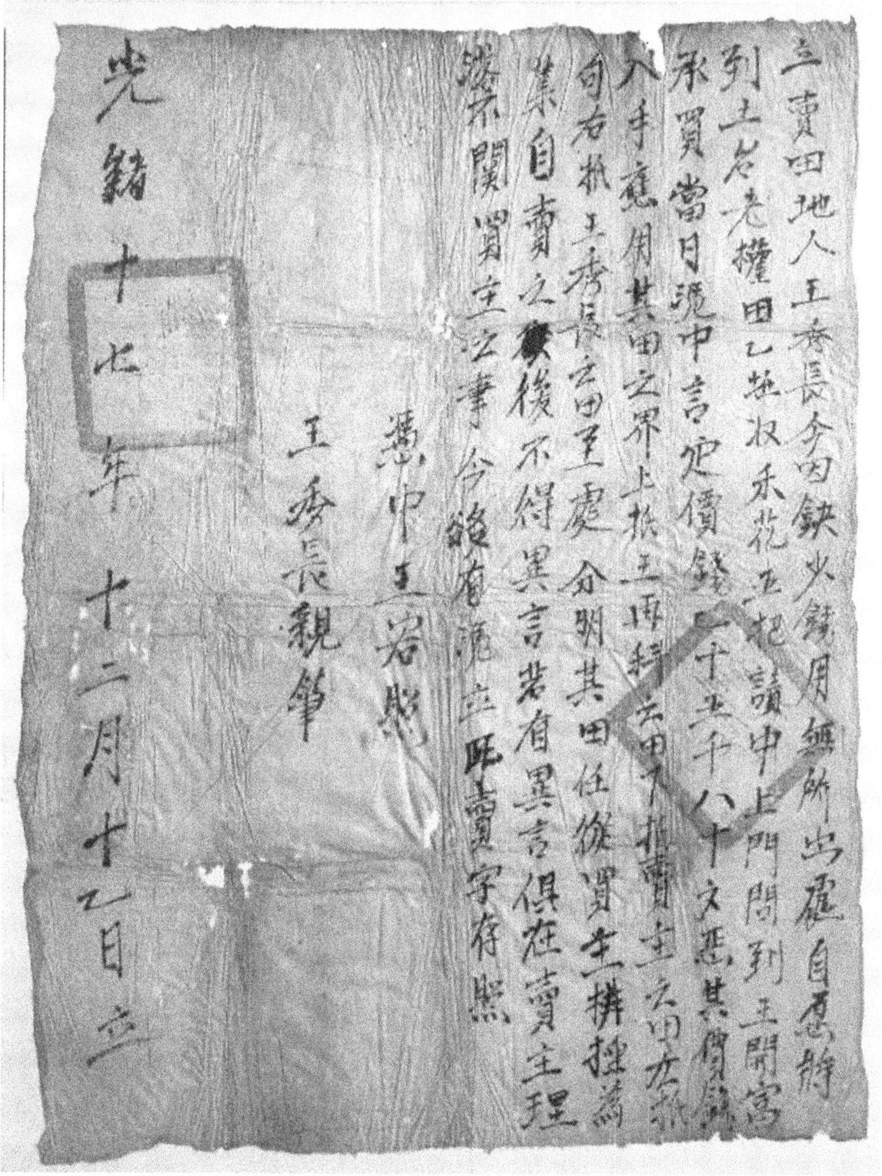

立賣田地人王秀長今因缺少錢用無所出處自愿將
到土名老檬田乙坵收禾花五把請中上門問到王開富
承買當日憑中言定價錢一千五千八十文整其價錢
入手應用其田之界上抵王再科之田下抵賣主之田左抵
右抵王秀長之田四至處分明其田任從買主耕種為
業自賣之後不得異言若有異言俱在賣主理
落不關買主之事今欲有憑立此賣字存照
憑中王岩照
王秀長親筆
光緒十七年十二月十乙日立

LZS003　光绪十七年十二月十一日王秀长卖田地契*

一　立賣田地人王秀長，今因鈌少錢用，無所出處，自愿(將)

二　到土名老權田乙坵，(收)禾花五把，請中上門問到王開富

三　承買。當日(凴)中言定價錢乙十五千八十文(整)，其價錢

四　入手應用。其田之界上抵王再科之田，下抵賣主之田，左抵

五　句，右抵王秀長之田，至處分明。其田任從買主(耕)(種)為

六　業。自賣之■後，不得異言。若有異言，俱在賣主理

七　落，不関買主之事。今(欲)有(凴)，立此賣字存照。

八　　憑中　王容照

九　　王秀長　親筆

十　光緒十七年十二月十乙日　立

*此为王秀长光绪十七年(1891年)十二月十一日卖田地契约，原件现保藏于龙昭松家中，原色影像典藏于贵州师范学院『中国山地民族特色文献数据库』，编号为LZS003。原件内容共10列165字。原件有多处缺孔和明显褶皱，有两处红色方形印章，为圭叶侗寨少见的红契之一。

编号：LZS004（330mm×490mm）

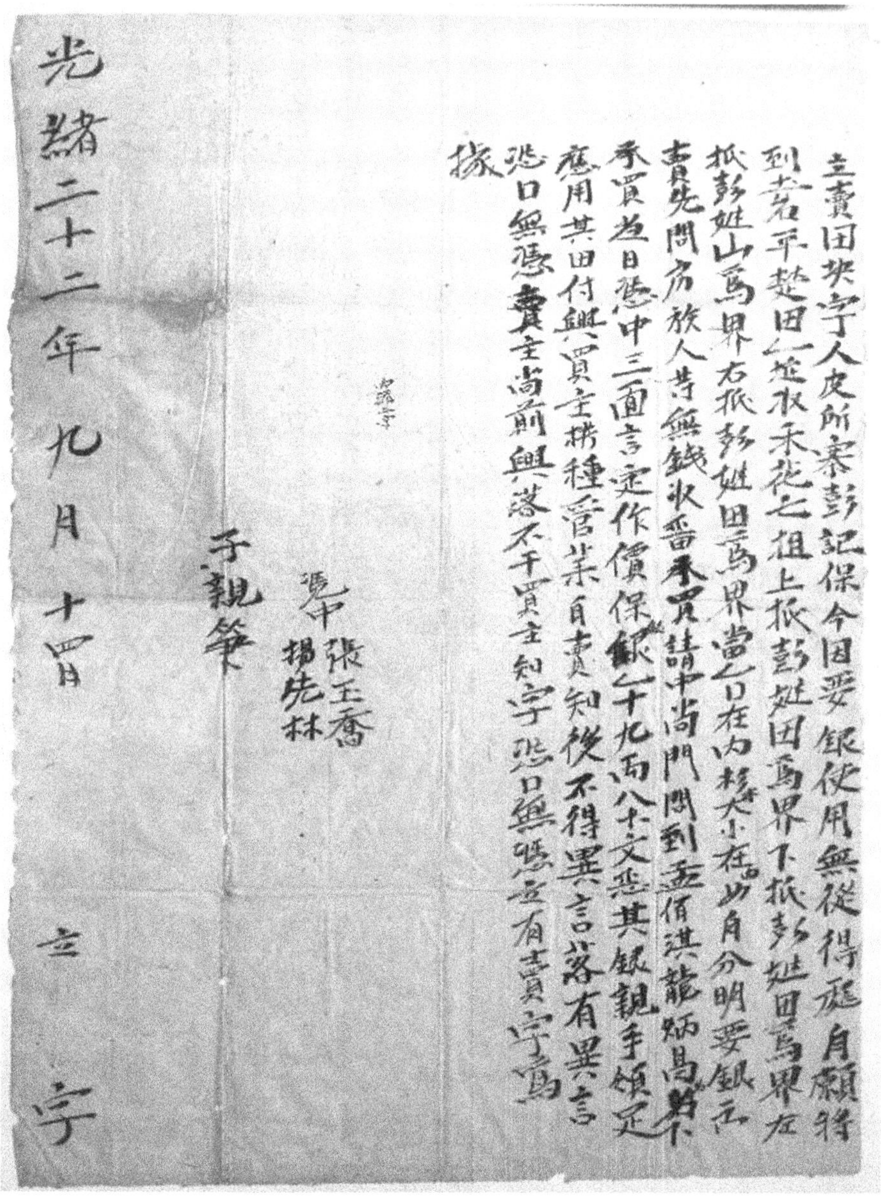

立賣田契字人皮所寨彭記保今因要銀使用無從得處自願將
到名平楚田一坵收禾花之祖上抵彭姓田為界下抵彭姓田為界左
抵彭姓山為界右抵彭姓田為界當日在內杉木大小在內分明要銀出
賣先問房族人等無錢承買請中尚門問到孟侯洪龍炳昌名下
承買為業當日憑中三面言定作價保銀一十九兩八十文其銀親手領足
應用其田付與買主耕種管業自賣知後不得異言如有異言
恐口無憑賣主尚前與落不干買主知字恐口無憑立有賣字為
據

憑中 張玉喬
楊先林

子親筆

光緒二十二年九月十四日 立字

LZS004　光绪二十二年九月十四日彭记保卖田块字*

一　立賣田块字人皮所寨彭記保，今因要銀使用，無從得處，自願將

二　到圡名平楚田乙坵，(收)禾花七(担)。上抵彭姓田爲界，下抵彭姓田爲界，左

三　抵彭姓山爲界，右抵彭姓田爲界，當乙口在内，杉木大小在内，四自分明。要銀(出)

四　賣，先問房族人(等)，無錢(收)(留)承買，請中尚門問到孟佰淇龍炳昌名■下

五　承買。当日憑中三面言定作價保銀■乙十九(兩)八十一文(整)，其銀親手領足

六　應用，其田付與買主(耕)種(管)(業)。自賣知後，不得異言。落有異言，

七　恐口無憑，賣主尚前與落，不干買主知字。恐口無憑，立有賣字爲

八　據。

九　　　内(添)二字

十　　　　　憑中　張玉喬　楊先林

十一　　　子親筆

十二　光绪二十二年九月十四日　立　字

*此为彭记保光绪二十二年(1896年)九月十四日卖田块字据，原件现保藏于龙昭松家中，原色影像典藏于贵州师范学院『中国山地民族特色文献数据库』，编号为LZS004。原件内容共12列220字。

编号：LZS005（290mm×480mm）

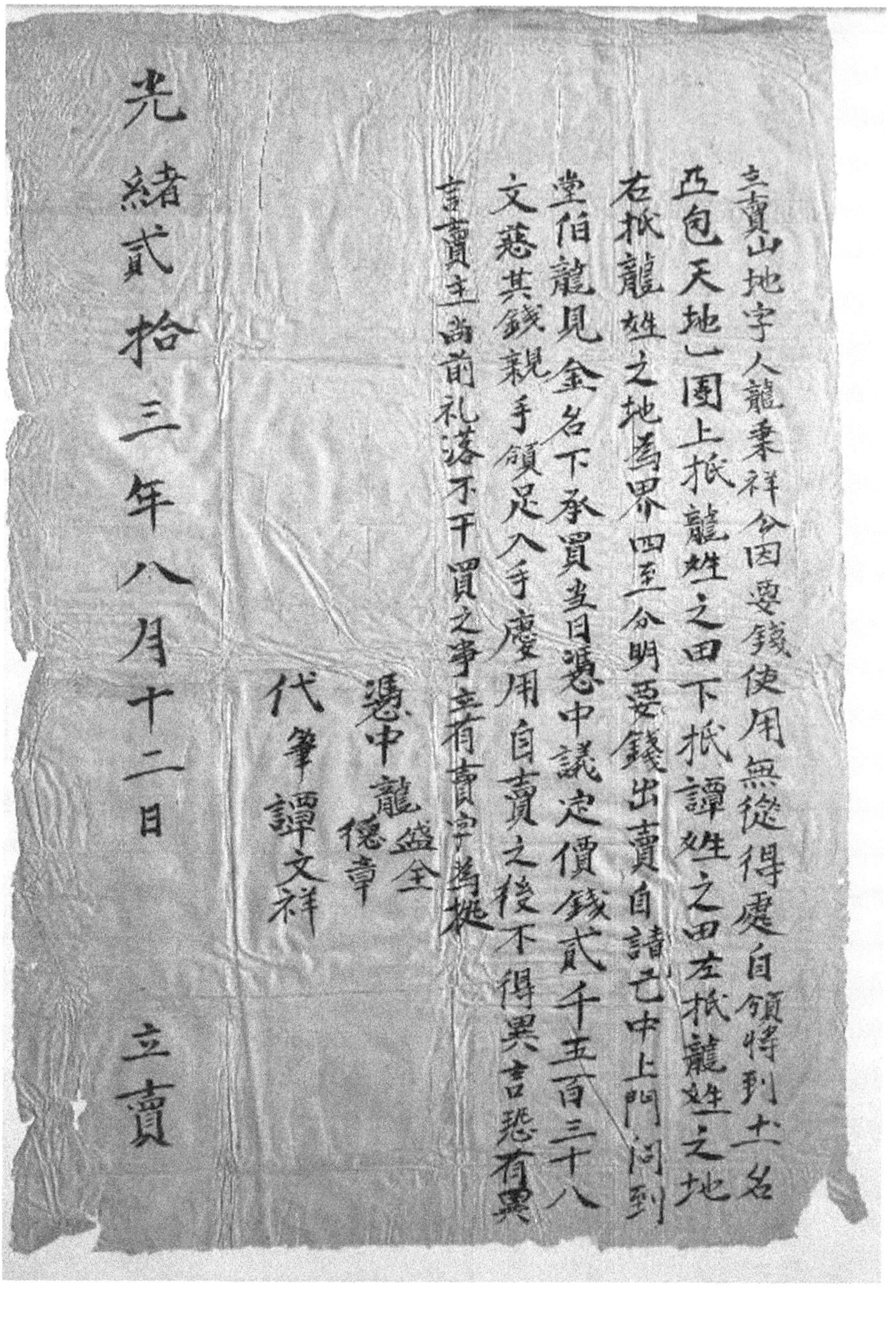
立賣山地字人龍秉祥今因要錢使用無從得處自願將到土名
岧包天地一團上抵龍姓之田下抵譚姓之田左抵龍姓之地
右抵龍姓之地為界四至分明要錢出賣自請己中上門問到
堂伯龍見金名下承買當日憑中議定價錢貳千五百三十八
文整其錢親手領足入手應用自賣之後不得異言恐有異
言賣主上前礼落不干買之事立有賣字為據
憑中龍盛全
德章
代筆譚文祥
光緒貳拾三年八月十二日　立賣

LZS005　光绪二十三年八月十二日龙秉祥卖山地字*

一　立賣山地字人龍秉祥，今因要（錢）使用，無（從）得處，自（願）（將）到土名

二　凸包天地乙團，上（抵）龍姓之田，下（抵）譚姓之田，左（抵）龍姓之地，

三　右（抵）龍姓之地為界，四至分明。要（錢）出賣，自請己中上門问到

四　堂伯龍見金名下承買。当日憑中議定價錢貳千五百三十八

五　文（整），其錢親手領足入手（應）用。自賣之後，不得異言。（恐）有異

六　言，賣主尚前礼落，不干買之事，立有賣字為拠。

七　　　　　　　　憑中　龍盛全　龍德章

八　　　　　　　　代筆　譚文祥

九　光緒貳拾三年八月十二日　立　賣

* 此为龙秉祥光绪二十三年（1897年）八月十二日卖山地字据，原件现保藏于龙昭松家中，原色影像典藏于贵州师范学院『中国山地民族特色文献数据库』，编号为LZS005。原件内容共9列163字。原件有明显褶皱，下端有撕裂痕迹。

编号：LZS006（285mm×470mm）

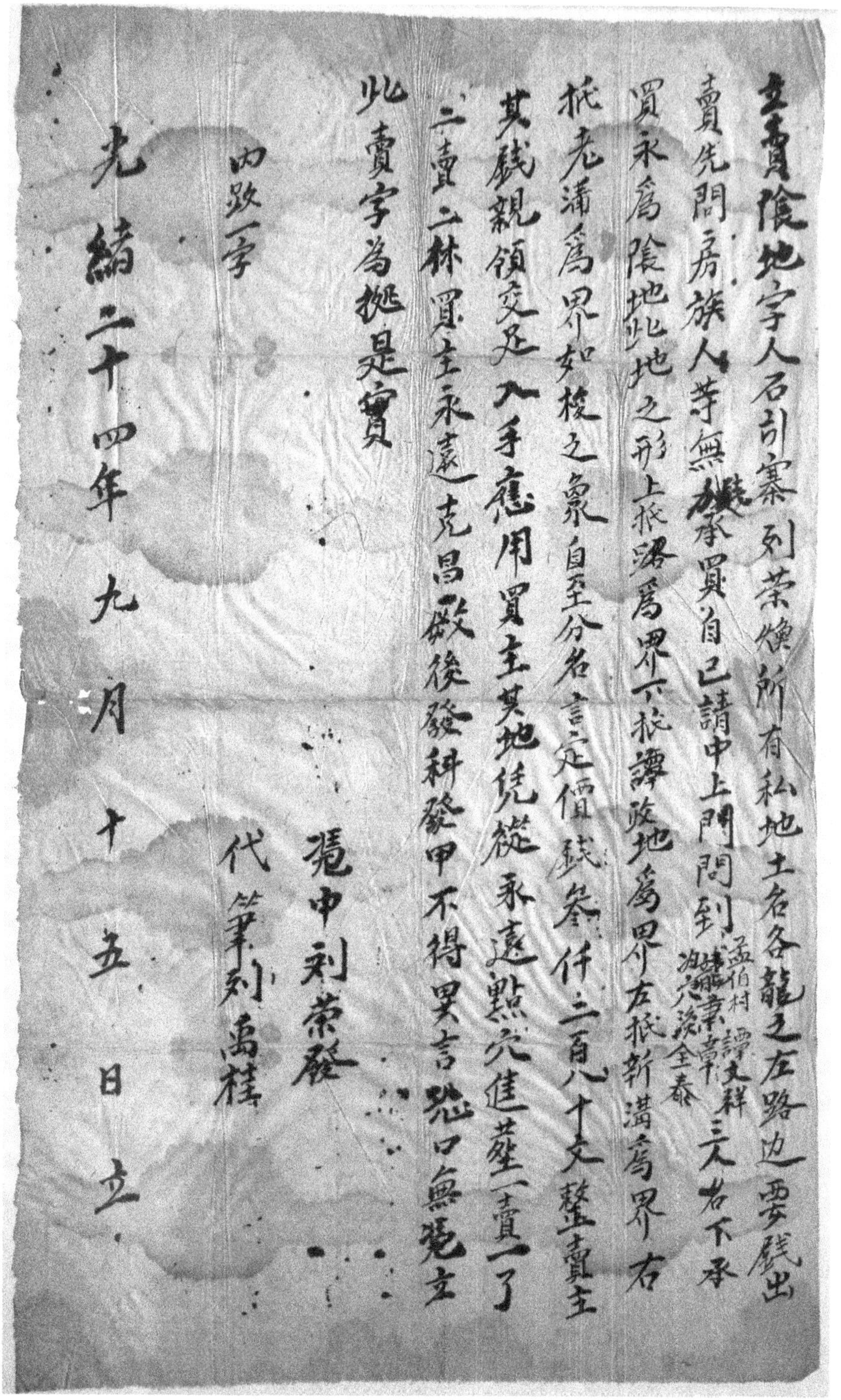

立賣陰地字人石引寨刘荣煥所有私地土名各龍之左路边要錢出賣先問房族人等無錢承買自己請中上門問到孟伯村譚文祥、譚義章、潘金春三人名下承買永為陰地此地之形上抵路為界下抵譚姓地為界左抵新溝為界右抵老溝為界如梭之象自至分名言定價錢叁仟二百八十文整立賣主其錢親領交足入手應用買主其地任從永遠點穴進葬一賣一了二賣二休買主永遠克昌厥後發科發甲不得異言恐口無憑立此賣字為據是實

內改一字

憑中 刘荣發

代筆 刘禹桂

光緒二十四年九月十五日 立

LZS006　光绪二十四年九月十五日刘荣焕卖阴地字*

一　立賣(陰)地字人石引寨刘荣焕，所有私地土名各龍之左路边，要錢出

二　賣。先問房族人(等)，無■(钱)承買，自己請中上門問到　孟伯村谭文祥　龍秉章　归穴溪　全泰　三人名下承

三　買，永爲(陰)地。此地之形，上(抵)路爲界，下(抵)譚政地爲界，左(抵)新溝爲界，右

四　(抵)老溝爲界，如梭之象，自至分名。言定價錢叁仟二百八十文整，賣主

五　其錢親領交足，入手應用，買主其地凭(從)永遠點穴進葬。一賣一了，

六　二賣二休。買主永遠克昌厥後，發科發甲，不得異言。恐口無凴，立

七　此賣字為拠是實。

八　　　　　　　凴中　刘荣發

九　内(改)一字　　　代筆　刘禹桂

十　光绪二十四年九月十五日　　立

*此为刘荣焕光绪二十四年(1898年)九月十五日卖阴地字据，原件现保藏于龙昭松家中，原色影像典藏于贵州师范学院『中国山地民族特色文献数据库』，编号为LZS006。原件内容共10列204字。原件中有多处污渍。

编号：LZS007（310mm×450mm）

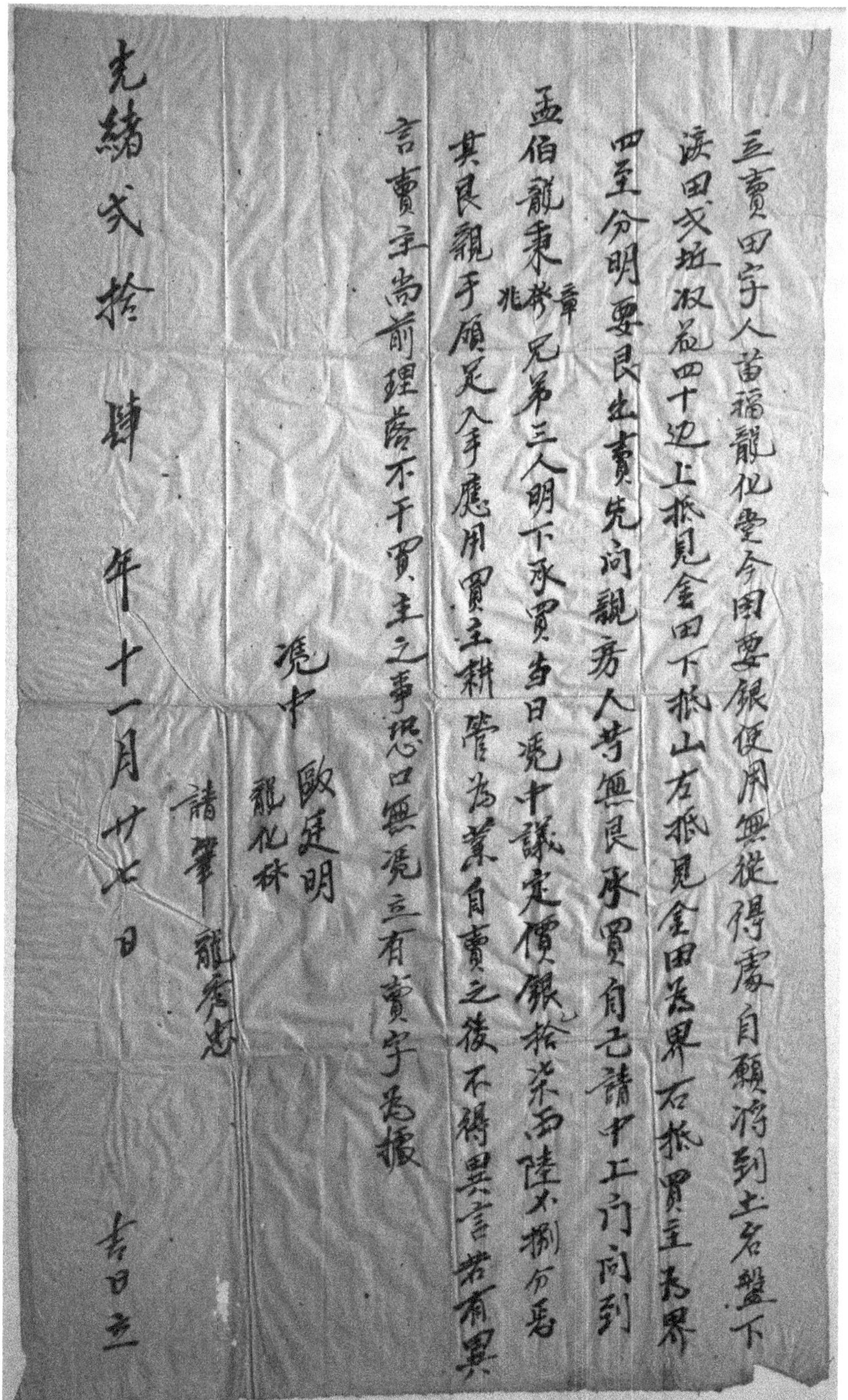
立賣田字人苗稲龍化雯今因要銀使用無從得處自願將到土名盤下
溪田弍坵叔名四十边上抵見金田下抵山左抵見金田為界右抵買主為界
四至分明要艮出賣先問親房人等無艮承買自己請中上门问到
孟佰龍秉章兆兄弟三人明下承買當日凴中議定價銀拾柒両陸錢捌分正
其艮親手領足入手應用買主耕管為業自賣之後不得異言若有異
言賣主當前理落不干買主之事恐口無凴立有賣字為據
凴中 歐廷明
龍化林
請筆 龍秀忠
光緒弍拾肆年十一月廿七日 吉日立

LZS007　光绪二十四年十一月二十七日龙化堂卖田字*

一　立賣田字人苗福龍化堂，今因要銀使用，無從得處，自願(將)到土名盤下

二　淚田(弍)坵，(收)花四十边。上抵見金田，下抵山，左抵見金田為界，右抵買主為界，

三　四至分明。要艮出賣，先问親房人(等)，無艮承買，自己請中上门问到

　　章　　　　　　　　乙

四　孟佰龍秉發兄弟三人明下承買。当日凴中議定價銀拾柒(兩)陸(錢)捌分(整)，

　　兆

五　其艮親手領足，入手應用，買主耕管為業。自賣之後，不得異言。若有異

六　言，賣主尚前理落，不干買主之事。恐口無凴，立有賣字為據。

七　凴中　歐廷明

　　　　　龍化林

八　　　　請筆　龍秀忠

九　光緒弍拾肆年十一月廿七日　吉日　立

*此为龙化堂光绪二十四年(1898年)十一月二十七日卖田字据，原件现保藏于龙昭松家中，原色影像典藏于贵州师范学院『中国山地民族特色文献数据库』，编号为LZS007。原件内容共9列195字。

编号：LZS008（350mm×440mm）

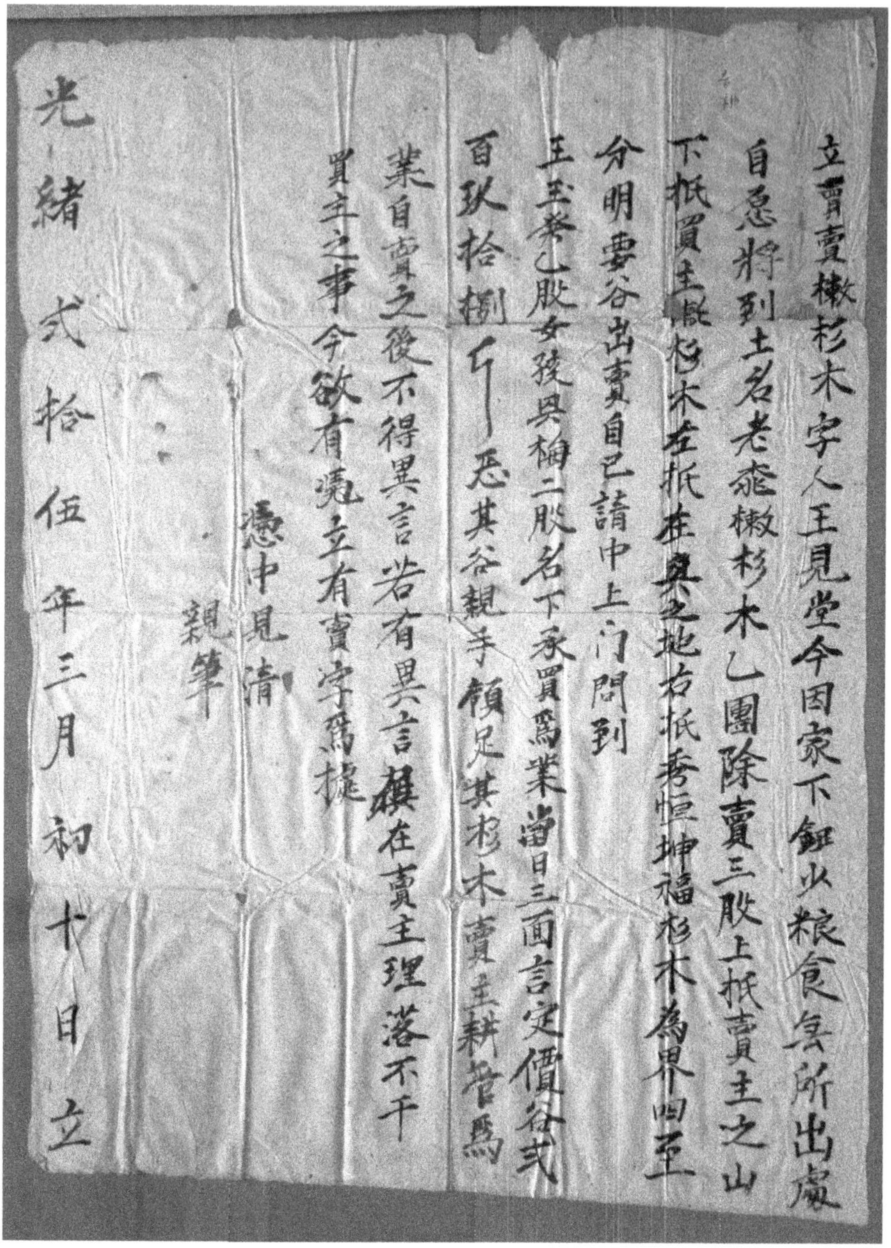
立賣賣楸杉木字人王見堂今因家下缺少粮食無所出處
自愿將到土名老[illegible]楸杉木乙團除賣三股上抵賣主之山
下抵買主楸杉木左抵在與之地右抵吾恒坤福杉木為界四至
分明要谷出賣自己請中上门問到
王玉発乙股女發與楠二股名下承買爲業當日三面言定價谷弍
百玖拾捌斤一𢀖其谷親手領足其杉木賣主耕管爲
業自賣之後不得異言若有異言旗在賣主理落不干
買主之事今欲有憑立有賣字爲據
憑中見清
親筆
光緒弍拾伍年三月初十日立

LZS008　光绪二十五年三月初十日王见堂卖嫩杉木字*

一　立買賣(嫩)杉木字人王見堂，今因家下(缺)少粮食，(無)所出處，

二　自愿將到土名老(桃)(嫩)杉木乙團，除賣三股。上(抵)賣主之山，

三　下(抵)買主(嫩)杉木，左(抵)在(興)之地，右(抵)秀恒、坤福杉木為界，四至

四　分明。要谷出賣，自己請中上门問到

五　王玉發乙股，女孩(興)梅二股名下承買爲業。當日三面言定價谷弍

六　百玖拾捌斤(整)，其谷親手領足，其杉木賣主耕(管)爲

七　業。自賣之後，不得異言。若有異言，俱在賣主理落，不干

八　買主之事。今欲有凴，立有賣字為據。

九　　　　　凴中　見清

十　　　　　　　親筆

十一　光(緒)弍拾伍年三月初十日　　立

*此为王见堂光绪二十五年(1899年)三月初十日卖嫩杉木字据，原件现保藏于龙昭松家中，原色影像典藏于贵州师范学院『中国山地民族特色文献数据库』，编号为LZS008。原件内容共11列184字。原件有多处虫蚀缺孔。

编号：LZS009（310mm×460mm）

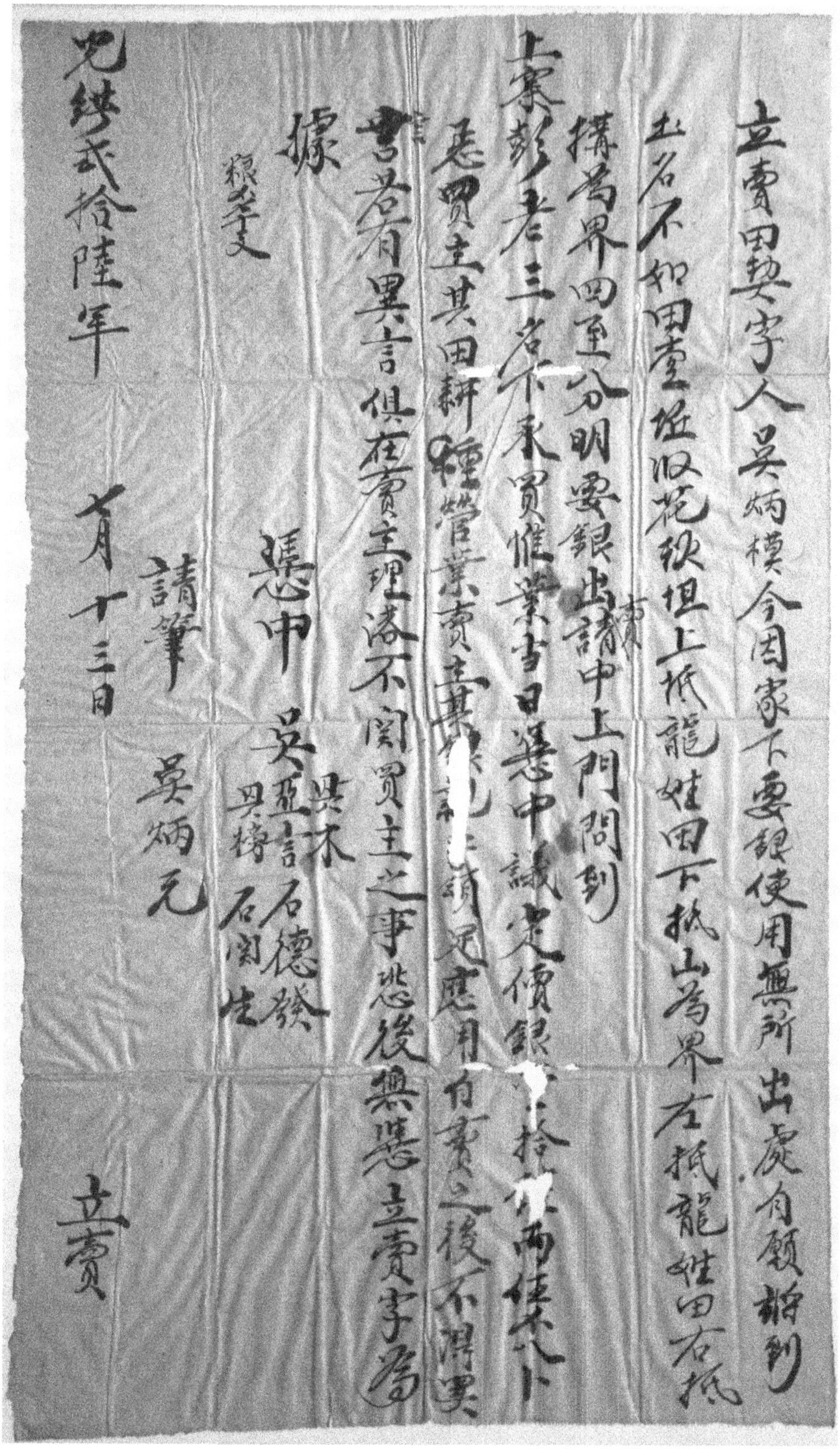

立賣田契字人吴炳模今因家下要銀使用無所出處自願將到
土名不知田壹坵收花玖担上抵龍姓田下抵山為界左抵龍姓田右抵
構為界四至分明要銀出賣請中上門問到
上寨彭乔老三名下承買為業當日憑中議定價銀[illegible]拾[illegible]兩任本人下
憑買主其田耕種管業賣主[illegible]親領應用自賣之後不得異
言若有異言俱在賣主理落不関買主之事恐後無憑立賣字為
據

憑中 吴盈言 吴木 石德發 吴榜 石閔生

請筆 吴炳元

光緒弍拾陸年 六月十三日 立賣

LZS009　光緒二十六年七月十三日吴炳模卖田契*

一　立賣田契字人吳炳模，今因家下要銀使用，無所出處，自願將到

二　土名不如田壹坵，(收)花玖担。上抵龍姓田，下抵山為界，左抵龍姓田，右抵

三　構為界，四至分明。要銀出賣，請中上門問到

四　上寨彭老三名下承買惟業。当日憑中議定價銀□拾□两伍(錢)八(分)

五　(整)，買主其田耕種(管)業，賣主其銀親手領足應用。自賣之後，不得異

六　■言。若有異言，俱在賣主理落，不(関)買主之事。恐後無憑，立賣字為

七　據。

八　　　憑中　(興)木　吳亞言　石德發　(興)榜　石(関)生

九　粮(錢)七十文

十　　　請筆　吳炳元

十一　光緒(弍)拾陸年　七月十三日　　立賣

*此为吴炳模光绪二十六年(1900年)七月十三日卖田契约，原件现保藏于龙昭松家中，原色影像典藏于贵州师范学院『中国山地民族特色文献数据库』，编号为LZS009。原件内容共11列185字。原件有多处折痕和缺孔。

编号：LZS010（330mm×430mm）

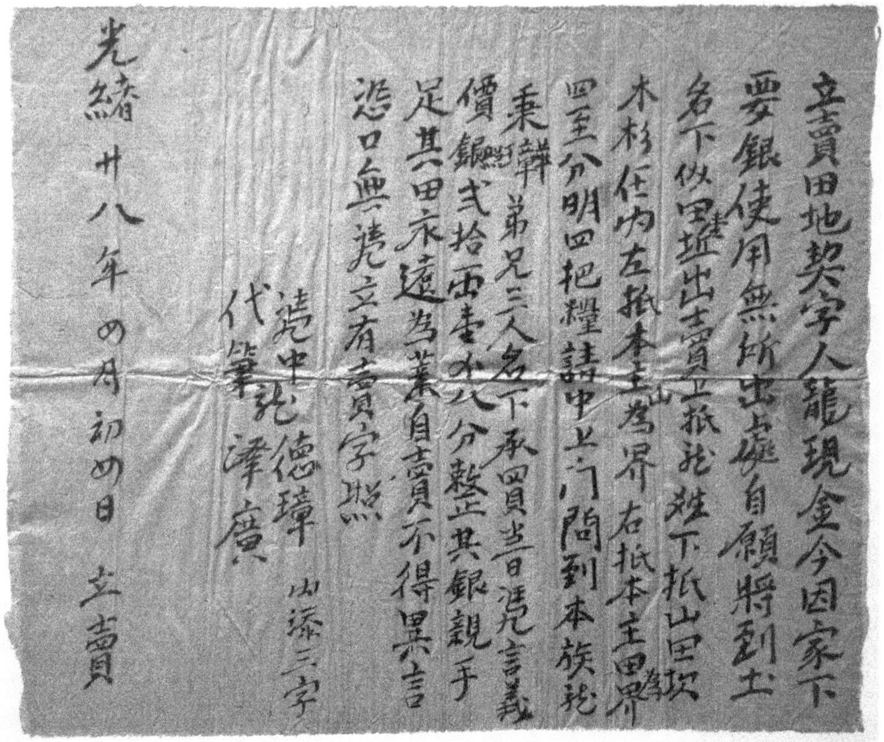

立賣田地契字人龍現金今因家下
要銀使用無所出處自願將到土
名下似里楼坵出土賣上抵龍姓下抵山田坎
木杉在内左抵本主山為界右抵本主田為界
四至分明四把糧請中上門問到本族龍
秉彝弟兄三人名下承買當日憑中言義
價銀弍拾兩零八分整其銀親手
足其田永遠為業自賣不得異言
恐口無憑立有賣字照
憑中龍德璋 山添三字
代筆龍澤廣
光緒廿八年四月初四日 立賣

LZS010　光绪二十八年四月初四日龙现金卖田地契*

一　立賣田地契字人龍現金，今因家下

二　要銀使用，無所出處，自願(將)到土

三　名下(淚)田壹坵出賣。上(抵)龍姓，下(抵)山田坎

四　木杉在內，左(抵)本主山為界，右(抵)本主田為界，

五　四至分明，四把糧。請中上门問到本族龍

　　華

六　秉璋弟兄三人名下承買，当日(凴)言義

　　照

七　價銀弍拾(兩)壹(錢)八分整，其銀親手

八　足，其田永遠為(業)，自賣不得異言。

九　恐口無(凴)，立有賣字照。

十　　凴中　龍德璋　　內(添)三字
　　　代筆　龍泽廣

十一　光緒廿八年四月初四日　立　賣

---

* 此为龙现金光绪二十八年(1902年)四月初四日卖田地契约，原件现保藏于龙昭松家中，原色影像典藏于贵州师范学院『中国山地民族特色文献数据库』，编号为LZS010。原件内容共11列156字。原件中部有明显折痕。

编号：LZS011（300mm×460mm）

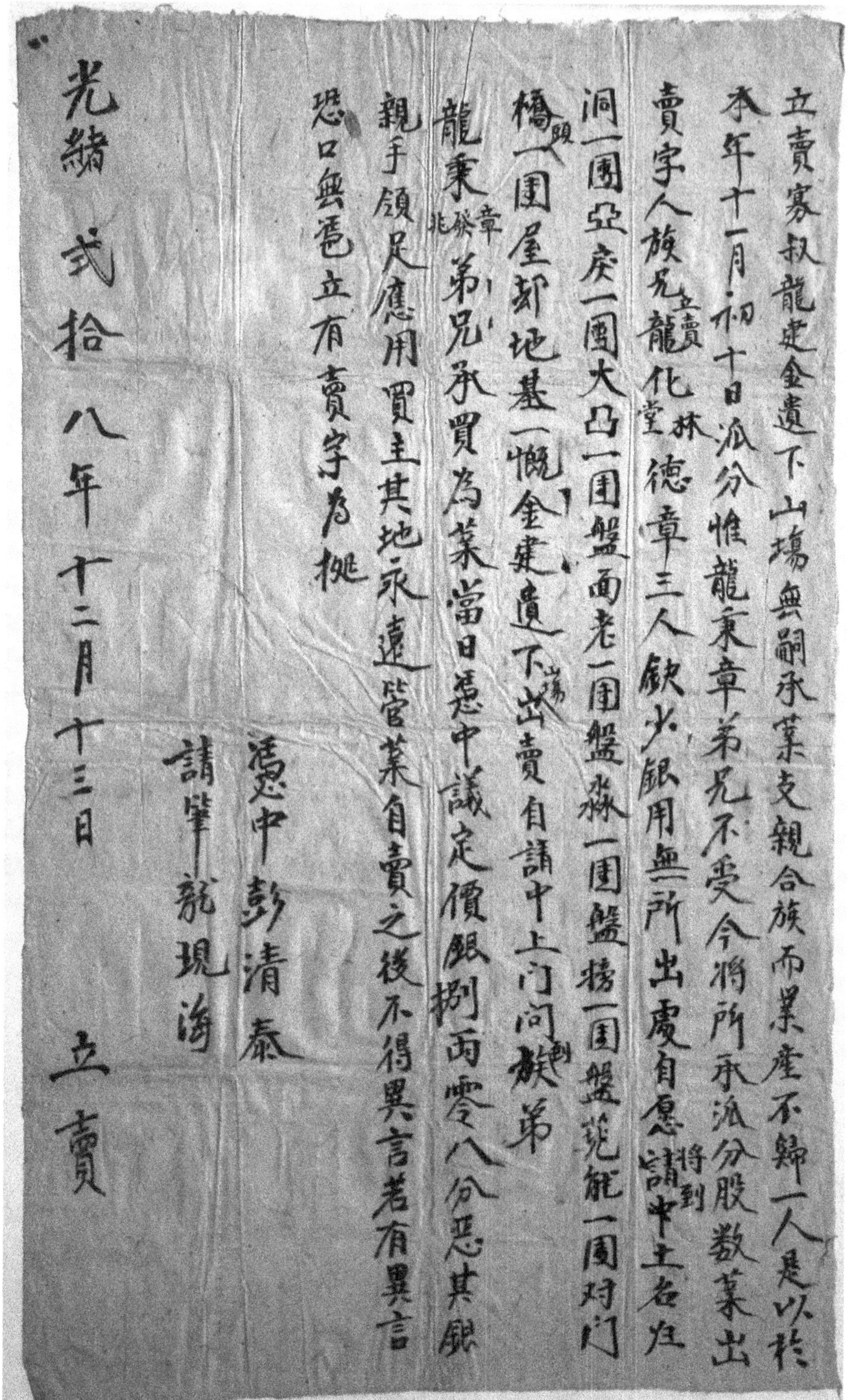

立賣寡叔龍建金遺下山塲無嗣承業支親合族而業產不歸一人是以於
本年十一月初十日派分惟龍東章弟兄不受今將所承派分股數業出
賣字人族兄龍化林堂德章三人缺少銀用無所出處自愿將到請中主名庄
洞一園亞庚一園大凸一園盤面老一園盤淼一園盤塝一園盤莊一園对门
橋頭一園屋背地基一幅金建遺下山塲出賣自請中上门问族弟
龍秉章發兆弟兄承買為業當日憑中議定價銀捌兩零八分憑其銀
親手領足應用買主其地永遠管業自賣之後不得異言若有異言
恐口無憑立有賣字為據

憑中 彭清泰

請筆 龍現海

光緒弍拾八年十二月十三日 立賣

LZS011 光绪二十八年十二月十三日龙化林等卖山场契*

一 立賣寡叔龍建金遺下山塲，無嗣承(業)，支親合族而(業)，産不(歸)一人，是以(於)

二 本年十一月初十日(派)分，惟龍秉章弟兄不受。今(將)所承(派)分股数(業)出

三 賣，字人族兄。立賣 龍化林、堂、德章三人，鈌少銀用，無所出處，自愿将到■■土名归

四 洞一團，亞戾一團，大凸一團，盤面老一團，盤淼一團，盤榜一團，盤(莵)能一團，对门

五 橋頭一團，屋却地基一慨，金建遺下出賣。自請中上门问族弟 (山場) (到)

六 龍秉發兄弟承買為業。當日憑中議定價銀捌(兩)零八分(整)，其銀 (章) (兆)

七 親手領足應用，買主其地永遠管(業)。自賣之後，不得異言。若有異言，

八 恐口(無)(憑)，立有賣字為拠。

九 憑中 彭清泰

十 請筆 龍現海

十一 光緒式拾八年十二月十三日 立 賣

*此为龙化林、龙化堂、龙德章三人光绪二十八年(1902年)十二月十三日卖山场契约，原件现保藏于龙昭松家中，原色影像典藏于贵州师范学院『中国山地民族特色文献数据库』，编号为LZS011。原件内容共11列235字。

编号：LZS012（275mm×340mm）

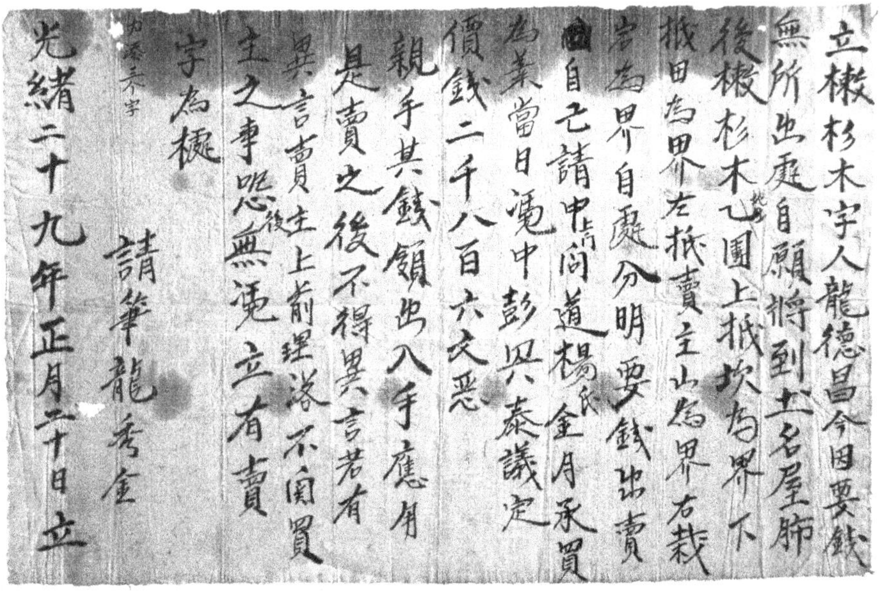
立㯿杉木字人龍德昌今因要錢
無所出處自願將到土名屋肺
後㯿杉木乙團上抵坎為界下
抵田為界左抵賣主山為界右栽
岩為界自處分明要錢出賣
自己請中問道楊金月承買
為業當日憑中彭興泰議定
價錢二千八百六文恶
親手其錢領出入手應用
是賣之後不得異言若有
異言賣主上前理落不關買
主之事恐後無憑立有賣
字為據
外添三个字
請筆龍秀金
光緒二十九年正月二十日立

LZS012　光绪二十九年正月二十日龙德昌卖嫩杉木字*

一　立(嫩)杉木字人龍德昌，今因要錢，

二　無所出處，自願(將)到土名屋胏

三　後(嫩)杉木[地土]乙園，上(抵)坎為界，下

四　(抵)田為界，左(抵)賣主山為界，右栽

五　岩為界，自處分明。要錢出賣，

六　■自己請中[上门]问道楊金月[(氏)]承買

七　為(業)。當日(凴)中彭(興)泰議定

八　價錢二千八百六文(整)，

九　親手其錢領出，入手應用。

十　是賣之後，不得異言。若有

十一　異言，賣主上前理落，不(関)買

十二　主之事。(恐)[後]無(凴)，立有賣

十三　字為據。

十四　內(添)三个字　　　請筆　龍秀金

十五　光緒二十九年正月二十日　　立

* 此为龙德昌光绪二十九年(1903年)正月二十日卖嫩杉木字据，原件现保藏于龙昭松家中，原色影像典藏于贵州师范学院『中国山地民族特色文献数据库』，编号为LZS012。原件内容共15列163字。原件左侧有两处缺孔，上部有明显污渍。

编号：LZS013（310mm×420mm）

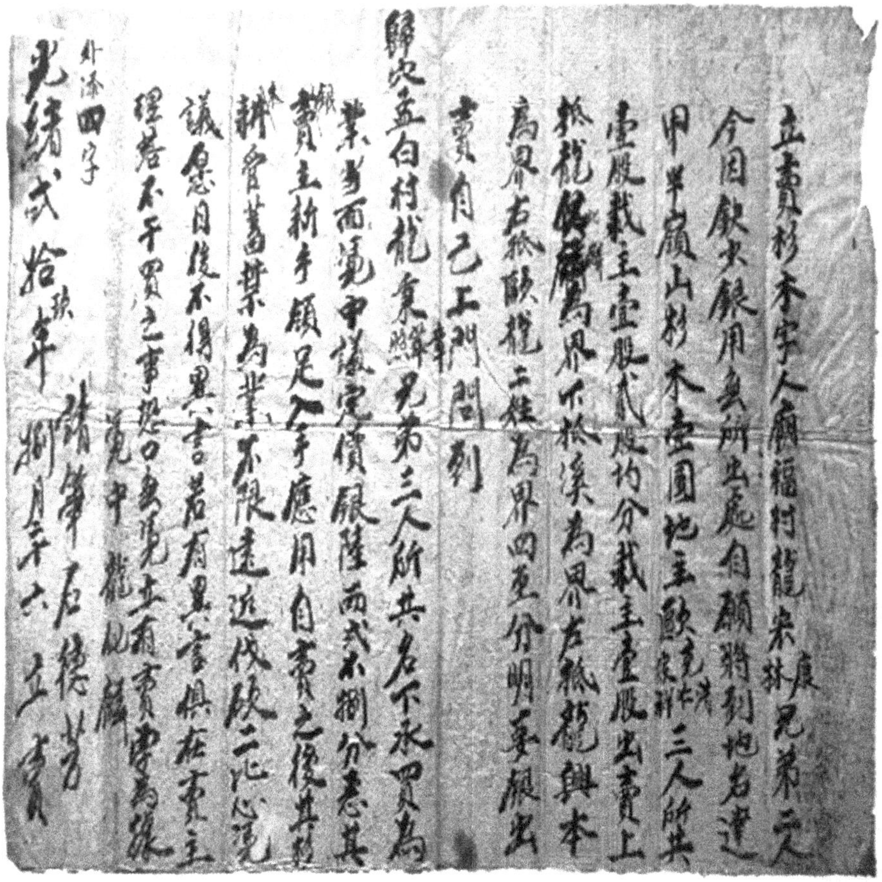
立賣杉木字人龍福村龍宗林庚兄弟二人
今因缺少銀用無所出處自願將到地名達
甲半嶺山杉木壹團地主[illegible]二人所共
壹股栽主壹股弍股均分栽主壹股出賣上
抵龍[illegible]為界下抵溪為界左抵龍與本
為界右抵龍二姓為界四至分明要銀出
賣自己上門問到
歸文斗白村龍[illegible]兄弟三人所共名下承買為
業當面憑中議定價銀陸両弍[illegible]分整其
賣主親手領足入手應用自賣之後其杉
耕管蓄禁為業不限遠近伐[illegible]二比心甘
議應自後不得異言若有異言俱在賣主
理落不干買主之事恐口無憑立有賣契為據
憑中 龍[illegible]
外添四字
光緒弍拾玖年捌月廿六 立賣
請筆 [illegible]

LZS013　光绪二十九年八月二十六日龙宏康等卖杉木字*

一　立賣杉木字人廟福村龍宏康 林兄弟二人，
二　今因缺少銀用，(無)所出處，自願將到地名達
三　甲半嶺山杉木壹團，地主歐克清 仁 家祥三人所共
四　壹股，栽主壹股，貳股均分，栽主壹股出賣。上
五　抵龍■■(化麟)為界，下抵溪為界，左抵龍興本
六　為界，右抵歐、龍二姓為界，四至分明。要銀出
七　賣，自己上門問到
八　歸穴孟白村龍秉華 章 照兄弟三人所共名下承買為
九　業。当面(凴)中議定價銀陸两弍(錢)捌分(整)，其
十　銀 賣主新手領足，入手應用。自賣之後，其杉
十一　木 耕(管)蓄禁為業，不限遠近伐砍。二比心(凴)
十二　議愿，日後不得異言。若有異言，俱在賣主
十三　理落，不干買主之事。恐口(無)(凴)，立有賣字為據。
十四　(凴)中　龍化麟
十五　外(添)四字　請筆　石德芳
十六　光緒弍拾玖年捌月二十六　立賣

*此为龙宏康、龙宏林兄弟二人光绪二十九年(1903年)八月二十六日卖杉木字据，原件现保藏于龙昭松家中，原色影像典藏于贵州师范学院『中国山地民族特色文献数据库』，编号为LZS013。原件内容共16列244字。

编号：LZS0014（310mm×440mm）

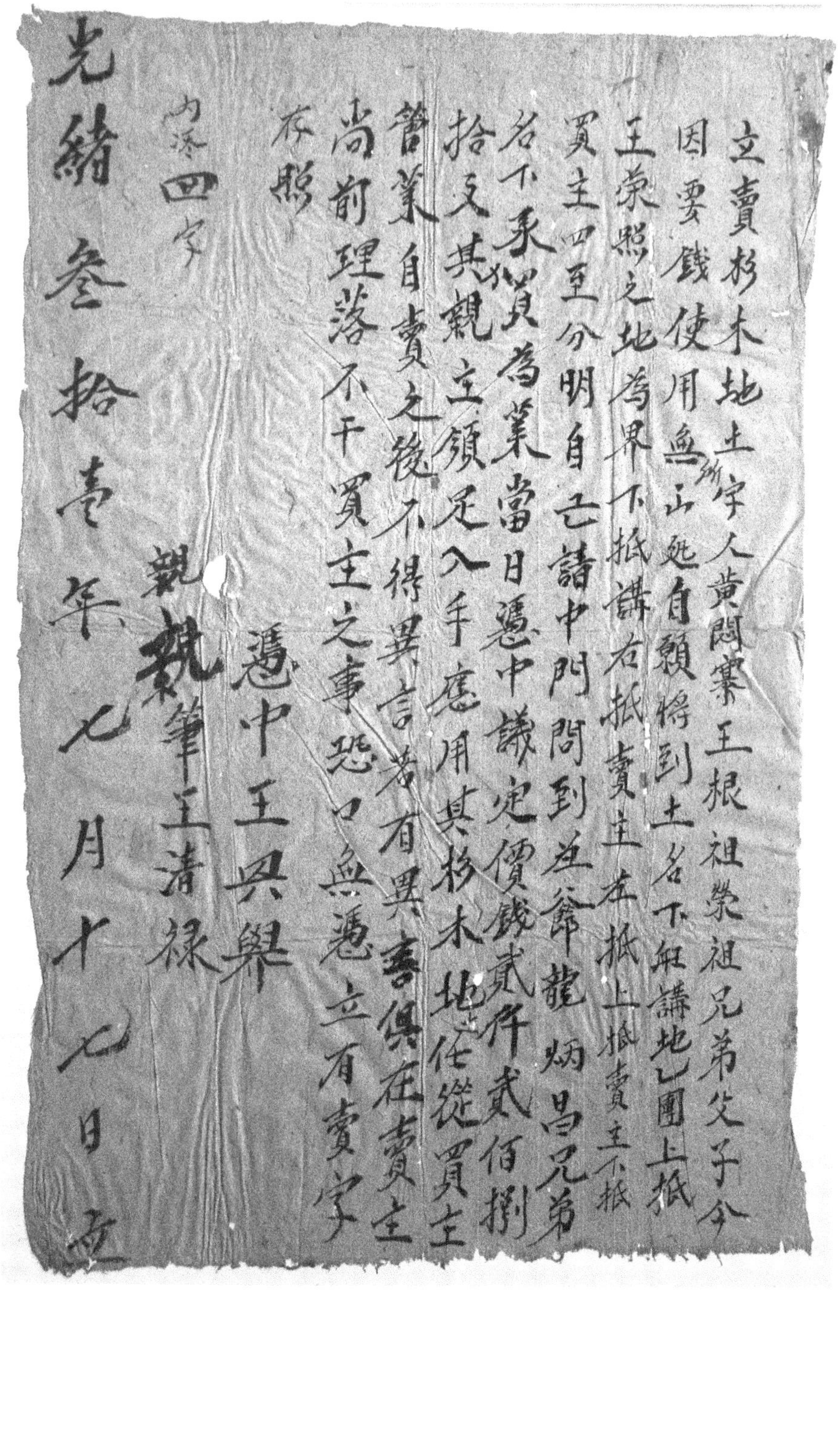
立賣杉木地土字人黄悶寨王根祖、榮祖兄弟父子，今
因要錢使用，無所出處，自願將到土名下紅講地乚團，上抵
王榮照之地為界，下抵講，右抵賣主，左抵上抵賣主，不抵
買主，四至分明。自己請中門問到並爺龍炳昌兄弟
名下承買為業。當日憑中議定價錢貳仟貳佰捌
拾文，其親立領足入手應用。其杉木地土任從買主
管業。自賣之後，不得異言。若有異言，俱在賣主
尚前理落，不干買主之事。恐口無憑，立有賣字
存照。

內添四字

憑中　王興舉

親筆　王清祿

光緒叁拾壹年七月十七日　立

LZS014　光绪三十一年七月十七日王根祖等卖杉木地土字*

一　立賣杉木地土字人黄閟寨王根祖、榮祖兄弟父子，今

二　因要錢使用，（無）所（出）（処），自願（將）到土名下舡講地乙團，上抵

三　王荣照之地為界，下抵講，右抵賣主，左抵、上抵賣主，下抵

四　買主，四至分明。自己請中門問到归爺龍炳昌兄弟

五　名下承買為業。當日憑中議定價錢貳仟貳佰捌

六　拾文，其親（錢）主領足，入手應用，其杉木地土任（從）買主

七　管業。自賣之後，不得異言。若有異言，俱在賣主

八　尚前理落，不干買主之事。恐口（無）憑，立有賣字

九　存照。

十　　　　憑中　王（興舉）

十一　內（添）四字　　親■筆　王清禄

十二　光緒叁拾壹年七月十七日　　立

---

*此为王根祖、王荣祖光绪三十一年（1905年）七月十七日卖杉木地土字据，原件现保藏于龙昭松家中，原色影像典藏于贵州师范学院『中国山地民族特色文献数据库』，编号为LZS014。原件内容共12列192字。原件有多处缺孔。

编号：LZS015（380mm×420mm）

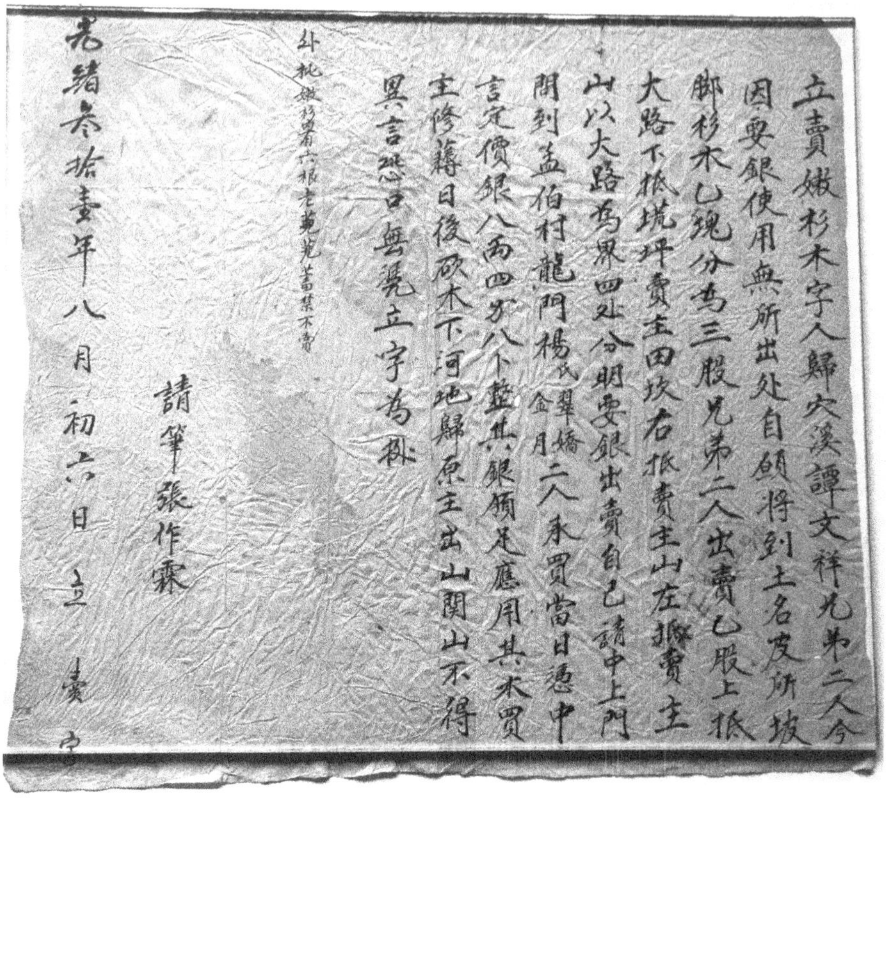

立賣嫩杉木字人歸穴溪譚文祥兄弟二人今
因要銀使用無所出处自願將到土名皮所坡
脚杉木乙塊分為三股兄弟二人出賣乙股上抵
大路下抵坑坪賣主田坎右抵賣主山左抵賣主
山以大路為界四处分明要銀出賣自己請中上門
問到孟伯村龍門楊氏翠嬌 金月 二人承買當日憑中
言定價銀八两四分八卜整其銀領足應用其木買
主修蓄日後砍木下河地歸原主出山関山不得
異言恐口無憑立字為據
外批嫩杉內有六根老蔸蔸蓄禁不賣
請筆 張作霖
光緒叁拾壹年八月初六日立賣字

LZS015　光绪三十一年八月初六日谭文祥卖嫩杉木字*

一　立賣嫩杉木字人(歸)穴溪譚文祥兄弟二人，今

二　因要銀使用，無所出处，自(願)(將)到土名皮所坡

三　脚杉木乙塊，分為三股，兄弟二人出賣乙股。上抵

四　大路，下抵垅坪賣主田坎，右抵賣主山，左抵賣主

五　山以大路為界，四处分明。要銀出賣，自己請中上門

六　問到孟伯村龍門楊氏翠嬌 金月二人承買。當日(憑)中

七　言定價銀八(兩)四(錢)八(分)整，其銀領足應用，其木買

八　主修(蓐)。日後砍木下河，地(歸)原主。出山関山，不得

九　異言。恐口(無)(凴)，立字為(拠)。

十　外批：嫩杉内有六根老蔸蔸蓄禁不賣

十一　請筆　張作霖

十二　光緒叁拾壹年八月初六日　立　賣　字

*此为谭文祥兄弟二人光绪三十一年(1905年)八月初六日卖嫩杉木字据，原件现保藏于龙昭松家中，原色影像典藏于贵州师范学院『中国山地民族特色文献数据库』，编号为LZS015。原件内容共12列199字。原件中有多处水渍。

编号：LZS016（440mm×300mm）

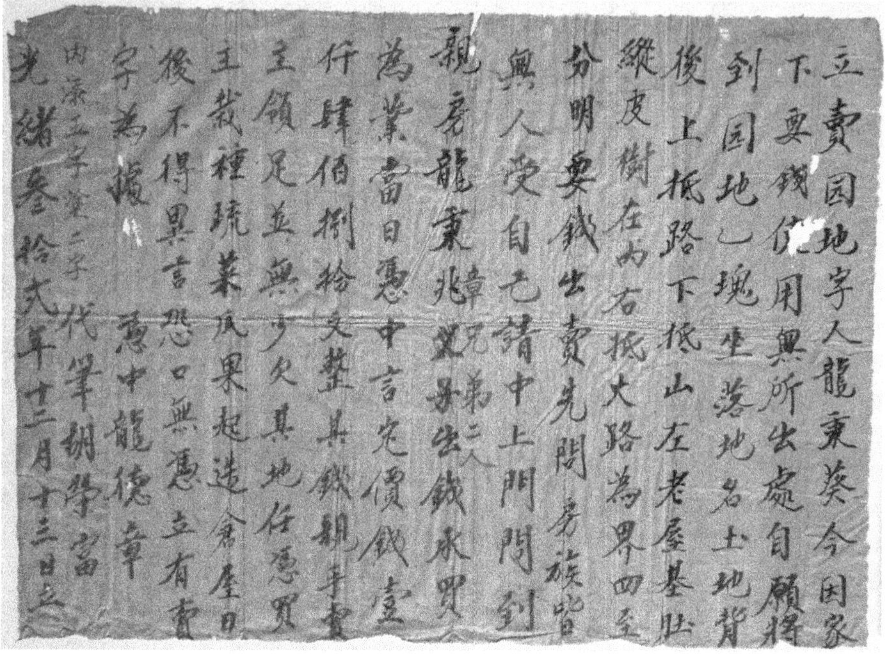
立賣园地字人龍秉葵今因家
下要錢使用無所出處自願將
到园地乙塊坐落地名土地背
後上抵路下抵山左老屋基肚
桃皮樹在内右抵大路為界四至
分明要錢出賣先問房族皆
無人受自己請中上門問到
親房龍秉兆章兄弟二人父子出錢承買
為業當日憑中言定價錢壹
仟肆佰捌拾文整其錢親手收
主領足並無少欠其地任憑買
主栽種蔬菜瓜果起造倉屋日
後不得異言恐口無憑立有賣
字為據　　憑中龍德章
内添二字塗二字　代筆胡學富
光緒叁拾弍年十二月十三日立

LZS016　光绪三十二年十二月十三日龙秉葵卖园地字*

一　立賣园地字人龍秉葵，今因家
二　下要錢使用，無所出處，自願將
三　到园地乙塊，坐落地名圡地背
四　後，上抵路，下抵山，左老屋基(肚)
五　縱皮樹在内，右抵大路為界，四至
六　分明。要錢出賣，先問房族，皆
七　無人受，自己請中上門問到
章 兄弟二人
八　親房龍秉兆■■出錢承買
九　為業。當日憑中言定價錢壹
十　仟肆佰捌拾文整，其錢親手賣
十一　主領足，並無少欠，其地任憑買
十二　主栽種疏菜瓜果，起造倉屋，日
十三　後不得異言。恐口無憑，立有賣
十四　字為據。　憑中　龍德章
十五　内(添)五字　塗二字　代筆　胡榮富
十六　光緒叁拾弍年十二月十三日　立

*此为龙秉葵光绪三十二年(1906年)十二月十三日卖园地字据，原件现保藏于龙昭松家中，原色影像典藏于贵州师范学院『中国山地民族特色文献数据库』，编号为LZS016。原件内容共16列139字。原件有多处缺孔及裂痕。

编号：LZS0017（470mm×300mm）

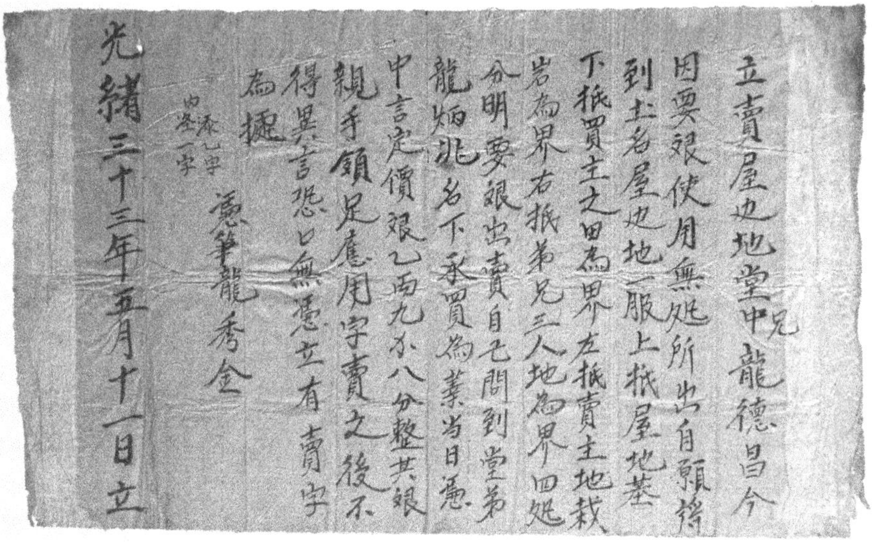

立賣屋边地堂中兄龍德昌今
因要銀使用無处所出自願将
到土名屋边地一脈上抵屋地基
下抵買主之田為界左抵賣主地栽
岩為界右抵弟兄三人地為界四处
分明要銀出賣自己問到堂弟
龍炳兆名下承買為業当日憑
中言定價銀乙两九𠬛八分整其銀
親手領足應用字賣之後不
得異言恐口無憑立有賣字
為據
内添乙字
内塗一字
憑筆龍秀金
光緒三十三年五月十一日立

LZS017　光绪三十三年五月十一日龙德昌卖屋边地字*

一　立賣屋边地堂中兄龍德昌，今

二　因要（銀）使用，無（処）所出，自願（將）

三　到土名屋边地一服，上（抵）屋地基，

四　下（抵）買主之田為界，左（抵）賣主地栽

五　岩為界，右（抵）弟兄三人地為界，四（処）

六　分明。要（銀）出賣，自己問到堂弟

七　龍炳兆名下承買為（業）。当日憑

八　中言定價（銀）乙兩九（錢）八分整，其（銀）

九　親手領足應用。字賣之後，不

十　得異言。恐口無憑，立有賣字

十一　為（據）。

十二　　　　憑筆　龍秀金

十三　内（添）乙字
（塗）一字

十四　光（緒）三十三年五月十一日　　立

* 此为龙德昌光绪三十三年（1907年）五月十一日卖屋边地字据，原件现保藏于龙昭松家中，原色影像典藏于贵州师范学院『中国山地民族特色文献数据库』，编号为LZS017。原件内容共14列151字。

编号：LZS018（430mm×290mm）

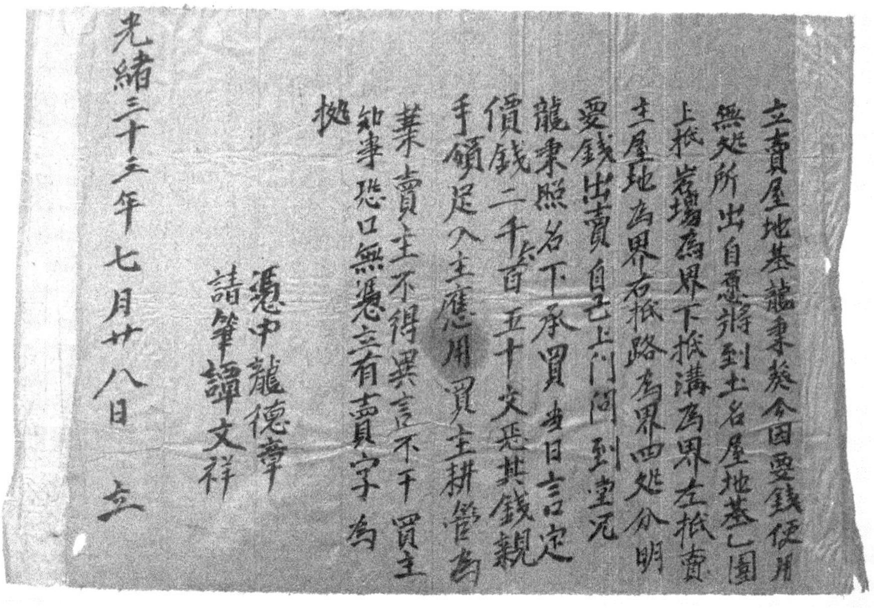
立賣屋地基龍秉彝今因要錢使用
無処所出自愿將到土名屋地基乙團
上抵岩場為界下抵溝為界左抵賣
主屋地為界右抵路為界四処分明
要錢出賣自己上門問到堂兄
龍秉照名下承買当日言定
價錢二千六百五十文其錢親
手領足入主應用買主耕管為
業賣主不得異言不干買主
知事恐口無憑立有賣字為
據
憑中 龍德章
請筆 譚文祥
光緒三十三年七月廿八日 立

LZS018　光绪三十三年七月二十八日龙秉葵卖屋地基字*

一　立賣屋地基龍秉葵，今因要錢使用，

二　無（処）所出，自愿（將）到土名屋地基乙團，

三　上（抵）岩場為界，下（抵）溝為界，左（抵）賣

四　主屋地為界，右（抵）路為界，四（処）分明。

五　要錢出賣，自己上门问到堂兄

六　龍秉照名下承買。当日言定

七　價錢二千六百五十文（整），其錢親

八　手領足，入主應用，買主耕管為

九　業。賣主不得異言，不干買主

十　知事。恐口無憑，立有賣字為

十一　（拠）。

十二　憑中　龍德章

十三　請筆　譚文祥

十四　光绪三十三年七月廿八日　立

*此为龙秉葵光绪三十三年（1907年）七月二十八日卖屋地基字据，原件现保藏于龙昭松家中，原色影像典藏于贵州师范学院『中国山地民族特色文献数据库』，编号为LZS018。原件内容共14列150字。原件左右边缘处有多个虫蚀缺孔，中间有明显污渍。

编号：LZS019（380mm×470mm）

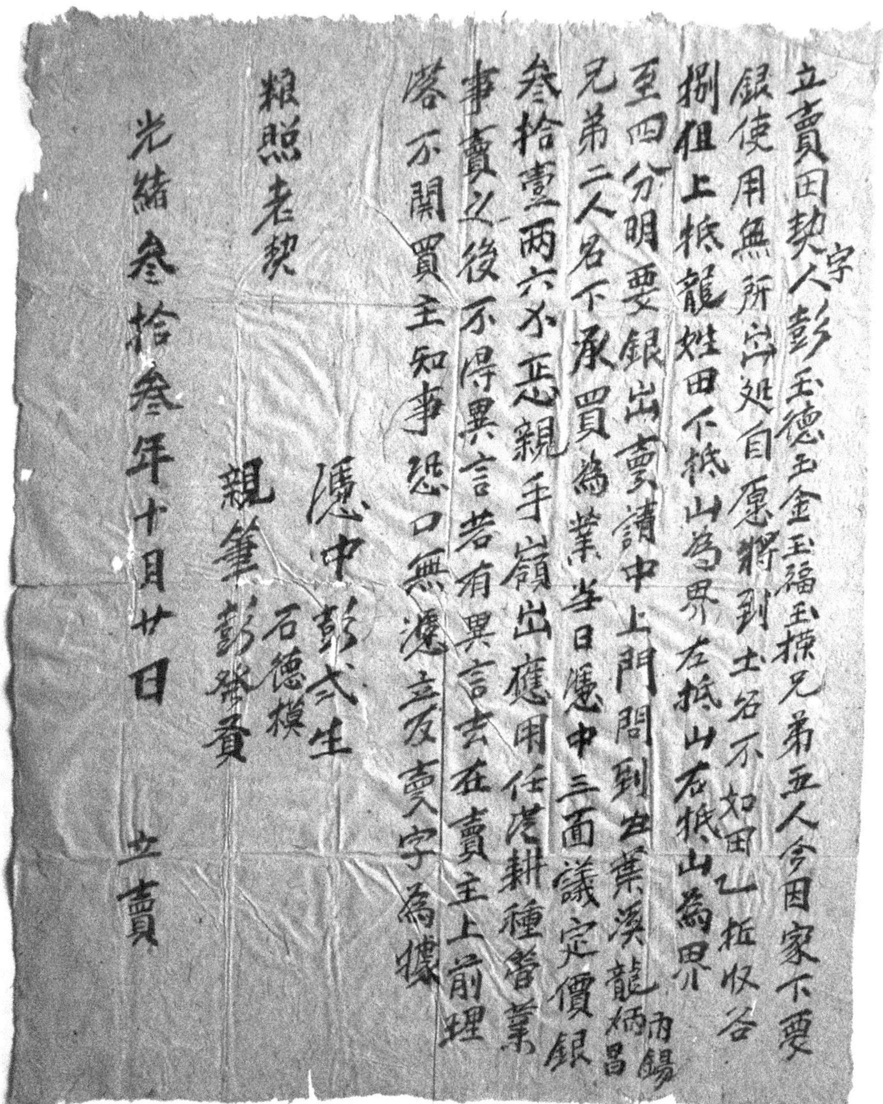

立賣田契字人彭玉德玉金玉福玉標兄弟五人今因家下要
銀使用無所出處自愿將到土名不如田乙坵收谷
捌但上抵龍姓田下抵山為界左抵山右抵山為界
至四分明要銀出賣請中上門問到本葉溪龍炳昌雨錫
兄弟二人名下承買為業当日憑中三面議定價銀
叁拾壹兩六分正親手領出應用任從耕種管業
事賣之後不得異言若有異言去在賣主上前理
落不關買主知事恐口無憑立有賣字為據
粮照老契
憑中彭式生
石德模
親筆彭發貴
光緒叁拾叁年十月廿日 立賣

LZS019　光绪三十三年十月二十日彭玉德等卖田契*

一　立賣田契字人彭玉德、玉金、玉福、玉荣才兄弟五人，今因家下要

二　銀使用，無所出(処)，自愿將到土名不如田乙拞，收谷

三　捌担，上抵龍姓田，下抵山為界，左抵山，右抵山為界，

四　至四分明。要銀出賣，請中上門問到归葉溪龍丙錫炳昌

五　兄弟二人名下承買為業。当日憑中三面議定價銀

六　叁拾壹两六(錢)(整)，親手嶺出應用，任(從)耕種管業。

七　事賣之後，不得異言。若有異言，去在賣主上前理

八　落，不関買主知事。恐口無憑，立友賣字為據。

九　　　　憑中　彭式生

十　粮照老契　　　石德模

十一　　　親筆　彭發(賢)

十二　光緒叁拾叁年十月廿日　立賣

* 此为彭玉德、彭玉金、彭玉福、彭玉荣、彭玉才兄弟五人光绪三十三年(1907年)十月二十日卖田契约，原件现保藏于龙昭松家中，原色影像典藏于贵州师范学院『中国山地民族特色文献数据库』，编号为LZS019。原件内容共12列192字。原件有多处明显折痕和虫蚀缺孔。

编号：LZS020（300mm×410mm）

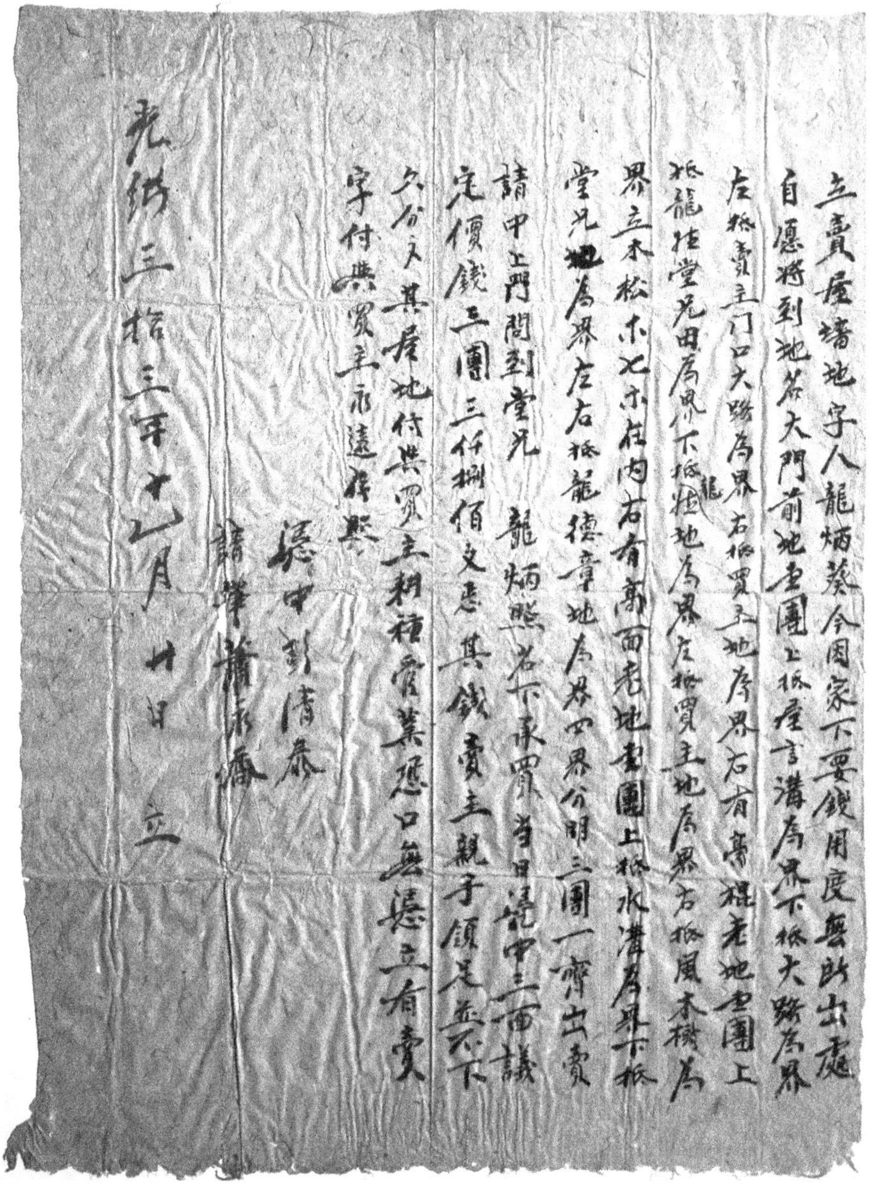

立賣屋墻地字人龍炳葵今因家下要錢用度無所出處
自愿將到地名大門前地坐園上抵屋言溝為界下抵大路為界
左抵賣主门口大路為界右抵買主地為界右有亮裩老地坐園上
抵龍桂堂兄田為界下抵龍桂地為界左抵買主地為界右抵風木樹為
界立木松木七木在内右有高面老地坐園上抵水溝為界下抵
堂兄[illegible]為界左右抵龍德章地為界四界分明二園一齊出賣
請中上門問到堂兄　龍炳照名下承買當日憑中三面議
定價錢三園三仟捌佰文整其錢賣主親手領足並不下
欠分文其屋地付與買主耕種管業恐口無憑立有賣
字付與買主永遠存照
憑中　龍清泰
請筆　龍永海
光緒三拾三年十二月廿十日　立

LZS020　光绪三十三年十一月二十日龙炳葵卖屋墙地字*

一　立賣屋（墻）地字人龍炳葵，今因家下要錢用度，（無）（所）出處，

二　自愿（将）到地名大門前地壹團，上抵屋言溝為界，下抵大路為界，

三　左抵賣主门口大路為界，右抵買主地為界。右有豪棍老地壹團，上

四　抵龍姓堂兄田為界，下抵龍姓地為界，左抵買主地為界，右抵風木樹為

五　界，立木、松木、七木在内。右有高面老地壹團，上抵水溝為界，下抵

六　堂兄■為界，左右抵龍德章地為界，四界分明。三團一齊出賣，

七　請中上門問到堂兄　龍炳照名下承買。当日（凴）中三面議

八　定價錢三團三仟捌佰文（整），其錢賣主親手領足，並不下

九　欠分文，其屋地付與買主耕種（管）業。恐口（無）憑，立有賣

十　字付與買主，永遠存照。

十一　　　　　憑中　彭清泰

十二　　　　　請筆　蕭永喬

十三　光緒三拾三年十乙月廿日　　立

---

*此为龙炳葵光绪三十三年（1907年）十一月二十日卖屋墙地字据，原件现保藏于龙昭松家中，原色影像典藏于贵州师范学院『中国山地民族特色文献数据库』，编号为LZS020。原件内容共13列247字。原件中部有多处明显折痕和缺孔。

编号：LZS021（330mm×480mm）

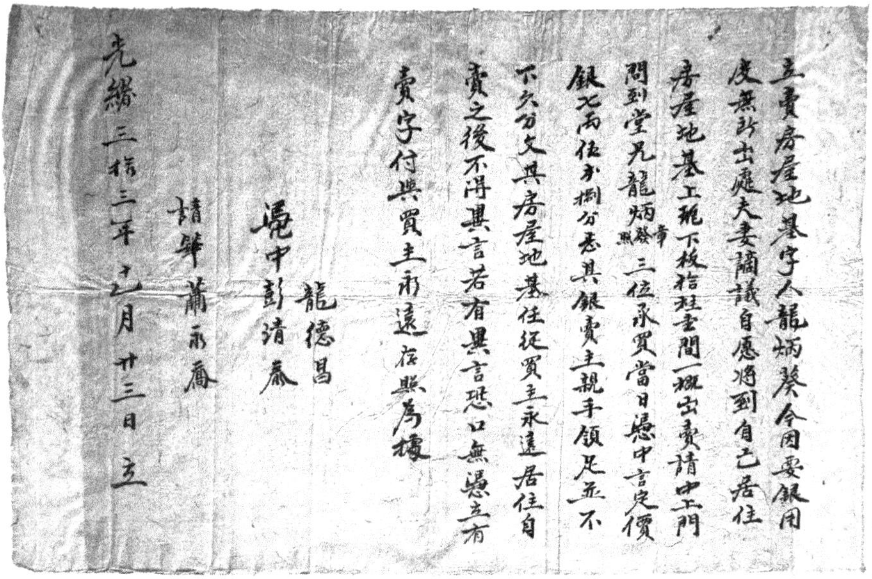
立賣房屋地基字人龍炳葵今因要銀用
度無訁出處夫妻商議自愿將到自己居住
房屋地基上瓦下板柱杜壹間一概出賣請中上門
問到堂兄龍炳熙發章三位承買當日憑中言定價
銀七兩伍錢捌分整其銀賣主親手領足並不
下欠分文其房屋地基任從買主永遠居住自
賣之後不得異言若有異言恐口無憑立有
賣字付與買主永遠存照為據
龍德昌
憑中彭清泰
請筆蕭永喬
光緒三拾三年十二月廿三日立

LZS021　光绪三十三年十一月二十三日龙炳葵卖房屋地基字*

一　立賣房屋地基字人龍炳葵，今因要銀用

二　度，無所出（處），夫妻商議，自愿（將）到自己居住

三　房屋地基上（珫）下板拾柱壹間，一概出賣。請中上門

四　問到堂兄龍炳發章照三位承買，當日憑中言定價

五　銀七（兩）伍（錢）捌分（整），其銀賣主親手領足，並不

六　下欠分文，其房屋地基任從買主永遠居住。自

七　賣之後，不得異言。若有異言，恐口無憑，立有

八　賣字付與買主，永遠存照為據。

九　（憑）中　龍德昌　彭清泰

十　請筆　蕭永喬

十一　光緒三拾三年十乙月廿三日　立

* 此为龙炳葵光绪三十三年（1907年）十一月二十三日卖房屋地基字据，原件现保藏于龙昭松家中，原色影像典藏于贵州师范学院『中国山地民族特色文献数据库』，编号为LZS021。原件内容共11列164字。

编号：LZS022（320mm×450mm）

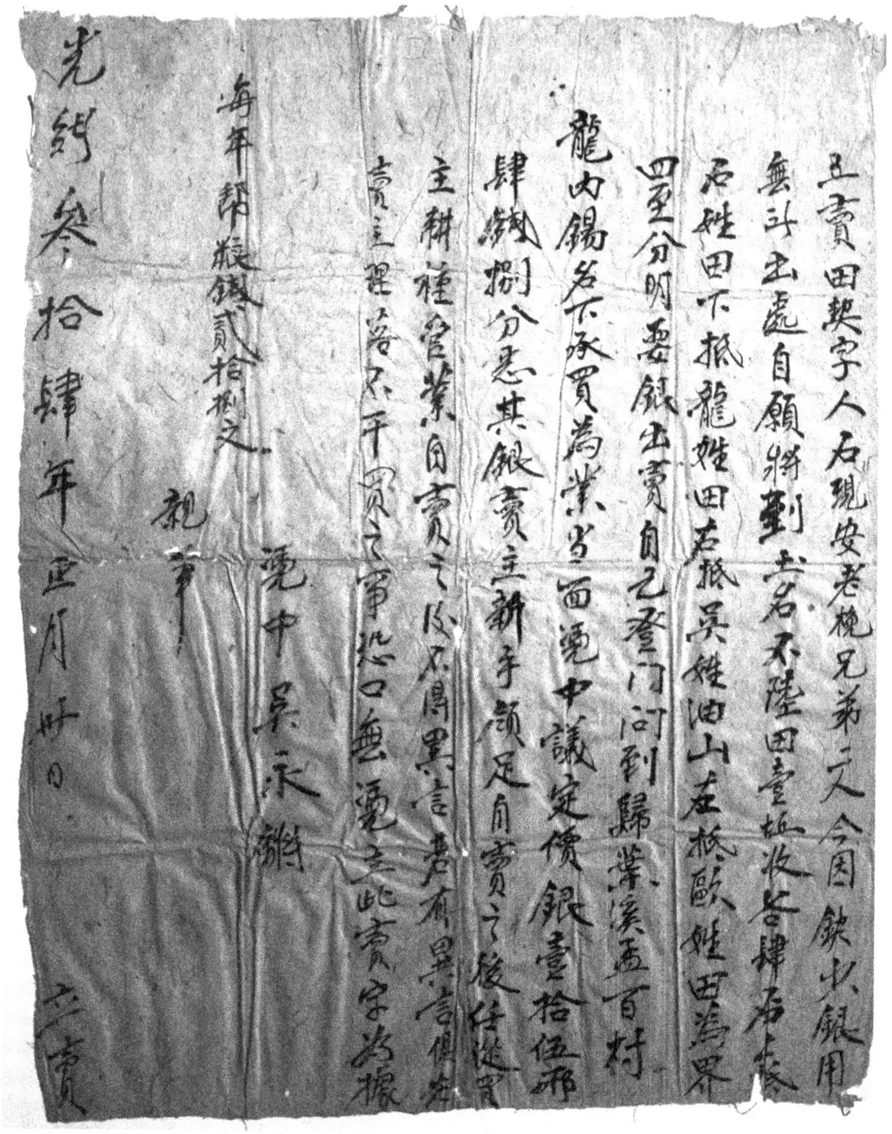
立賣田契字人石現安老槐兄弟二人今因缺少銀用
無從出處自願將到土名不陸田壹坵收谷肆石上抵
石姓田下抵龍姓田右抵吴姓油山左抵歐姓田為界
四至分明要銀出賣自己登门问到歸業溪孟百村
龍肉錫名下承買為業當面憑中議定價銀壹拾伍兩
肆錢捌分整其銀賣主親手領足自賣之後任從買
主耕種管業自賣之後不得異言若有異言俱在
賣主理落不干買之事恐口無憑立此賣字為據
憑中 吴永樅
每年帮粮錢貳拾捌之
親筆
光緒叁拾肆年正月廿日 立賣

LZS022　光绪三十四年正月三十日石现安等卖田契*

一　立賣田契字人石現安、老梚兄弟二人，今因鈌少銀用，

二　(無)(所)出處，自願將到土名不陸田壹坵，(收)谷肆(石)。上抵

三　石姓田，下抵龍姓田，右抵吳姓油山，左抵歐姓田為界，

四　四至分明。要銀出賣，自己登门问到(歸)葉溪孟百村

五　龍内錫名下承買為業。当面凴中議定價銀壹拾伍(兩)

六　肆錢捌分(整)，其銀賣主新手領足，自賣之後，任從買

七　主耕種(管)業。自賣之後，不得異言。若有異言，俱在

八　賣主理落，不干買主之事。恐口(無)凴，立此賣字為據。

九　凴中　吳永鏘

十　每年帮粮錢貳拾捌文

十一　親筆

十二　光(緒)叁拾肆年正月卅日　立賣

*此为石现安、石老梚兄弟二人光绪三十四年(1908年)正月三十日卖田契约，原件现保藏于龙昭松家中，原色影像典藏于贵州师范学院『中国山地民族特色文献数据库』，编号为LZS022。原件内容共12列191字。原件有多处褶皱和虫蚀缺孔。

编号：LZS023（240mm×450mm）

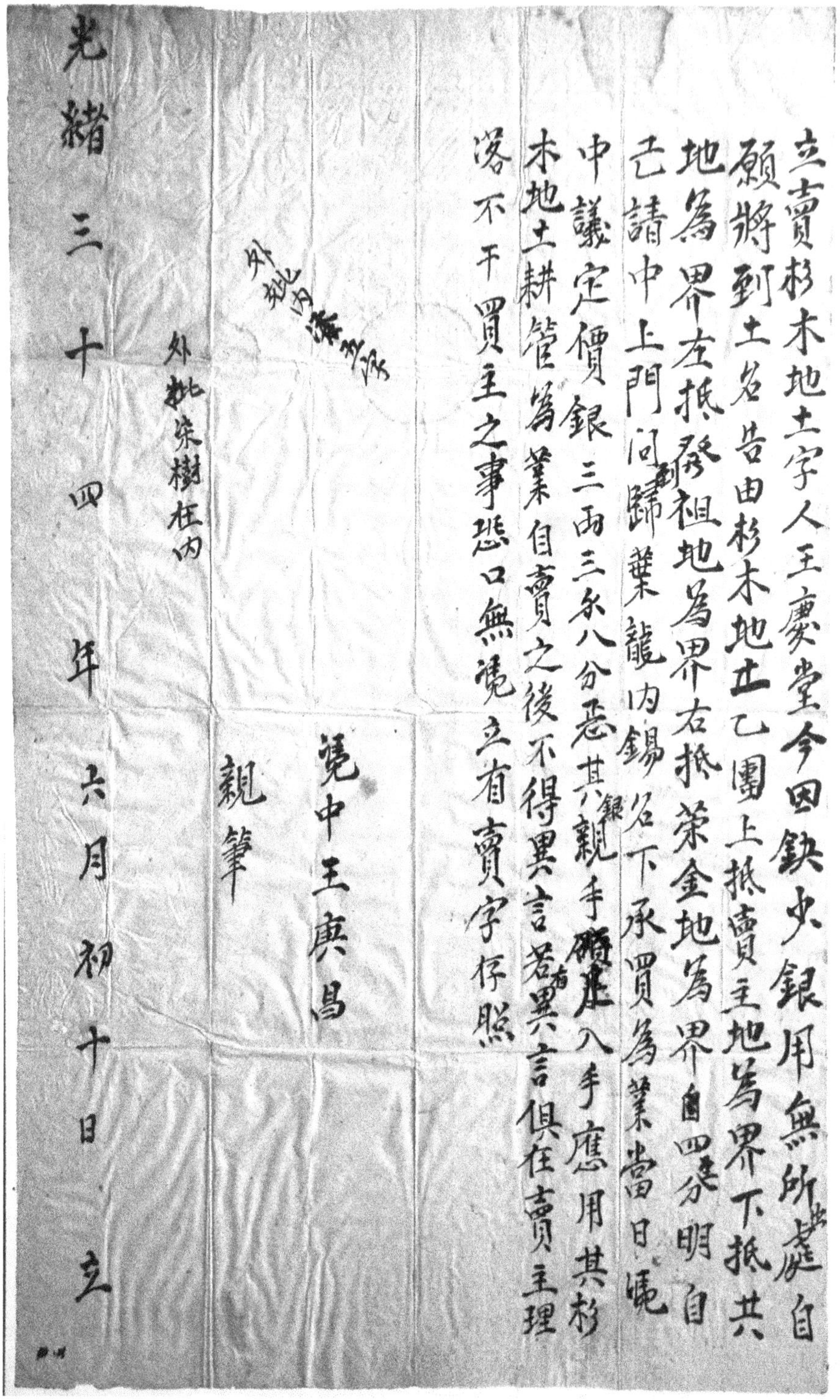

立賣杉木地土字人王慶堂今因缺少銀用無所出處自
願將到土名告由杉木地土乙團上抵賣主地為界下抵共
地為界左抵登祖地為界右抵榮金地為界自四至分明自
己請中上門問到歸葉龍昭錫名下承買為業當日憑
中議定價銀三兩三錢八分整其銀親手收足入手應用其杉
木地土耕管為業自賣之後不得異言若有異言俱在賣主理
落不干買主之事恐口無憑立有賣字存照

外批内添三字

憑中王庚昌

親筆

外批杂樹在内

光緒三十四年六月初十日立

LZS023　光绪三十四年六月初十日王庆堂卖杉木地土字*

一　立賣杉木地土字人王慶堂，今因缺少銀用，無所處出，自

二　願將到土名告由杉木地土乙團，上抵賣主地為界，下抵共

三　地為界，左抵（發）祖地為界，右抵荣金地為界，■四至分明。自

四　己請中上門问到歸葉龍内錫名下承買為業。當日（凴）

五　中議定價銀三（兩）三（錢）八分（整），其銀親手領足，入手應用，其杉

六　木地土耕管為業。自賣之後，不得異言。若有異言，俱在賣主理

七　落，不干買主之事。恐口無（凴），立有賣字存照。

八　　外批　内（添）五字　　（凴）中　王庚昌

九　　外批　柒樹在内　　親筆

十　光（緒）三十四年六月初十日　　立

*此为王庆堂光绪三十四年（1908年）六月初十日卖杉木地土字据，原件现保藏于龙昭松家中，原色影像典藏于贵州师范学院『中国山地民族特色文献数据库』，编号为LZS023。原件内容共10列185字。原件中有多处水渍。

编号：LZS024（430mm×280mm）

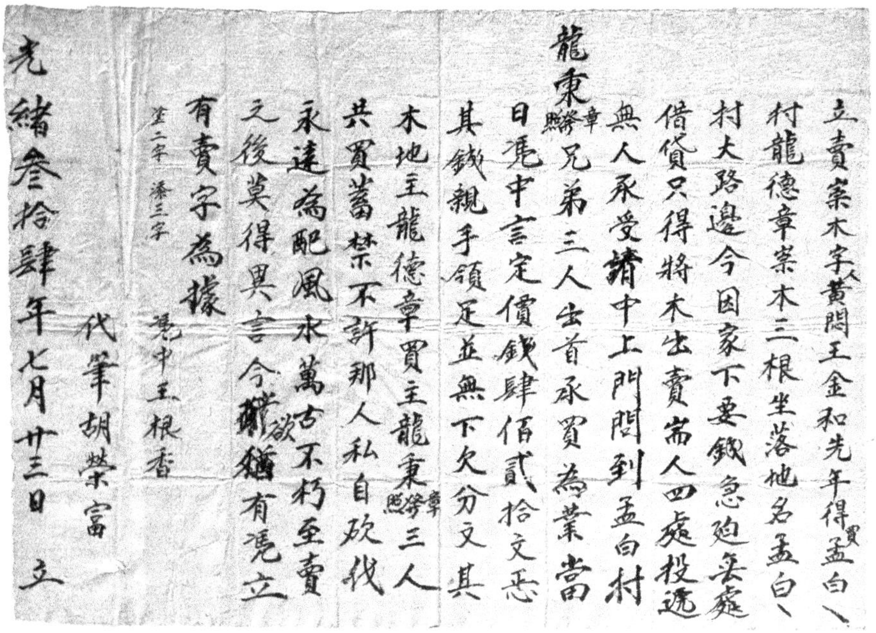

立賣窯木字人黃悶王金和先年得買孟白、
村龍德章窯木三根坐落地名孟白、
村大路邊今因家下要錢急迫無處
借貸只得將木出賣凿人四處投透
無人承受請中上門問到孟白村
龍東章熙勝兄弟三人出首承買為業當
日憑中言定價錢肆佰貳拾文整
其錢親手領足並無下欠分文其
木地主龍德章買主龍東章熙勝三人
共買蓄禁不許別人私自砍伐
永遠為配風水萬古不朽至賣
之後莫得異言今欲有憑立
有賣字為據
塗二字 添三字 憑中王根香
代筆胡榮富
光緒叁拾肆年七月廿三日 立

LZS024　光绪三十四年七月二十三日王金和卖棕木字*

一　立賣崇木字人黄閟王金和，先年得買孟白
二　村龍德章崇木三根，坐落地名孟白
三　村大路邊，今因家下要錢急（迫），（無）處
四　借貸，只得將木出賣耑人。四處投遞，
五　無人承受，請中上門問到孟白村
六　龍秉（發）章照兄弟三人出首承買為業。當
七　日（憑）中言定價錢肆佰貳拾文（整），
八　其錢親手領足，並無下欠分文，其
九　木地主龍德章，買主龍秉（發）章照三人
十　共買蓄禁，不許那人私自砍伐，
十一　永遠為配風水，萬古不朽。至賣
十二　之後，莫得異言。今欲■■有（憑），立
十三　有賣字為據。
十四　塗二字　（添）三字　（憑）中　王根香
十五　代筆　胡榮富
十六　光緒叁拾肆年七月廿三日　立

* 此为王金和光绪三十四年（1908年）七月二十三日卖棕木字据，原件现保藏于龙昭松家中，原色影像典藏于贵州师范学院『中国山地民族特色文献数据库』，编号为LZS024。原件内容共16列198字。据实地调研核实，文中『崇木』应为『棕木』。

编号：LZS025（400mm×260mm）

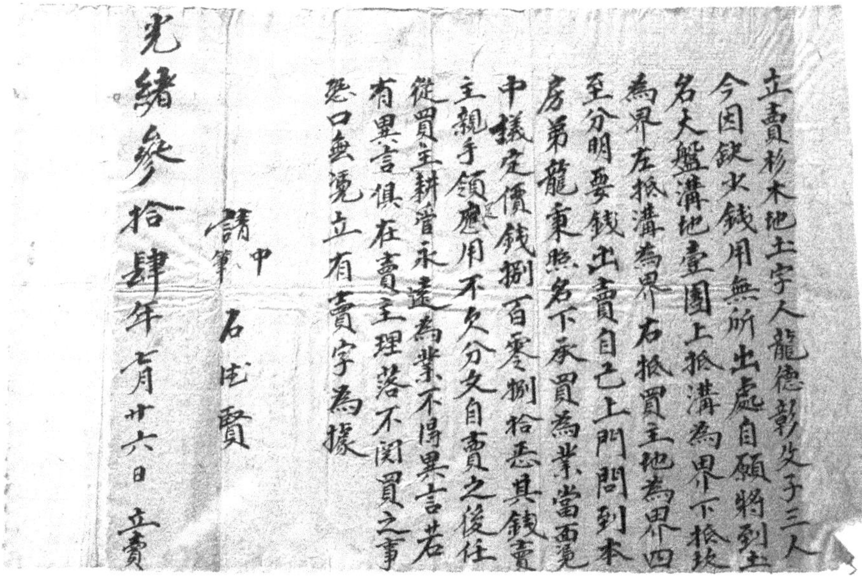
立賣杉木地土字人龍德彰父子三人
今因缺少錢用無所出處自願將到土
名大盤溝地壹團上抵溝為界下抵坎
為界左抵溝為界右抵買主地為界四
至分明要錢出賣自己上門問到本
房弟龍秉照名下承買為業當面憑
中議定價錢捌百零捌拾悉其錢賣
主親手領應用不欠分文自賣之後任
從買主耕管永遠為業不得異言若
有異言俱在賣主理落不関買之事
恐口無憑立有賣字為據
請中筆 石世賢
光緒叁拾肆年七月廿六日 立賣

LZS025　光绪三十四年七月二十六日龙德彰等卖杉木地土字*

一　立賣杉木地土字人龍德彰父子三人，

二　今因缺少錢用，無所出處，自願將到玉

三　名大盤溝地壹團，上抵溝為界，下抵坎

四　為界，左抵溝為界，右抵買主地為界，四

五　至分明。要錢出賣，自己上門問到本

六　房弟龍秉照名下承買為業。當面（凴）

七　中議定價錢捌百零捌拾（整），其錢賣

八　主親手領足應用，不欠分文。自賣之後，任

九　從買主耕（管），永遠為業，不得異言。若

十　有異言，俱在賣主理落，不（関）買之事。

十一　恐口（無）（凴），立有賣字為據。

十二　　　請　中　筆　石德賢

十三　光緒參拾肆年七月廿六日　　立賣

* 此为龙德彰父子三人光绪三十四年（1908年）七月二十六日卖杉木地土字据，原件现保藏于龙昭松家中，原色影像典藏于贵州师范学院『中国山地民族特色文献数据库』，编号为LZS025。原件内容共13列177字。原件有一处缺孔。

编号：LZS026（450mm×270mm）

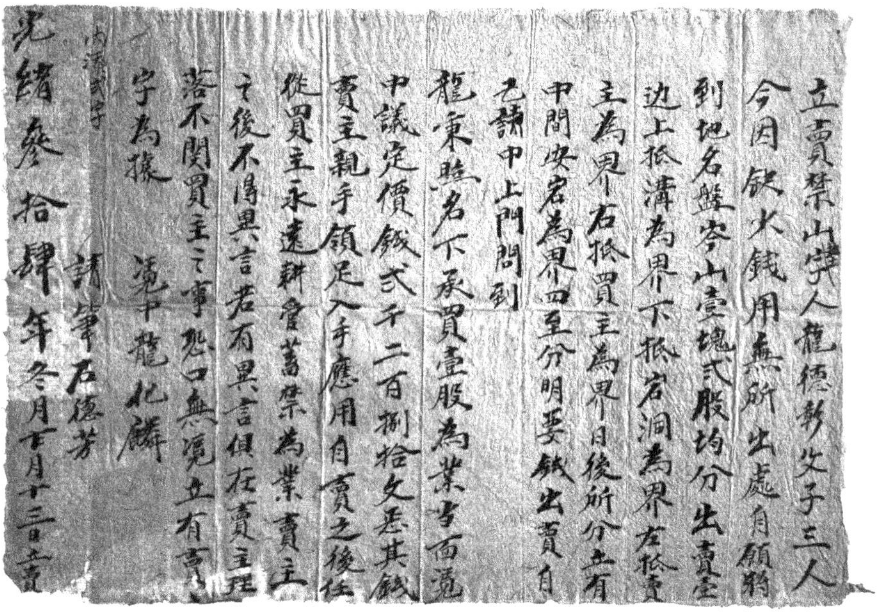
立賣禁山字人龍德彰父子三人
今因缺少錢用無所出處自願將
到地名盤岑山壹塊弍股均分出賣壹
边上抵溝為界下抵岩洞為界左抵賣
主為界右抵買主為界日後所分立有
中間安岩為界四至分明要錢出賣自
己請中上門問到
龍東照名下承買壹股為業當面憑
中議定價錢弍千二百捌拾文其錢
賣主親手領足入手應用自賣之後任
從買主永遠耕管蓄禁為業賣主
〻後不得異言若有異言俱在賣主理
落不関買主〻事恐口無憑立有賣〻
字為據　　憑中　龍化麟
内添弍字　　請筆　石德芳
光緒叁拾肆年冬月廿月十三日立賣

LZS026　光绪三十四年十二月十三日龙德彰等卖禁山地土字*

一　立賣禁山地土字人龍德彰父子三人，
二　今因鈌少錢用，無所出處，自願將
三　到地名盤岑山壹塊，弍股均分，出賣壹
四　边。上抵溝為界，下抵岩洞為界，左抵賣
五　主為界，右抵買主為界，日後所分立有
六　中間安岩為界，四至分明。要錢出賣，自
七　己請中上門問到
八　龍秉照名下承買壹股為業。当面（凴）
九　中議定價錢弍千二百捌拾文（整），其錢
十　賣主親手領足，入手應用。自賣之後，任
十一　從買主永遠耕（管）蓄禁為業，賣主
十二　之後不得異言。若有異言，俱在賣主理
十三　落，不関買主之事。恐口無（凴），立有賣
十四　字為據。　（凴）中　龍化麟
十五　內（添）弍字　請筆　石德芳
十六　光緒參拾肆年冬月十二月十三日　立賣

*此为龙德彰父子光绪三十四年（1908年）十二月十三日卖禁山地土字据，原件现保藏于龙昭松家中，原色影像典藏于贵州师范学院『中国山地民族特色文献数据库』，编号为LZS026。原件内容共16列215字。

编号：LZS027（430mm×390mm）

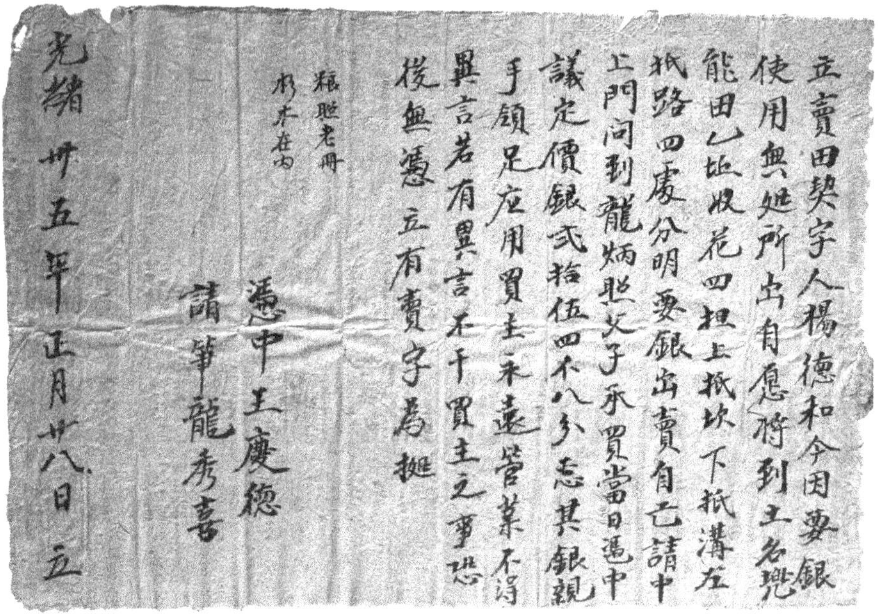
立賣田契字人楊德和今因要銀
使用無處所出自愿將到土名兜
能田乙坵收花四担上抵坎下抵溝左
抵路四處分明要銀出賣自己請中
上門問到龍炳照父子承買當日憑中
議定價銀貳拾伍両〇八分正其銀親
手領足應用買主永遠管業不淂
異言若有異言不干買主之事恐
後無憑立有賣字為據

粮照老冊
杉木在內

憑中王慶德
請筆龍秀喜

光緒卅五年正月廿八日立

LZS027 宣统元年正月二十八日杨德和卖田契*

一 立賣田契字人楊德和，今因要銀
二 使用，無(処)所出，自愿(將)到土名兜
三 能田乙坵，(收)花四担。上(抵)坎，下(抵)溝，左
四 (抵)路，四慮分明。要銀出賣，自己請中
五 上門问到龍炳照父子承買。當日(憑)中
六 議定價銀(弍)拾伍四(錢)八分(整)，其銀親
七 手領足应用，買主永遠管業，不得
八 異言。若有異言，不干買主之事。恐
九 後無憑，立有賣字為(拠)。
十 粮照老冊
十一 杉木在内
十二 (憑)中 王慶德
十三 請筆 龍秀喜
十四 光緒卅五年正月廿八日 立

*此为杨德和宣统元年(1909年)正月二十八日卖田契约，原件现保藏于龙昭松家中，原色影像典藏于贵州师范学院『中国山地民族特色文献数据库』，编号为LZS027。原件内容共14列151字。原件中订立日期写作『光绪三十五年』，应为『宣统元年』。

编号：LZS028（480mm×260mm）

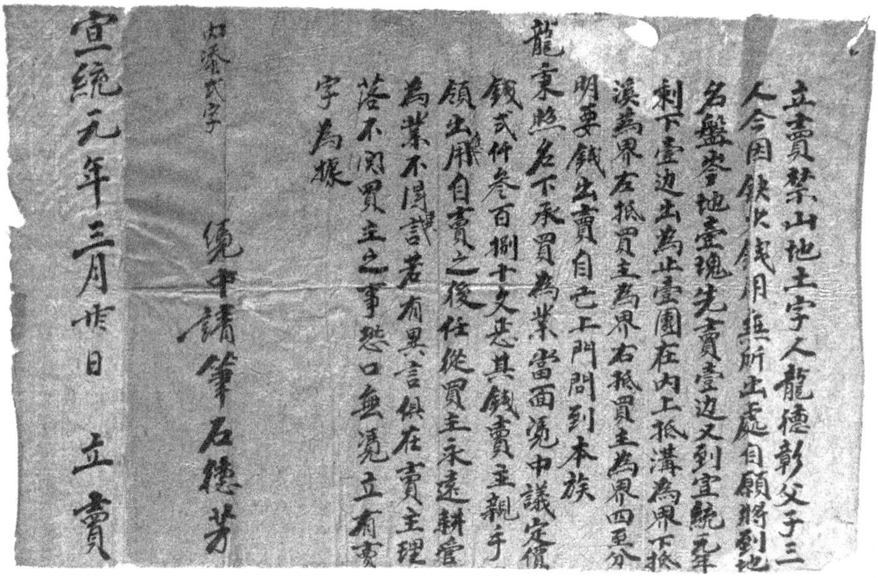
立賣禁山地土字人龍德彰父子三
人今因缺少錢用無所出處自願將到地
名盤参地壹塊先賣壹边又到宣統元年
剩下壹边出為止壹團在内上抵溝為界下抵
溪為界左抵買主為界右抵買主為界四至分
明要錢出賣自己上門問到本族
龍秉照名下承買為業當面憑中議定價
錢弍仟叁百捌十文整其錢賣主親手
領出用自賣之後任從買主永遠耕管
為業不得異言若有異言俱在賣主理
落不関買主之事恐口無憑立有賣
字為據
内添弍字
憑中請筆石德芳
宣統元年三月廿日 立賣

LZS028　宣统元年三月二十三日龙德彰等卖禁山地土字*

一　立賣禁山地土字人龍德彰父子三

二　人，今因缺少錢用，無所出處，自願將到地

三　名盤岑地壹塊，先賣壹边，又到宣統元年

四　剩下壹边出為止壹團在內，上抵溝為界，下抵

五　溪為界，左抵買主為界，右抵買主為界，四至分

六　明。要錢出賣，自己上門問到本族

七　龍秉照名下承買為業。當面（凴）中議定價

八　錢弍仟叁百捌十文（整），其錢賣主親手

九　領出[應]用。自賣之後，任從買主永遠耕（管）

十　為業，不得[異]言。若有異言，俱在賣主理

十一　落，不（関）買主之事。恐口（無）（凴），立有賣

十二　字為據。

十三　內（添）弍字　　（凴）中請筆　石德芳

十四　宣統元年三月廿三日　立賣

*此为龙德彰父子宣统元年（1909年）三月二十三日卖禁山地土字据，原件现保藏于龙昭松家中，原色影像典藏于贵州师范学院『中国山地民族特色文献数据库』，编号为LZS028。原件内容共14列196字。

编号：LZS029（400mm×260mm）

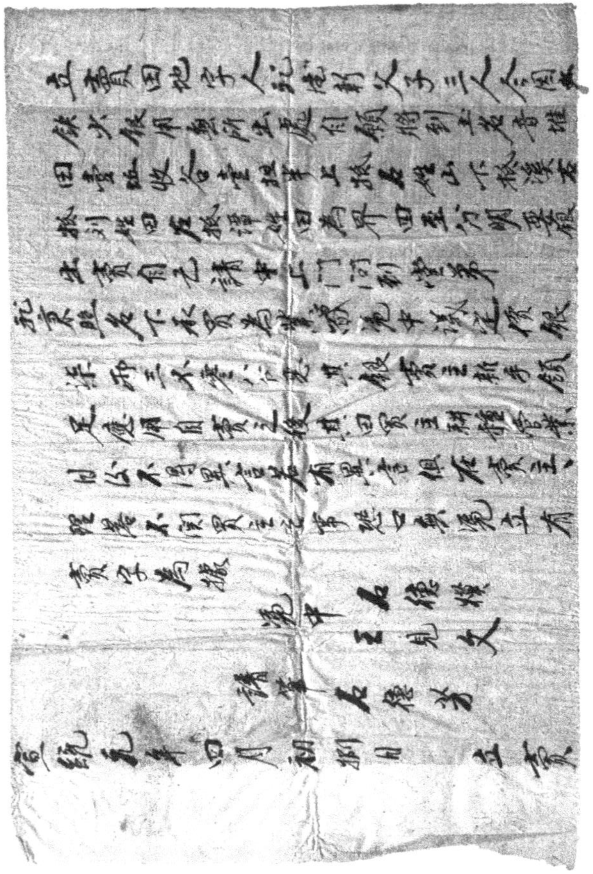

立賣田地字人龍虎彰父子三人今因無
缺少銀用無所出處自願將到土名音堆
田壹坵收谷壹担半上抵石姓山下抵溪右
抵刘姓田左抵潘姓田為界四至分明要銀
出賣自己請中上门问到堂弟
龍京照名下承買為業當憑中議定價銀
柒两三錢零八分其銀賣主親手領
足應用自賣之後其田買主耕種管業
日后不得異言若有異言俱在賣主
理落不関買主之事恐口無憑立有
賣字為據

憑中 石德模
王見文

請筆 石德芳

宣統元年四月初捌日 立賣

LZS029　宣统元年四月初八日龙德彰等卖田地字*

一　立賣田地字人龍德彰父子三人，今因■

二　鈌少銀用，(無)所出處，自願將到土名音堆

三　田壹坵，收谷壹担半。上抵石姓山，下抵溪，右

四　抵刘姓田，左抵谭姓田為界，四至分明。要銀

五　出賣，自己請中上门问到堂弟

六　龍秉照名下承買為業。当面(凴)中(議)定價銀

七　柒兩三(錢)零八分(整)，其銀賣主新手領

八　足應用。自賣之後，其田買主耕種(管)業，

九　日後不得異言。若有異言，俱在賣主

十　理落，不(関)買主之事。恐口(無)(凴)，立有

十一　賣字為據。

十二　(凴)中　石德模　王見文

十三　請筆　石德芳

十四　宣统元年四月初捌日　立賣

*此为龙德彰父子三人宣统元年(1909年)四月初八日卖田地字据，原件现保藏于龙昭松家中，原色影像典藏于贵州师范学院『中国山地民族特色文献数据库』，编号为LZS029。原件内容共14列178字。原件中部有明显折痕。

编号：LZS030（400mm×350mm）

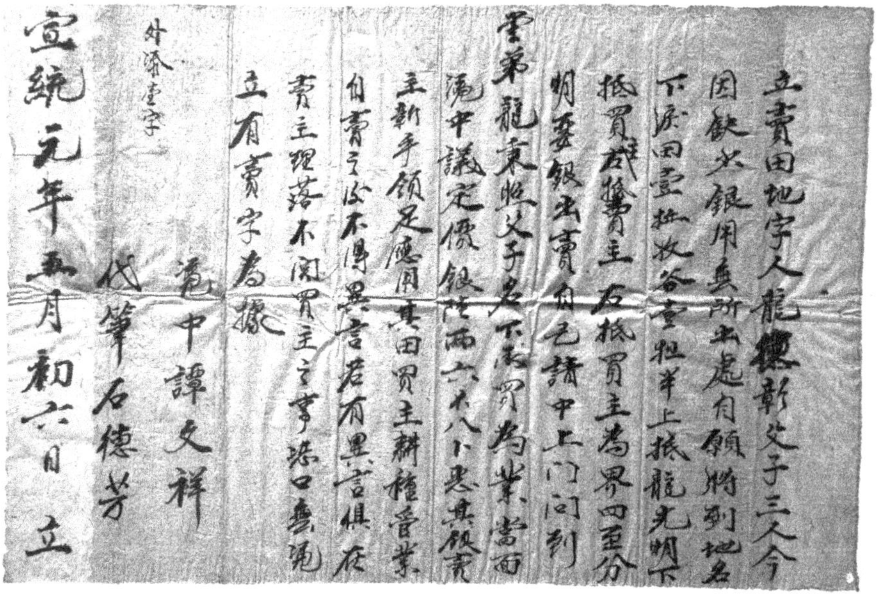
立賣田地字人龍德彰父子三人今
因缺少銀用無所出處自願將到地名
下溪田壹坵收谷壹粗半上抵龍光明下
抵買主左抵賣主右抵買主為界四至分
明要銀出賣自己請中上门问到
堂弟龍東照父子名下承買為業當面
憑中議定價銀陸兩六木八卜悉其銀賣
主新手領足應用其田買主耕種管業
自賣之後不得異言若有異言俱在
賣主理落不關買主之事恐口無憑
立有賣字為據
憑中譚文祥
外添壹字
代筆石德芳
宣統元年五月初六日 立

LZS030　宣统元年五月初六日龙德彰等卖田地字*

一　立賣田地字人龍德彰父子三人，今

二　因鈌少銀用，（無）所出處，自願將到地名

三　下淚田壹拞，（收）谷壹担半。上抵龍光明，下

四　抵買（主），左抵賣主，右抵買主為界，四至分

五　明。要銀出賣，自己請中上门问到

六　堂弟龍秉照父子名下承買為業。當面

七　（凴）中議定價銀陸两六（錢）八（分）（整），其銀賣

八　主新手領足應用，其田買主耕種（管）業。

九　自賣之後，不得異言。若有異言，俱在

十　賣主理落，不（関）買主之事。恐口（無）（凴），

十一　立有賣字為據。

十二　　　（凴）中　譚文祥

十三　外（添）壹字

十四　　　代筆　石德芳

十五　宣統元年五月初六日　立

---

* 此为龙德彰父子三人宣统元年（1909年）五月初六日卖田地字据，原件现保藏于龙昭松家中，原色影像典藏于贵州师范学院『中国山地民族特色文献数据库』，编号为LZS030。原件内容共15列178字。原件中部有明显折痕。

编号：LZS031（360mm×230mm）

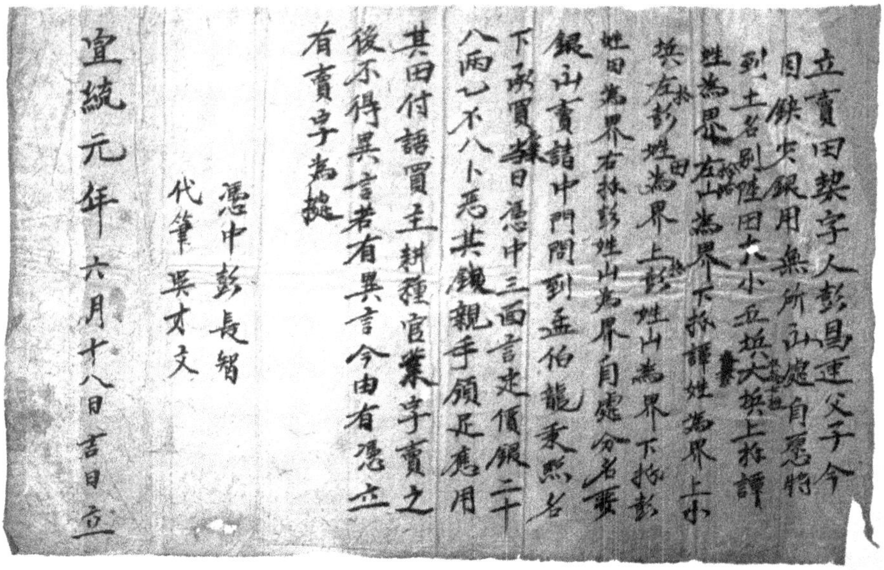

立賣田契字人彭昌速父子今
因缺少銀用無所出處自愿將
到土名别陸田六小丘共大共上抵譚
姓為界左山為界下抵譚姓為界上小
共左彭姓為界上彭姓山為界下抵彭
姓田為界右抵彭姓山為界自愿分名要
銀出賣請中門問到孟伯龍秉照名
下承買為業日憑中三面言定價銀二十
八两乙不八卜忘其錢親手領足應用
其田付與買主耕種管業字賣之
後不得異言若有異言今由有憑立
有賣字為據

憑中　彭長智
代筆　吳才文

宣統元年六月十八日吉日立

LZS031 宣统元年六月十八日彭昌连等卖田契*

一 立賣田契字人彭昌連父子，今

二 因鈌少銀用，（無）所（出）處，自愿將

三 到土名別陸田大小五坵。（收）谷七担 大坵上（抵）譚

四 姓為界，左山為界，右（抵）■下（抵）譚姓為界。上小

五 坵（抵）左彭姓為界，田 上彭姓山為界，下（抵）彭

六 姓田為界，右（抵）彭姓山為界，自處分名。要

七 銀（出）賣，請中門問到孟伯龍秉照名

八 下承買。為業 当日憑中三面言定價銀二十

九 八两乙（錢）八（分）（整），其錢親手領足應用，

十 其田付語買主耕種官業。字賣之

十一 後，不得異言。若有異言，今由有憑，立

十二 有賣字為據。

十三 憑中 彭長智

十四 代筆 吳才文

十五 宣统元年六月十八日 吉 日立

*此为彭昌连父子宣统元年（1909年）六月十八日卖田契约，原件现保藏于龙昭松家中，原色影像典藏于贵州师范学院『中国山地民族特色文献数据库』，编号为LZS031。原件内容共15列194字。

编号：LZS032（400mm×490mm）

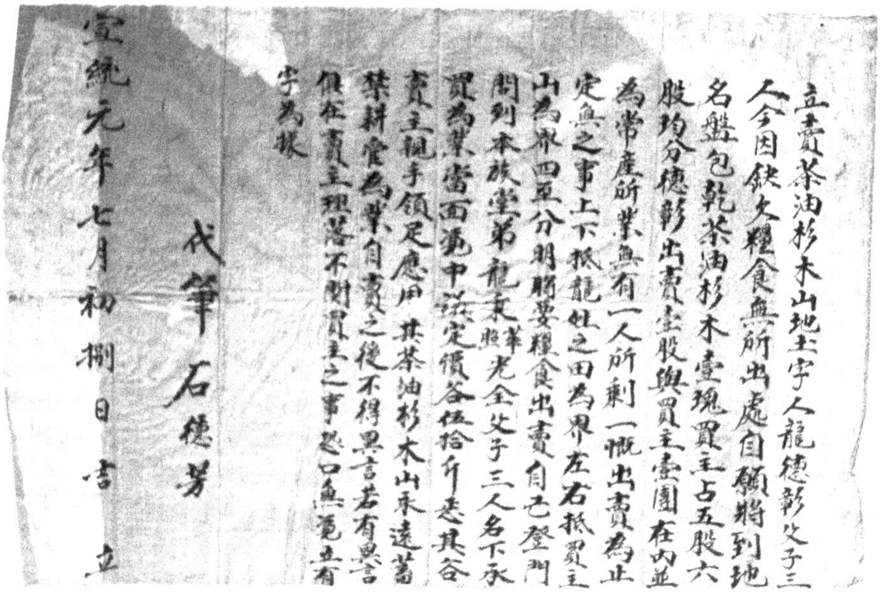
立賣茶油杉木山地土字人龍德彰父子三
人今因缺乏糧食無所出處自願將到地
名盤包乾茶油杉木壹塊買主占五股六
股均分德彰出賣壹股與買主壹圍在內並
為常產所業無有一人所剩一概出賣為止
定無之事上下抵龍姓之田為界左右抵買主
山為界四至分明將要糧食出賣自己登門
問到本族堂弟龍東照華光全父子三人名下承
買為業當面憑中議定價谷伍拾斤其谷
賣主親手領足應用其茶油杉木山永遠蓄
禁耕管為業自賣之後不得異言若有異言
俱在賣主理落不關買主之事恐口無憑立有
字為據

代筆石德芳

宣統元年七月初捌日書立

LZS032　宣统元年七月初八日龙德彰等卖茶油杉木山地土字*

一　立賣茶油杉木山地土字人龍德彰父子三
二　人，今因缺欠糧食，無所出處，自願將到地
三　名盤包乾茶油杉木壹塊，買主占五股，六
四　股均分，德彰出賣壹股與買主壹團在內，並
五　為常産所業。（無）有一人所剩，一概出賣為止，
六　定（無）之事。上下抵龍姓之田為界，左右抵買主
七　山為界，四至分明。將要糧食出賣，自己登門
八　問到本族堂弟龍秉華照、光全父子三人名下承
九　買為業。當面（凴）中議定價谷伍拾斤（整），其谷
十　賣主親手領足應用，其茶油杉木山永遠蓄
十一　禁耕（管）為業。自賣之後，不得異言。若有異言，
十二　俱在賣主理落，不関買主之事。恐口（無）（凴），立有
十三　字為據。
十四　　　代筆　石德芳
十五　宣統元年七月初　捌　日　吉　立

* 此为龙德彰父子三人宣统元年（1909年）七月初八日卖茶油杉木山地土字据。原件现保藏于龙昭松家中，原色影像典藏于贵州师范学院『中国山地民族特色文献数据库』，编号为LZS032。原件内容共15列226字。原件中部有多处缺孔。

编号：LZS033（320mm×470mm）

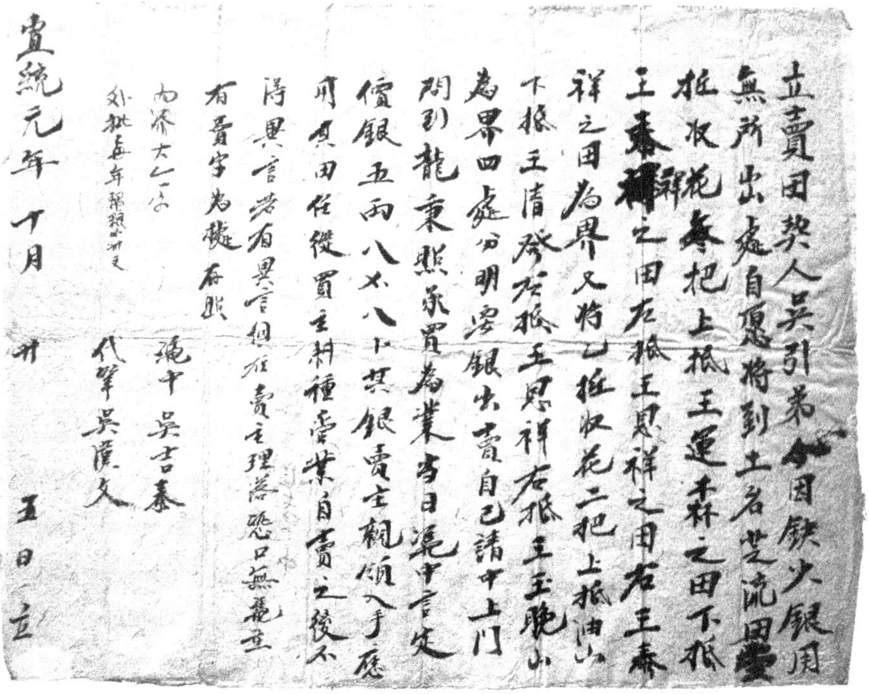
立賣田契人吴引弟今因缺少銀用
無所出處自愿將到土名芝流田壹
坵收花叁把上抵王運森之田下抵
王泰祥之田左抵王恩祥之田右王泰
祥之田為界又將山坵收花二把上抵油山
下抵王清發左抵王恩祥右抵王玉勝山
為界四處分明要銀出賣自己請中上门
問到龍東照承買為業當日憑中言定
價銀五两八𢆯八卜其銀賣主親領入手應
用其田任從買主耕種管業自賣之後不
得異言若有異言俱在賣主理落恐口無憑立
有賣字為據存照
内添大乙字
外批每年耕[illegible]
憑中 吴吉泰
代筆 吴廣文
宣統元年 十月 廿 五日 立

LZS033　宣统元年十月二十五日吴引弟卖田契*

一　立賣田契人吴引弟，今因鈌少銀用，

二　無所出處，自愿将到土名芝流田壹

三　拞，（收）花叁把。上抵王運森之田，下抵

四　王奉■[祥]之田，左抵王恩祥之田，右王泰

五　祥之田為界。又将乙拞（收）花二把，上抵油山，

六　下抵王清（發），左抵王恩祥，右抵王玉晚山

七　為界，四處分明。要銀出賣，自己請中上门

八　問到龍秉照承買為業。当日（凴）中言定

九　價銀五（兩）八（錢）八（分），其銀賣主親領入手應

十　用，其田任（從）買主耕種（管）業。自賣之後，不

十一　得異言。若有異言，俱在賣主理落。恐口無（凴），立

十二　有賣字為據存照。

十三　内（添）大乙字　　　　（凴）中　吴吉泰

十四　外批：每年帮糧（錢）卅文　代筆　吴漢文

十五　宣統元年十月廿　五日　立

* 此为吴引弟宣统元年（1909年）十月二十五日卖田契约，原件现保藏于龙昭松家中，原色影像典藏于贵州师范学院『中国山地民族特色文献数据库』，编号为LZS033。原件内容共15列216字。

编号：LZS034（390mm×430mm）

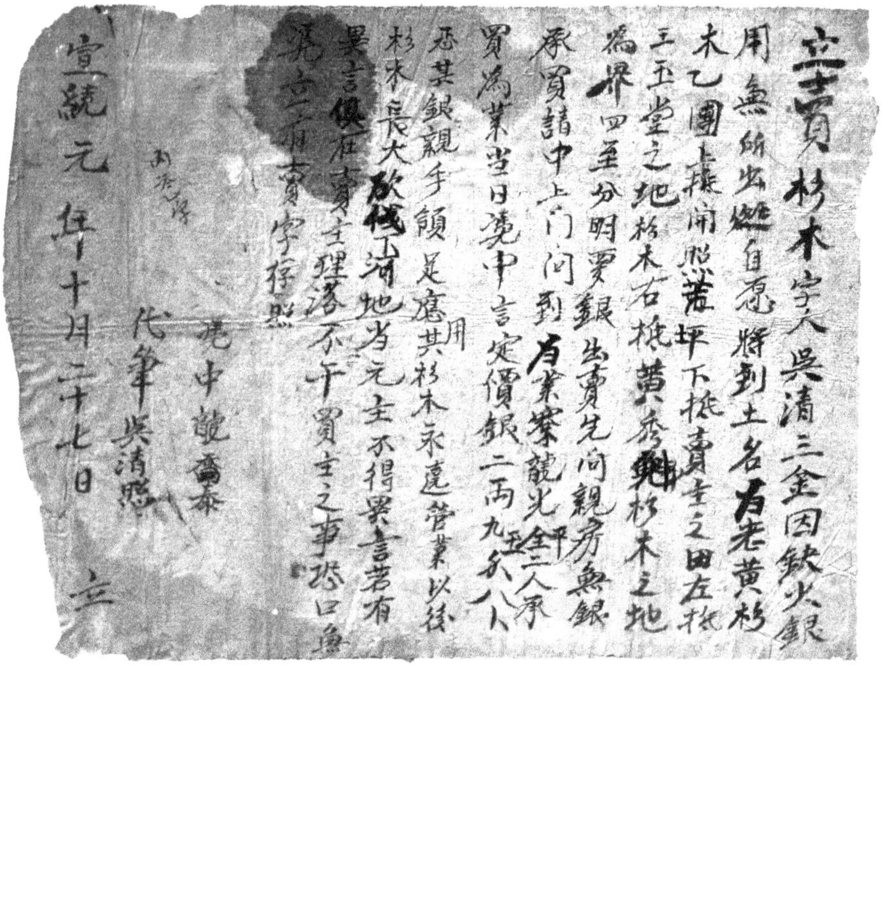

立賣杉木字人吳清三金因缺少銀
用無所出無自愿將到土名右老黄杉
木乙團上抵開照蓄坪下抵賣主之田左抵
王玉堂之地杉木右抵黄秀乾杉木之地
為界四至分明要銀出賣先问親房無銀
承買請中上门问到右寨龍光全二人承
買為業當日憑中言定價銀二两九分八
丞其銀親手領足應用其杉木永遠管業以後
杉木長大砍伐下河地歸元主不得異言若有
異言俱在賣主理落不干買主之事恐口無
憑立此賣字存照

内添一字

憑中 龍□泰

代筆 吳清照

宣統元年十月二十七日 立

LZS034　宣统元年十月二十七日吳清三卖杉木字*

一　立賣杉木字人吳清三，金因鈌少銀

二　用，(無)所出(處)，自愿(將)到土名归老黄杉

三　木乙團，上抵(開)照荒坪，下抵賣主之田，左抵

四　王玉堂之地杉木，右抵黄秀魁杉木之地

五　為界，四至分明。要銀出賣，先问親房，(無)銀

六　承買，請中上门问到归業寨龍光全平玉二人承

七　買為業。当日(凴)中言定價銀二(兩)九(錢)八(分)

八　(整)，其銀親手領足應用，其杉木永(遠)管業。以後

九　杉木長大，砍伐下河，地归元主，不得異言。若有

十　異言，俱在賣主理落，不干買主之事。恐口(無)

十一　(凴)，立有賣字存照。

十二　(凴)中　龍喬泰

十三　内(添)乙字　代筆　吳清照

十四　宣統元年十月二十七日　立

* 此为吳清三宣统元年(1909年)十月二十七日卖杉木字据，原件现保藏于龙昭松家中，原色影像典藏于贵州师范学院『中国山地民族特色文献数据库』，编号为LZS034。原件内容共14列200字。原件上端有墨渍和水渍各一处。

编号：LZS035（340mm×540mm）

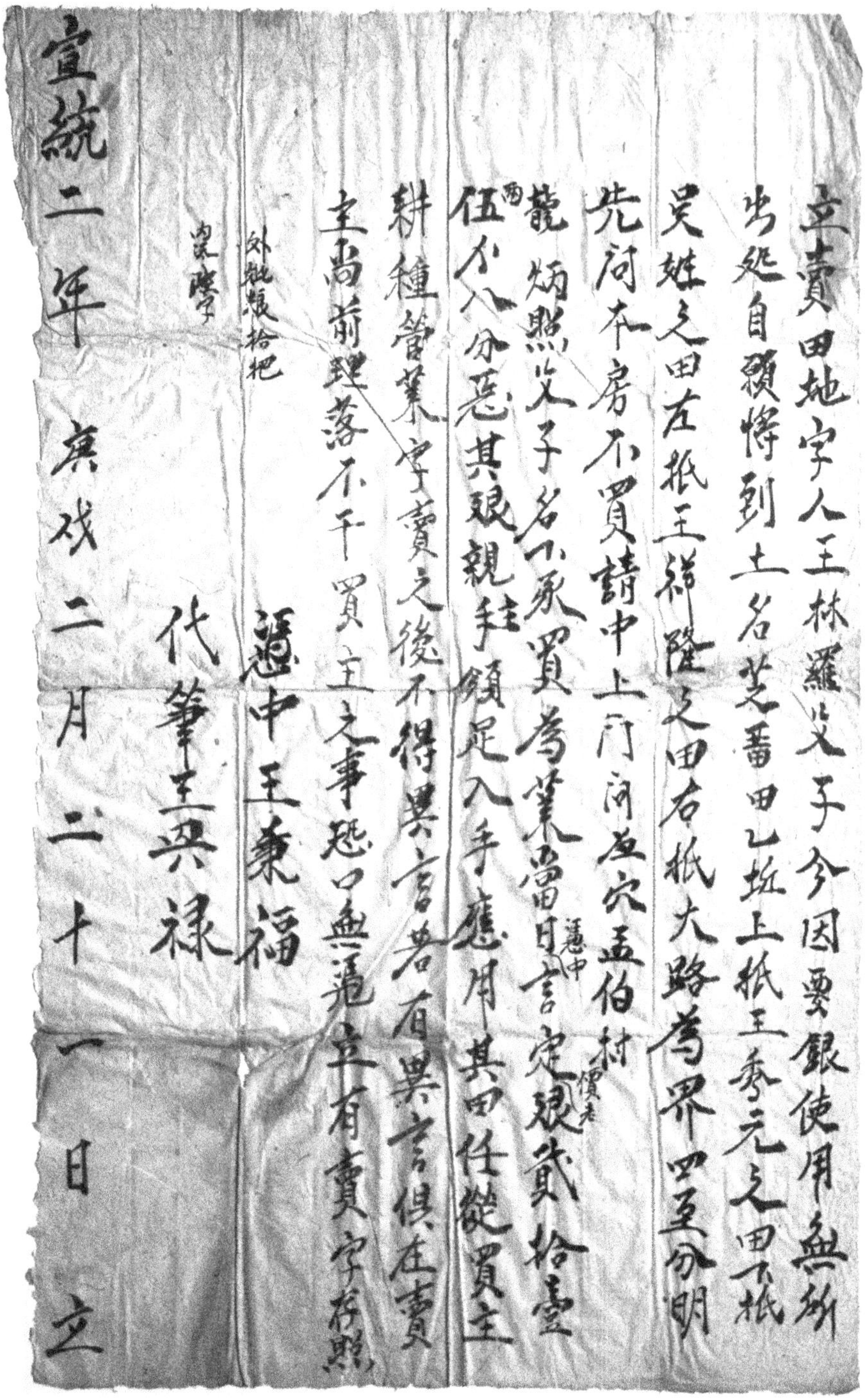

立賣田地字人王林羅父子今因要銀使用無所
出處自願將到土名芝番田山坵上抵王秀元之田下抵
吳姓之田左抵王祥隆之田右抵大路為界四至分明
先問本房不買請中上門問到孟伯村價者
龍炳照父子名下承買為業當日憑中言定銀貳拾壹
兩伍分八分整其銀親手領足入手應用其田任從買主
耕種管業自賣之後不得異言若有異言俱在賣
主尚前理落不干買主之事恐口無憑立有賣字存照
外批根拾把
內添陸字
憑中王秉福
代筆王興祿
宣統二年庚戌二月二十一日立

LZS035　宣统二年二月二十一日王林罗等卖田地字*

一　立賣田地字人王林羅父子，今因要銀使用，(無)所

二　出(処)。自願(将)到土名芝(留)田乙坵，上(抵)王秀元之田，下(抵)

三　吴姓之田，左(抵)王祥隆之田，右(抵)大路為界，四至分明。

四　先问本房，不買，請中上门问归穴孟伯村

五　龍炳照父子名下承買為業。當日憑中　價老言定(銀)貳拾壹

六　兩伍(錢)八分(整)，其(銀)親手領足主，入手應用，其田任從買主

七　耕種管業。字賣之後，不得異言。若有異言，俱在賣

八　主尚前理落，不干買主之事。恐口(無)(凴)，立有賣字存照。

九　外妣　粮拾把　　憑中　王秉福

十　內(添)陸字　　代筆　王(興)禄

十一　宣統二年庚戌二月二十一日　立

---

*此为王林罗父子宣统二年(1910年)二月二十一日卖田地字据，原件现保藏于龙昭松家中，原色影像典藏于贵州师范学院『中国山地民族特色文献数据库』，编号为LZS035。原件内容共11列197字。

编号：LZS036（330mm×370mm）

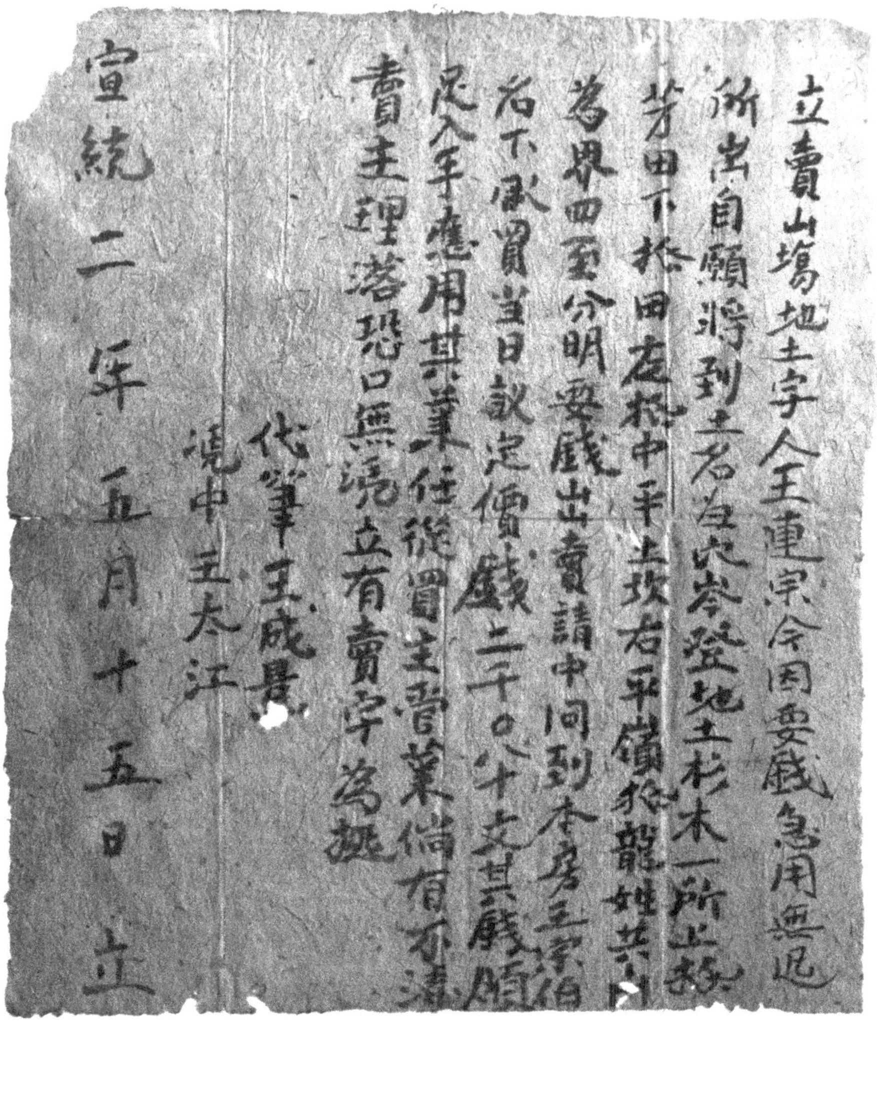
立賣山塲地土字人王連宗今因要錢急用無退
所出自願將到土名为氹岑登地土杉木一所上抵
芳田下抵田左抵中平土坎右平嶺抵龍姓共山
為界四至分明要錢出賣請中问到本房王宗伯
名下承買當日議定價錢 錢二千〇八十文其錢領
足入手應用其業任從買主管業倘有不清
賣主理落恐口無憑立有賣字為據
代筆 王成昌
憑中 王太江
宣統二年五月十五日 立

LZS036 宣统二年五月十五日王连宗卖山场地土字*

一 立賣山塲地土字人王連宗，今因要錢急用，無（處）

二 所出，自願（將）到土名归穴岑登地土杉木一所，上抵

三 芳田，下抵田，左抵中平土坎，右平嶺抵龍姓共山

四 為界，四至分明。要錢出賣，請中问到本房王宗伯

五 名下承買。当日（議）定價錢二千〇八十文，其錢領

六 足，入手應用，其業任（從）買主（管）業。倘有不清，

七 賣主理落。恐口無（凴），立有賣字為（拠）。

八 代筆 王成景

九 （凴）中 王太江

十 宣统二年五月十五日 立

---

*此为王连宗宣统二年（1910年）五月十五日卖山场地土字据，原件现保藏于龙昭松家中，原色影像典藏于贵州师范学院『中国山地民族特色文献数据库』，编号为LZS036。原件内容共10列149字。

编号：LZS037（370mm×450mm）

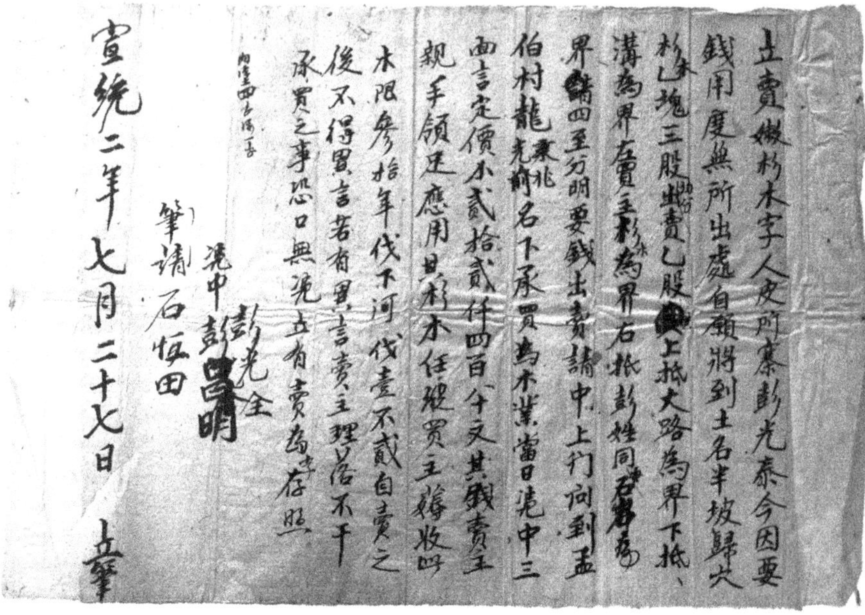
立賣嫩杉木字人皮所寨彭光泰今因要
錢用度無所出處自願將到土名半坡歸穴
杉木乙塊三股出賣乙股上抵大路為界下抵
溝為界左憑賣主杉木為界右抵彭姓同存為
界四至分明要錢出賣請中上門問到孟
伯村龍光前名下承買為木業當日憑中三
面言定價本貳拾貳仟四百八十文其錢賣主
親手領足應用其杉木任從買主耕收四
木限參拾年伐下河伐壹不貳自賣之
後不得異言若有異言賣主理落不干
承買之事恐口無憑立有賣字為存照
内塗四字添一字
憑中 彭光全
彭昌明
筆請 石恆田
宣統二年七月二十七日 立

LZS037　宣统二年七月二十七日彭光泰卖嫩杉木字*

一　立賣嫩杉木字人皮所寨彭光泰，今因要

二　錢用度，(無)所出處，自願將到土名半坡歸穴

三　杉[木]乙塊，三股，[均分]出賣乙股。■上抵大路為界，下抵

四　溝為界，左買主杉[木]為界，右(抵)彭姓同[安]石■為

五　界，■四至分明。要錢出賣，請中上门向到孟

六　伯村龍秉兆 光前名下承買為木業。當日(憑)中三

七　面言定價(錢)貳拾貳仟四百八十文，其錢賣主

八　(親)手領足應用，其杉木任從買主薅(收)。此

九　木限叁拾年伐下河，伐壹不(貳)。自賣之

十　後，不得異言。若有異言，賣主理落，不干

十一　承買之事。恐口無(憑)，立有賣[字]為存照。

十二　內塗四字，(添)一字　(憑)中　彭光全　彭昌明

十三　筆請　石恒田

十四　宣统二年七月二十七日　立筆

*此为彭光泰宣统二年(1910年)七月二十七日卖嫩杉木字据，原件现保藏于龙昭松家中，原色影像典藏于贵州师范学院『中国山地民族特色文献数据库』，编号为LZS037。原件内容共14列217字。原件中部有明显褶皱。

编号：LZS0038（260mm×440mm）

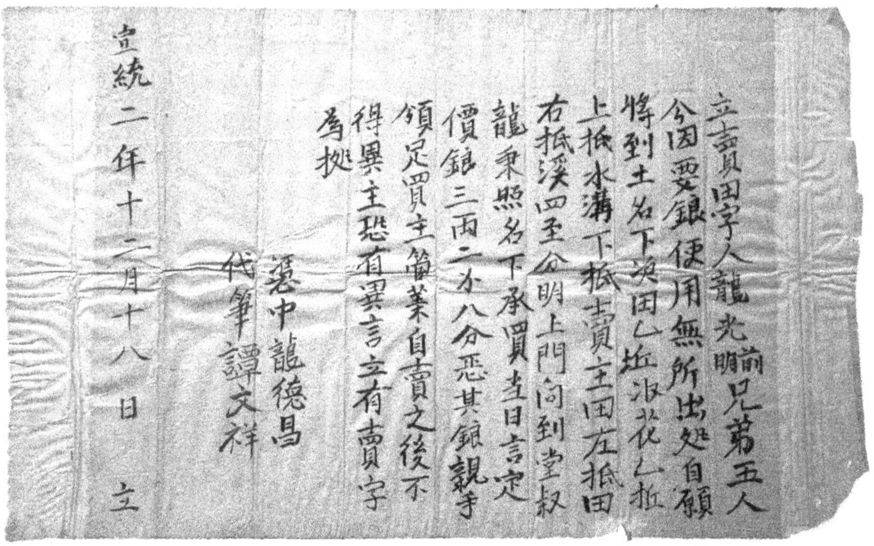
立賣田字人龍光明前兄弟五人
今因要銀使用無所出處自願
將到土名下溪田乙坵泒花乙坵
上抵水溝下抵賣主田左抵田
右抵溪四至分明上門問到堂叔
龍秉照名下承買當日言定
價銀三兩二朩八分悉其銀親手
領足買主管業自賣之後不
得異主恐有異言立有賣字
為拠
憑中龍德昌
代筆譚文祥
宣統二年十二月十八日　立

LZS038　宣统二年十二月十八日龙光前等卖田字*

一　立賣田字人龍光前、明兄弟五人，

二　今因要（銀）使用，無所出（処），自願

三　（將）到土名下次田乙坵，（收）花乙担，

四　上抵水溝，下抵賣主田，左抵田，

五　右抵溪，四至分明。上門问到堂叔

六　龍秉照名下承買。当日言定

七　價（銀）三（兩）二（錢）八分（整），其（銀）親手

八　領足，買主管（業）。自賣之後，不

九　得異主。恐有異言，立有賣字

十　為（拠）。

十一　憑中　龍德昌

十二　代筆　譚文祥

十三　宣统二年十二月十八日　立

* 此为龙光前、龙光明兄弟五人宣统二年（1910年）十二月十八日卖田字据，原件现保藏于龙昭松家中，原色影像典藏于贵州师范学院『中国山地民族特色文献数据库』，编号为LZS038。原件内容共13列133字。原件中部有明显褶皱。

编号：LZS039（330mm×460mm）

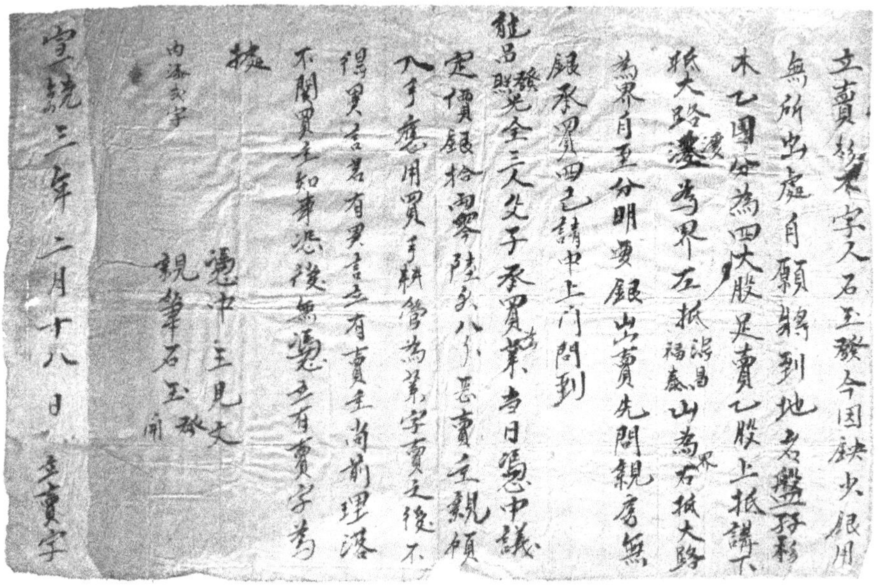
立賣杉木字人石玉發今因缺少銀用
無所出處自願將到地名盤孖杉
木乙團分為四大股足賣乙股上抵講下
抵大路濃為界左抵鴻昌福泰山為右界抵大路
為界自至分明要銀出賣先問親房無
銀承買四已請中上門問到
龍昌發照光全三人父子承買業為當日憑中議
定價銀拾兩零陸錢八分悉賣主親領
入手應用買手耕管為業字賣之後不
得異言若有異言立有賣主尚前理落
不關買主知事恐後無憑立有賣字為
據
內添貳字
憑中 王見文
親筆 石玉發
宣統三年二月十八日 立賣字

LZS039 宣统三年二月十八日石玉发卖杉木字*

一 立賣杉木字人石玉發，今因缺少銀用，
二 無所出處，自願將到地名盤孖杉
三 木乙團，分為四大股，足賣乙股。上抵講，下
四 抵大路■溪為界，左抵淂昌福泰山為界，右抵大路
五 為界，自至分明。要銀出賣，先問親房，無
六 銀承買，四已請中上门問到
七 龍品發照、光全三人父子承買為業。当日憑中議
八 定價銀拾(兩)零陸(錢)八分(整)，賣主親領
九 入手應用，買手耕管為業。字賣之後，不
十 得異言。若有異言，立有賣主尚前理落，
十一 不関買主知事。恐後無憑，立有賣字為
十二 據。
十三 憑中 王見文
十四 內(添)弍字 親筆 石玉(發)(開)
十五 宣(統)三年二月十八日 立賣字

*此为石玉发宣统三年(1911年)二月十八日卖杉木字据，原件现保藏于龙昭松家中，原色影像典藏于贵州师范学院『中国山地民族特色文献数据库』，编号为LZS039。原件内容共15列197字。

编号：LZS040（400mm×440mm）

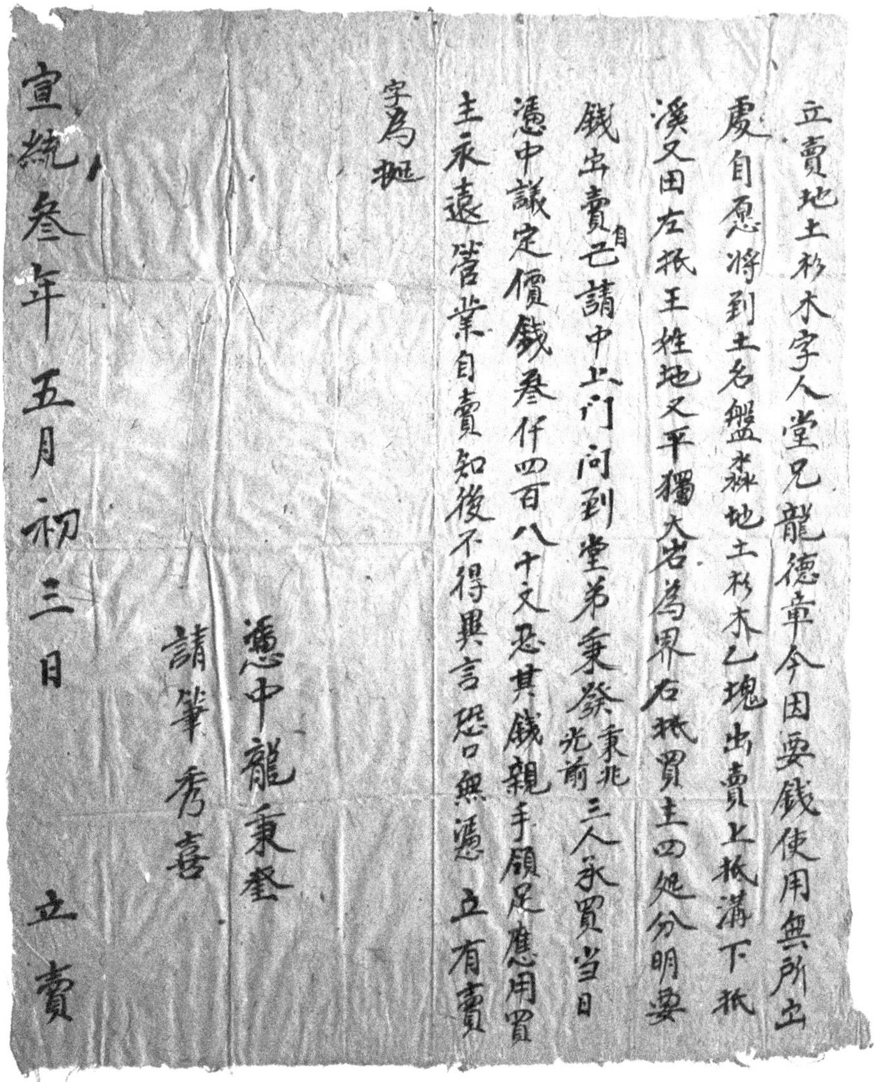

立賣地土杉木字人堂兄龍德章今因要錢使用無所出處自愿將到土名盤森地土杉木乙塊出賣上抵溝下抵溪又田左抵王姓地又平獨大岩為界右抵買主四処分明要錢出賣自己請中上门問到堂弟秉榮秉北光前三人承買当日憑中議定價錢叁仟四百八十文恐其錢親手領足應用買主永遠營業自賣知後不得異言恐口無憑立有賣字為據

憑中龍秉登

請筆秀喜

宣統叁年五月初三日 立賣

LZS040 宣统三年五月初三日龙德章卖地土杉木字*

一 立賣地土杉木字人堂兄龍德章，今因要錢使用，（無）所出

二 處，自愿（將）到土名盤淼地土杉木乙塊出賣。上抵溝，下抵

三 溪又田，左（抵）王姓地又平獨大岩為界，右（抵）買主，四（処）分明。要

四 錢出賣，自己請中上门问到堂弟秉發、秉兆、光前三人承買。当日

五 憑中議定價錢叁仟四百八十文（整），其錢親手領足應用，買

六 主永遠管業。自賣知後，不得異言。恐口無憑，立有賣

七 字為（拠）。

八 憑中 龍秉奎

九 請筆 秀喜

十 宣统叁年五月初三日 立賣

* 此为龙德章宣统三年（1911年）五月初三日卖地土杉木字据，原件现保藏于龙昭松家中，原色影像典藏于贵州师范学院『中国山地民族特色文献数据库』，编号为LZS040。原件内容共10列160字。原件有多处虫蚀缺孔。

编号：LZS041（340mm×450mm）

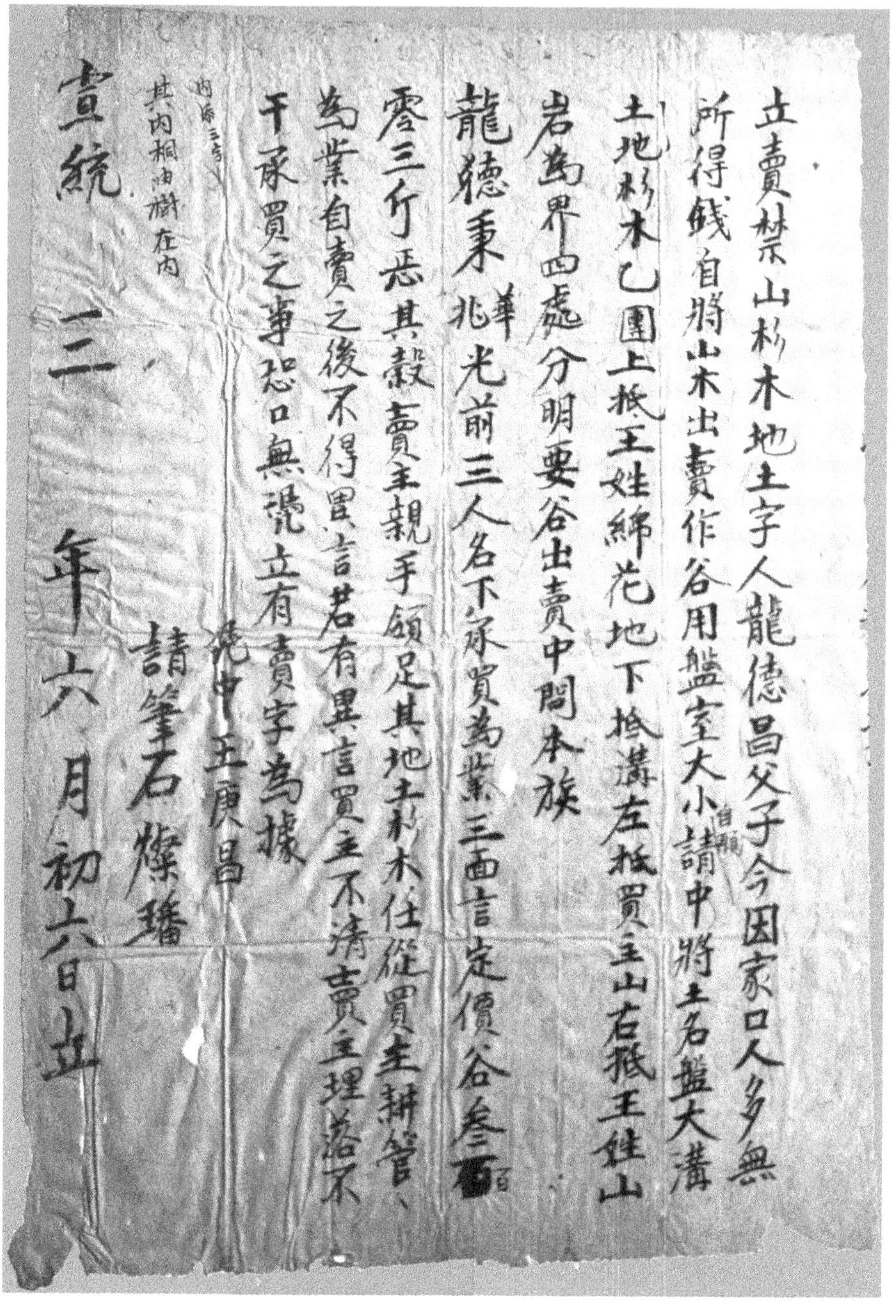
立賣禁山杉木地土字人龍德昌父子今因家口人多無
所得钱自將山木出賣作谷用盤室大小（自願）請中將土名盤大溝
土地杉木乙團上抵王姓綿花地下抵溝左抵買主山右抵王姓山
岩為界四處分明要谷出賣中間本族
龍德秉 華 兆光前三人名下承買為業三面言定價谷叁百
零三斤悉其穀賣主親手領足其地土杉木任從買主耕管、
為業自賣之後不得異言若有異言買主不清賣主理落不
干承買之事恐口無憑立有賣字為據
憑中王庚昌
請筆石燦璠
內添三字
其內桐油樹在內
宣統 三 年 六 月 初六日 立

LZS041　宣统三年六月初六日龙德昌等卖禁山杉木地土字*

一　立賣禁山杉木地土字人龍德昌父子，今因家口人多，無
二　所得錢，自將山木出賣，作谷用盤室大小。自願請中將土名盤大溝
三　土地杉木乙團，上抵王姓綿花地，下抵溝，左抵買主山，右抵王姓山
四　岩為界，四處分明。要谷出賣，中問本族
五　龍德秉華兆光前三人名下承買為業。三面言定價谷叁百■
六　零三斤(整)，其穀賣主親手領足，其地土杉木任從買主耕管
七　為業。自賣之後，不得異言。若有異言，買主不清，賣主理落，不
八　干承買之事。恐口無凴，立有賣字為據。
九　內(添)三字　(凴)中　王庚昌
十　其內桐油樹在內　請筆　石燦璠
十一　宣統三年六月初六日　立

*此为龙德昌父子宣统三年(1911年)六月初六日卖禁山杉木地土字据，原件现保藏于龙昭松家中，原色影像典藏于贵州师范学院『中国山地民族特色文献数据库』，编号为LZS041。原件内容共11列208字。

编号：LZS042（260mm×410mm）

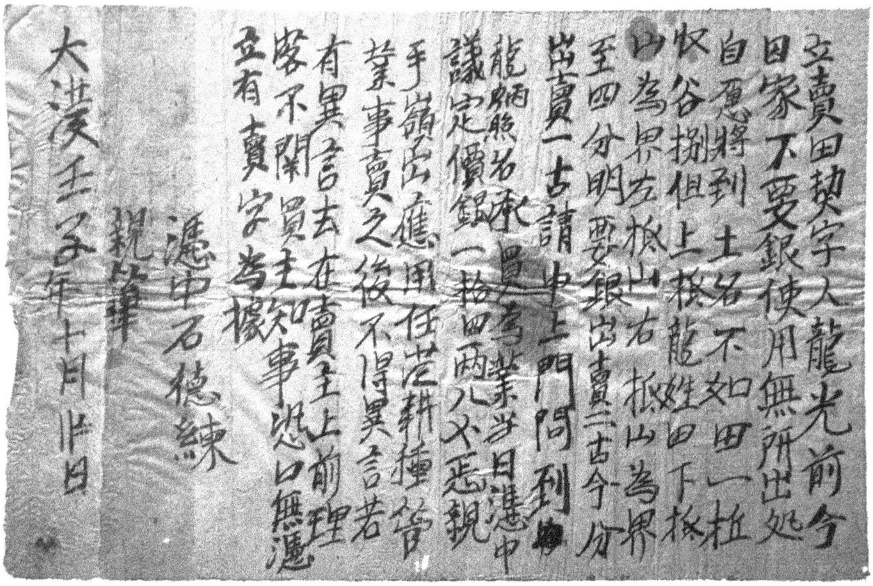
立賣田契字人龍光前今
因家下要銀使用無所出处
自愿將到土名不知田一坵
收谷捌但上抵龍姓田下抵
山為界左抵山右抵山為界
至四分明要銀出賣三古今分
出賣一古請中上門問到本
龍炳照名承買為業當日憑中
議定價銀一拾四兩八戈正親
手領出應用任從耕種管
業事賣之後不得異言若
有異言去在賣主上前理
落不閑買主知事憑口無憑
立有賣字為據
憑中石德練
親筆
大漢壬子年十月廿日

LZS042　民国元年十月二十七日龙光前卖田契*

一　立賣田契字人龍光前，今

二　因家下要銀使用，無所出（処），

三　自愿將到土名不如田一坵，

四　收谷捌但。上抵龍姓田，下抵

五　山為界，左抵山，右抵山為界，

六　至四分明。要銀出賣，二古今分，

七　出賣一古，請中上門問到■

八　龍炳照名承買為業。当日（憑）中

九　議定價銀一拾四两八（錢）（整），親

十　手嶺出應用，任（從）耕種管

十一　業。事賣之後，不得異言。若

十二　有異言，去在賣主上前理

十三　落，不関買主知事。恐口無（憑），

十四　立有賣字為據。

十五　（憑）中　石德練

十六　親筆

十七　大漢壬子年十月（二十七）日

* 此为龙光前民国元年（1912年）十月二十七日卖田契约，原件现保藏于龙昭松家中，原色影像典藏于贵州师范学院『中国山地民族特色文献数据库』，编号为LZS042。原件内容共17列169字。原件有多处油渍。

编号：LZS043（370mm×440mm）

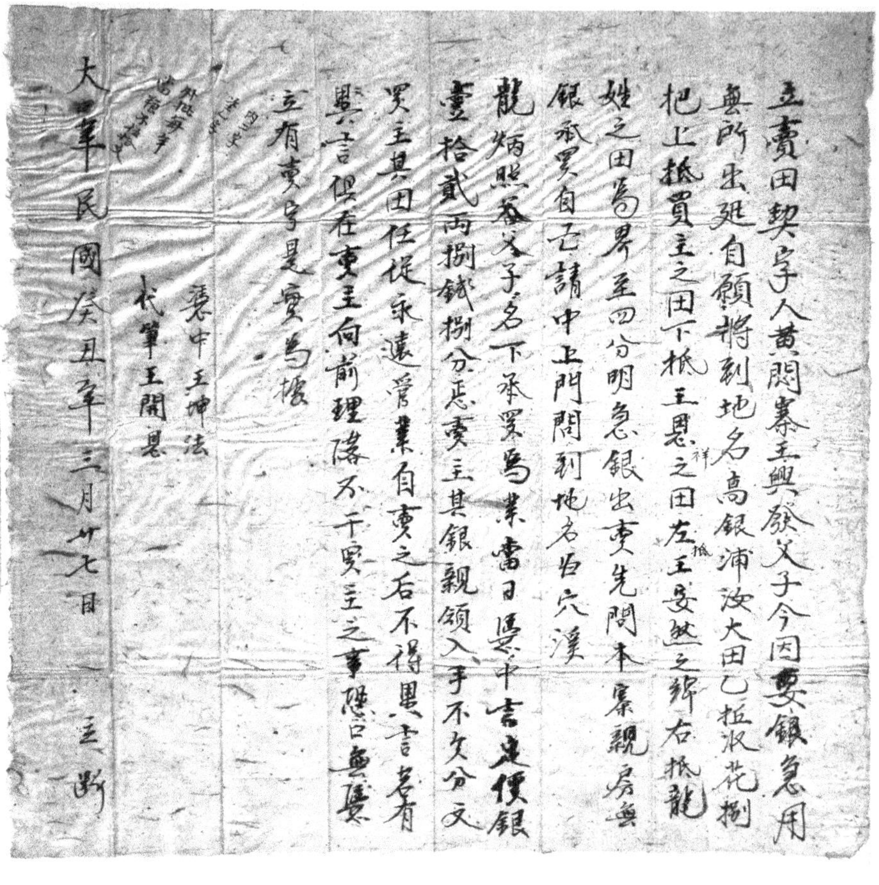
立賣田契字人黄閔寨王興發父子今因要銀急用
無所出處自願將到地名高銀沛汝大田乙坵收花捌
把上抵買主之田下抵王恩祥之田左抵王安然之鄰右抵龍
姓之田為界至四分明急銀出賣先問本寨親房無
銀承買自己請中上門問到地名伯穴溪
龍炳照叔父子名下承買為業當日憑中言定價銀
壹拾貳兩捌錢捌分正憑賣主其銀親領入手不欠分文
買主其田任從永遠管業自賣之后不得異言若有
異言俱在賣主向前理落不干買主之事恐口無憑
立有賣字是實為據
內添二字
塗一字
外批每年當稅子粮
憑中 王坤法
代筆 王開恩
大華民國癸丑年三月廿七日 立断

LZS043　民国二年三月二十七日王兴发等卖田契*

一　立賣田契字人黃悶寨王興發父子，今因要銀急用，

二　（無）所出（処），自願將到地名高銀浦汝大田乙抷，（收）花捌

祥　抵

三　把，上抵買主之田，下抵王恩之田，左王安然之绵，右抵龍

四　姓之田為界，至四分明。急銀出賣，先問本寨親房，（無）

五　銀承買，自己請中上門問到地名归穴溪

六　龍炳照■父子名下承買為業。當日憑中言定價銀

七　壹拾貳（兩）捌錢捌分（整），賣主其銀親領入手，不欠分文，

八　買主其田任（從）永遠（管）業。自賣之后，不得異言。若有

九　異言，俱在賣主向前理落，不干買主之事。恐口（無）憑，

十　立有賣字是實為據。

十一　內二字

十二　塗乙字

十三　外批　每年　（憑）中　王坤法

十四　當粮（錢）伍拾文　代筆　王開恩

十五　大華民國癸丑年三月廿七日　立断

*此为王兴发父子民国二年（1913年）三月二十七日卖田契约，原件现保藏于龙昭松家中，原色影像典藏于贵州师范学院『中国山地民族特色文献数据库』，编号为LZS043。原件内容共15列232字。

编号：LZS044（330mm×530mm）

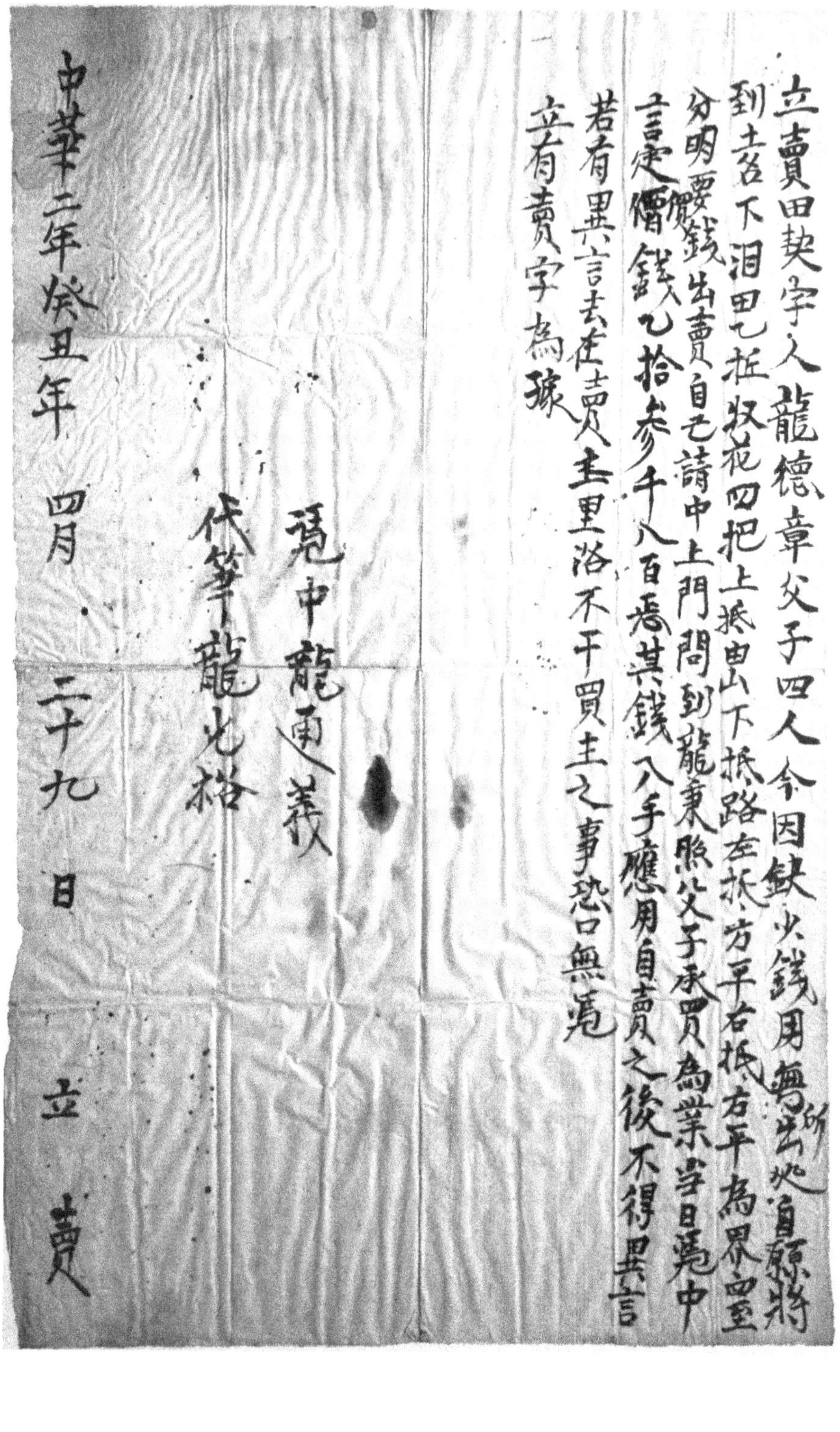
立賣田契字人龍德章父子四人今因缺少錢用無所出處自願將
到土名下洞田乙坵收花四把上抵山下抵路左抵方平右抵方平為界四至
分明要價錢出賣自己請中上門問到龍秉照父子承買為業當日憑中
言定價錢乙拾叁千八百文其錢入手應用自賣之後不得異言
若有異言去在賣主理落不干買主之事恐口無憑
立有賣字為據
憑中　龍秉義
代筆　龍光裕
中華二年癸丑年　四月　二十九日　立賣

LZS044 民国二年四月二十九日龙德章等卖田契*

一 立賣田契字人龍德章父子四人，今因鈌少錢用，無出処，自願將（所）

二 到土名下泪田乙丘，(收)花四把。上抵由山，下抵路，左抵方平，右抵方平為界，四至

三 分明。要錢出賣，自己請中上門問到龍秉照父子承買為業。当日(凴)中

四 言定■（價）錢乙拾叁千八百(整)，其錢入手應用。自賣之後，不得異言。

五 若有異言，去在賣主里洛，不干買主之事。恐口無(凴)，

六 立有賣字為據。

七 (凴)中 龍通義

八 代筆 龍光裕

九 中華二年癸丑年四月二十九日 立賣

*此为龙德章父子民国二年(1913年)四月二十九日卖田契约，原件现保藏于龙昭松家中，原色影像典藏于贵州师范学院『中国山地民族特色文献数据库』，编号为LZS044。原件内容共9列162字。原件中部有紫色墨渍，上端有轻微水渍。

编号：LZS0045（410mm×480mm）

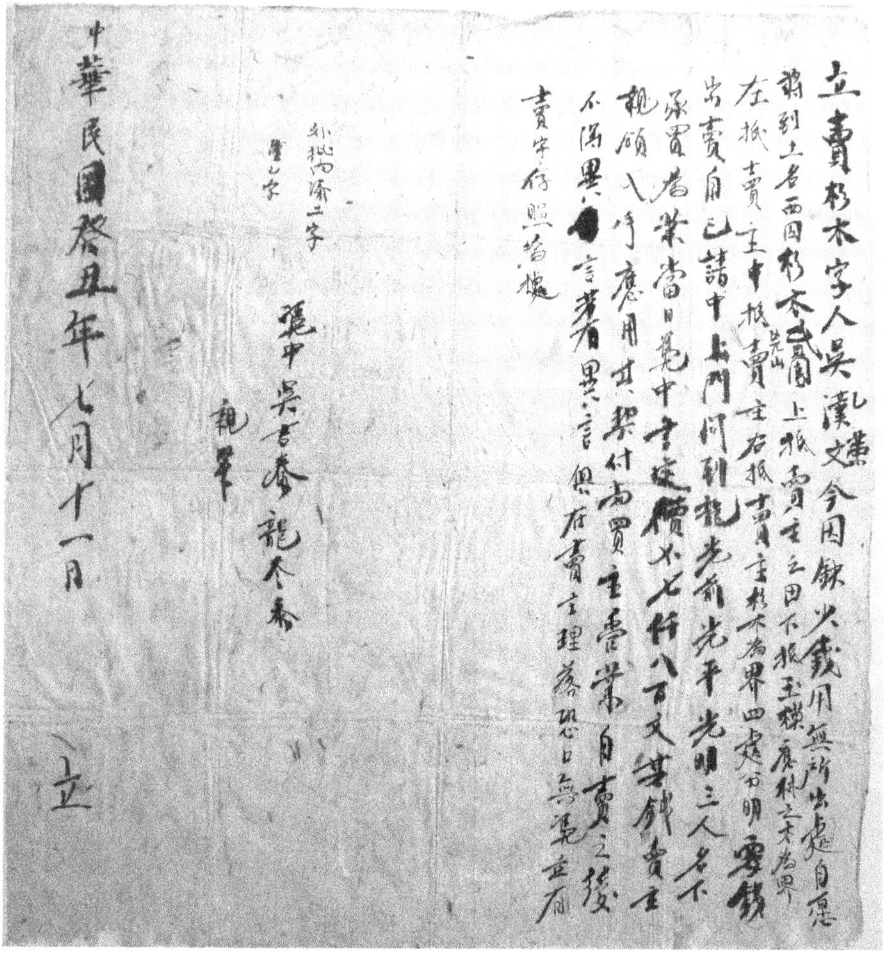
立賣杉木字人吳漢文今因缺少錢用無所出處自愿
將到土名西田杉木貳團上抵賣主田下抵玉標廣林之木為界
左抵先山賣主中抵賣主右抵賣主杉木為界四處分明要錢
出賣自己請中上門問到龍光前光平光明三人名下
承買為業當日憑中言定價錢七仟八百文整錢賣主
親領入手應用其契付與買主壹業自賣之後
不得異言若有異言俱在賣主理落恐口無憑立有
賣字存照為據
外批內添二字
塗一字
憑中 吳吉參 龍冬春
親筆
中華民國癸丑年七月十一日 立

LZS045　民国二年七月十一日吴汉荣等卖杉木字*

一　立賣杉木字人吳漢荣文，今因鈌少錢用，無所出處，自愿

二　將到土名西囚杉木貳團，上抵賣主之田，下抵玉模、應林之木為界，

三　左(抵)賣主，中荒山抵賣主，右抵賣主杉木為界，四處分明。要錢

四　出賣，自己請中上門问到龍光前、光平、光明三人名下

五　承買為業。當日(凴)中言定價(錢)七仟八百文，其錢賣主

六　親領入手應用，其契付(與)買主(管)業。自賣之後，

七　不得異■言。若有異言，俱在賣主理落。恐口無(凴)，立有

八　賣字存照為據。

九　　外批　内(添)二字

十　　塗乙字　　(凴)中　吳吉泰　龍(喬)泰

十一　　　　親筆

十二　中華民國癸丑年七月十一日　　　立

* 此为吴汉荣、吴汉文民国二年(1913年)七月十一日卖杉木字据，原件现保藏于龙昭松家中，原色影像典藏于贵州师范学院『中国山地民族特色文献数据库』，编号为LZS045。原件内容共12列194字。

编号：LZS046（350mm×385mm）

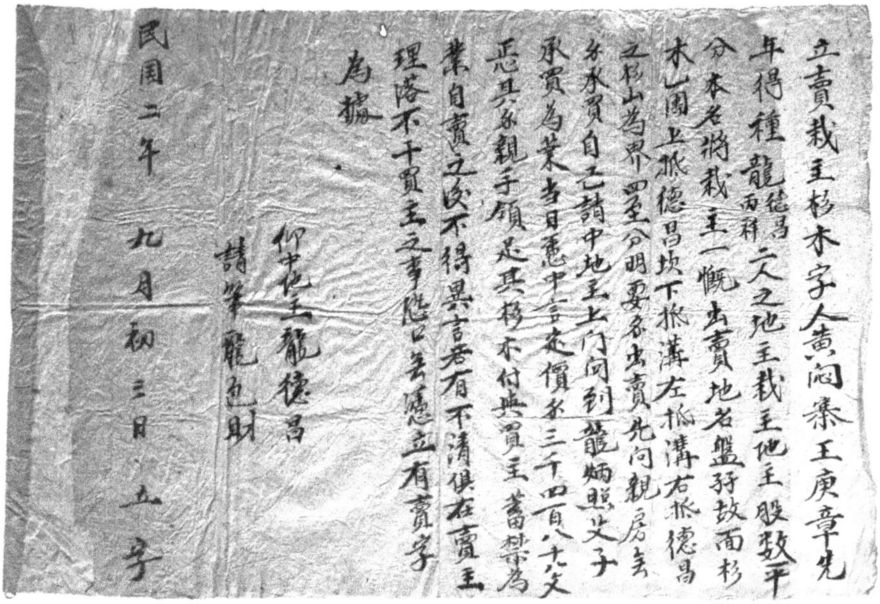

立賣栽主杉木字人黄岡寨王庚章先
年得種龍德昌丙祥二人之地主栽主地主股數平
分本名將栽主一概出賣地名盤孖鼓面杉
木山團上抵德昌坎下抵溝左抵溝右抵德昌
之杉山為界四至分明要吊出賣先問親房无
吊承買自己請中地主上門問到龍炳照父子
承買為業当日憑中言定價禾三千四百八十六文
恶其吊親手領足其杉木付與買主蓄禁為
業自賣之後不得異言若有不清俱在賣主
理落不干買主之事恐口無憑立有賣字
為據

仰中地主龍德昌

請筆龍包財

民国二年九月初三日立字

LZS046　民国二年九月初三日王庚章卖栽主杉木字*

一　立賣栽主杉木字人黃闷寨王庚章，先

二　年得種龍德昌丙祥二人之地主，栽主、地主股数平

三　分，本名將栽主一慨出賣，地名盤孖故面杉

四　木乙團，上抵德昌坎，下抵溝，左抵溝，右抵德昌

五　之杉山為界，四至分明。要（錢）出賣，先问親房，（無）

六　（錢）承買，自己請中地主上门问到龍炳照父子

七　承買為業。当日憑中言定價（錢）三千四百八十八文

八　（整），其（錢）親手領足，其杉木付與買主蓄禁為

九　業。自賣之後，不得異言。若有不清，俱在賣主

十　理落，不干買主之事。恐口（無）憑，立有賣字

十一　為據。

十二　　　　仰中地主　龍德昌

十三　　　　請筆　龍包財

十四　民国二年 九月初三日　立字

*此为王庚章民国二年（1913年）九月初三日卖栽主杉木字据，原件现保藏于龙昭松家中，原色影像典藏于贵州师范学院『中国山地民族特色文献数据库』，编号为LZS046。原件内容共14列208字。

编号：LZS047（350mm×430mm）

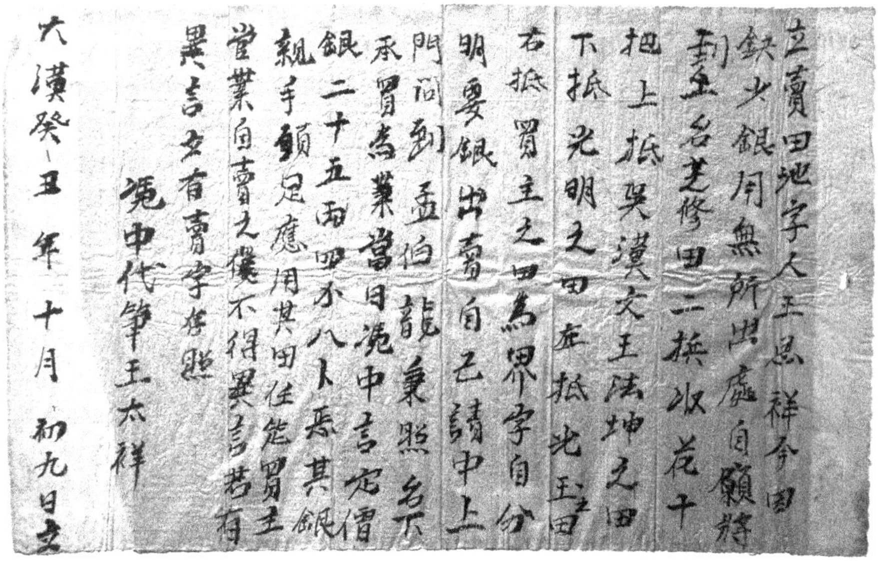
立賣田地字人王恩祥今因
缺少銀用無所出處自願將
到土名差修田一塊收花十
把上抵吴漢文王法坤之田
下抵光明之田左抵光玉之田
右抵買主之田為界字自分
明要銀出賣自己請中上
門問到孟伯龍秉照名下
承買為業當日凴中言定價
銀二十五兩四分八厘其銀
親手領足應用其田任從買主
管業自賣之後不得異言若有
異言立有賣字存照
凴中代筆王太祥
大漢癸丑年十月初九日立

LZS047　民国二年十月初九日王恩祥卖田地字*

一　立賣田地字人王恩祥，今因
二　缺少銀用，無所出處，自願將
三　到土名芝修田二拱，（收）花十
四　把。上抵吳漢文、王法坤之田，
五　下抵光明之田，左抵光玉之田，
六　右抵買主之田為界，字自分
七　明。要銀出賣，自己請中上
八　門问到孟伯龍秉照名下
九　承買為業。當日（凴）中言定（價）
十　銀二十五兩四（錢）八（分）（整），其銀
十一　親手領足應用，其田任（從）買主
十二　（管）業。自賣之（後），不得異言。若有
十三　異言，立有賣字存照。
十四　　　　（凴）中　代筆　王太祥
十五　大漢癸丑年十月初九日　立

*此为王恩祥民国二年（1913年）十月初九日卖田地字据，原件现保藏于龙昭松家中，原色影像典藏于贵州师范学院『中国山地民族特色文献数据库』，编号为LZS047。原件内容共15列163字。

编号：LZS048（330mm×260mm）

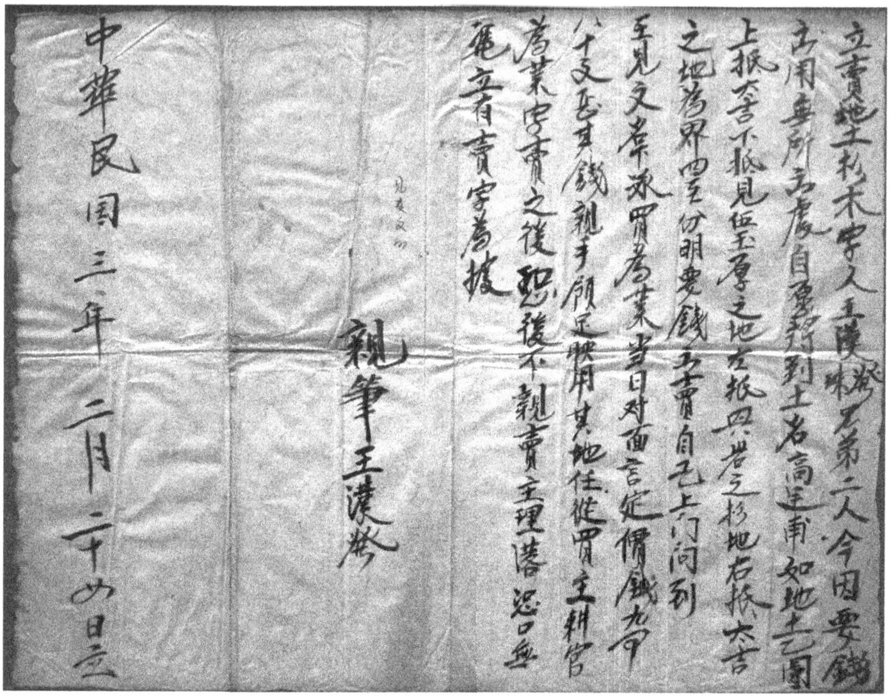

立賣地土杉木字人王陵燦味燦兄弟二人今因要錢
應用無所出處自愿將到土名高迷甫如地土之園
上抵太吉不抵見伍玉厚之地左抵與君之杉地右抵太吉
之地為界四至分明要錢出賣自己上门問到
王見文親承買為業當日对面言定價錢九千
八十文正其錢親手領足歸用其地任從買主耕管
為業字賣之後恐後不親賣主理落 恐口無
憑立有賣字為據
親筆王潑燦
中華民国三年二月二十四日立

LZS048　民国三年二月二十四日王汉发等卖地土杉木字*

一　立賣地土杉木字人王漢(發)/珠兄弟二人，今因要錢

二　(出)用，無所(出)處，自愿將到土名高廷甫如地土乙團，

三　上抵太吉，下抵見伍、玉厚之地，左(抵)(興)岩之杉地，右抵太吉

四　之地為界，四至分明。要錢(出)賣，自己上门问到

五　王見文名下承買為業。当日对面言定價錢九(百)

六　八十文(整)，其錢親手領足映用，其地任從買主耕官

七　為業。字賣之後，(恐)後不親，賣主理落。(恐)口無

八　(凴)，立有賣字為據。

九　　　親筆　王漢(發)

十　中華民国三年二月二十四日　立

*此为王汉发、王汉珠兄弟二人民国三年(1914年)二月二十四日卖地土杉木字据，原件现保藏于龙昭松家中，原色影像典藏于贵州师范学院『中国山地民族特色文献数据库』，编号为LZS048。原件内容共10列166字。

编号：LZS049（240mm×460mm）

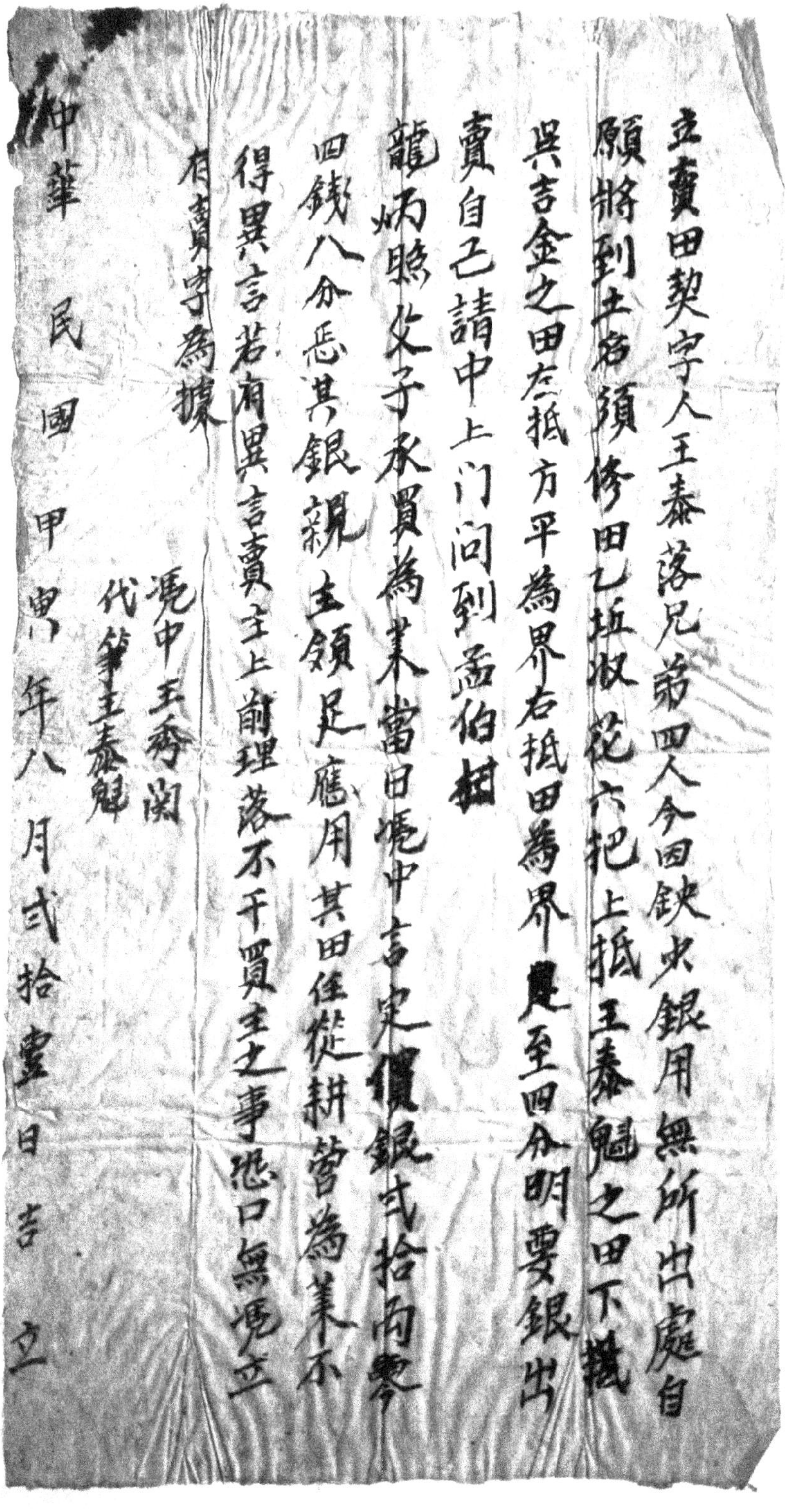

立賣田契字人王泰落兄弟四人今因缺少銀用無所出處自
願將到土名須修田乙坵收花六把上抵王泰魁之田下抵
吳吉金之田左抵方平為界右抵田為界四至分明要銀出
賣自己請中上门问到孟伯樹
龍炳照父子承買為業當日凭中言定價銀弍拾両零
四錢八分正其銀親主領足應用其田任從耕管為業不
得異言若有異言賣主上前理落不干買主之事恐口無凭立
有賣字為據

凭中 王秀閬
代筆 王泰魁

中華民國甲申年八月弍拾壹日 吉立

LZS049　民国三年八月二十一日王泰落等卖田契*

一　立賣田契字人王泰落兄弟四人，今因缺少銀用，無所出處，自

二　願將到土名須修田乙坵，（收）花六把。上抵王泰魁之田，下抵

三　吳吉金之田，左抵方平為界，右抵田為界，■至四分明。要銀出

四　賣，自己請中上门问到孟伯村

五　龍炳照父子承買為（業）。當日（凴）中言定價銀式拾（兩）零

六　四錢八分（整），其銀親主領足應用，其田任（從）耕管為（業），不

七　得異言。若有異言，賣主上前理落，不干買主之事。恐口無（凴），立

八　有賣字為據。

九　　　　（凴）中　王秀（関）

十　　　　代筆　王泰魁

十一　中華民国甲寅年八月式拾壹日　吉立

*此为王泰落兄弟四人民国三年（1914年）八月二十一日卖田契约，原件现保藏于龙昭松家中，原色影像典藏于贵州师范学院『中国山地民族特色文献数据库』，编号为LZS049。原件内容共11列180字。原件有两处缺孔。

编号：LZS0050（360mm×490mm）

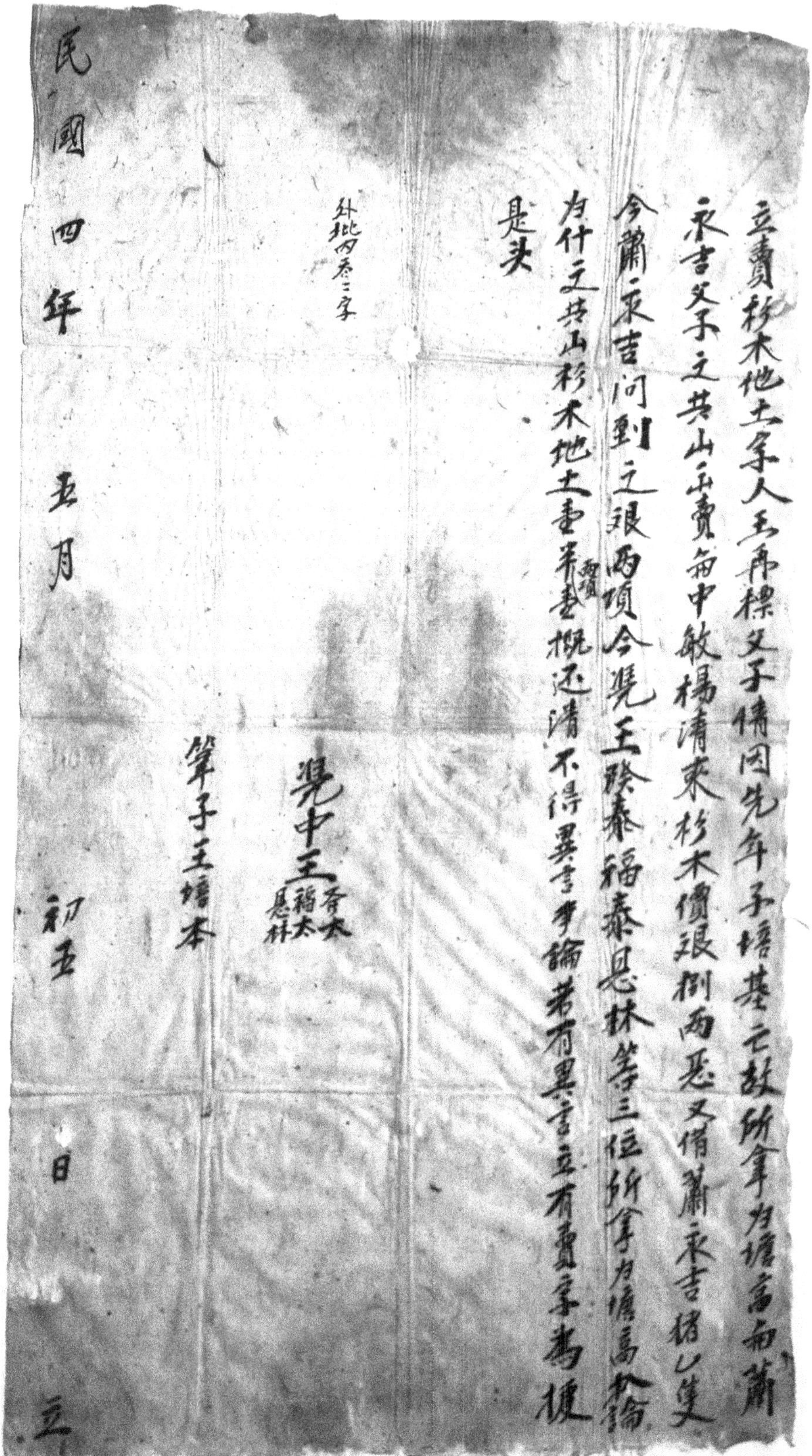

立賣杉木地土字人王再標父子情因先年子培基亡故所拿为培高面蕭
求吉父子之共山二賣㮣中敏楊清来杉木價艮倒西悉又借肅求吉楮乙隻
今肅求吉问到之艮西項今憑王發春福泰恩林等三位所拿为培高手論
為什之共山杉木地土壹半（两塊）壹概还清不得異言爭論若有異言立有賣字為據
是実

外批内添二字

憑中王香太 福太 恩林

筆子王培本

民國四年五月初五日立

LZS050　民国四年五月初五日王再标等卖杉木地土字*

一　立賣杉木地土字人王再標父子，情因先年子培基亡故，所拿归塘高(與)蕭

二　永吉父子之共山(出)賣(與)中敏楊清來，杉木價(銀)捌两(整)，又借蕭永吉猪乙隻，

三　今蕭永吉问到之(銀)两項，今(凴)王發泰、福泰、恩林等三位所拿归塘高扒論

四　归什之共山杉木地土壹半，两項壹概还清，不得異言爭論。若有異言，立有賣字為據

五　是头。

六　外批　内(添)二字　(凴)中　王福太　(發)太　恩林

七　筆子　王培本

八　民國四年五月初五日　立

* 此为王再标父子民国四年(1915年)五月初五日卖杉木地土字据，原件现保藏于龙昭松家中，原色影像典藏于贵州师范学院『中国山地民族特色文献数据库』，编号为LZS050。原件内容共8列153字。原件中有多处红色墨渍。

编号：LZS051（450mm×260mm）

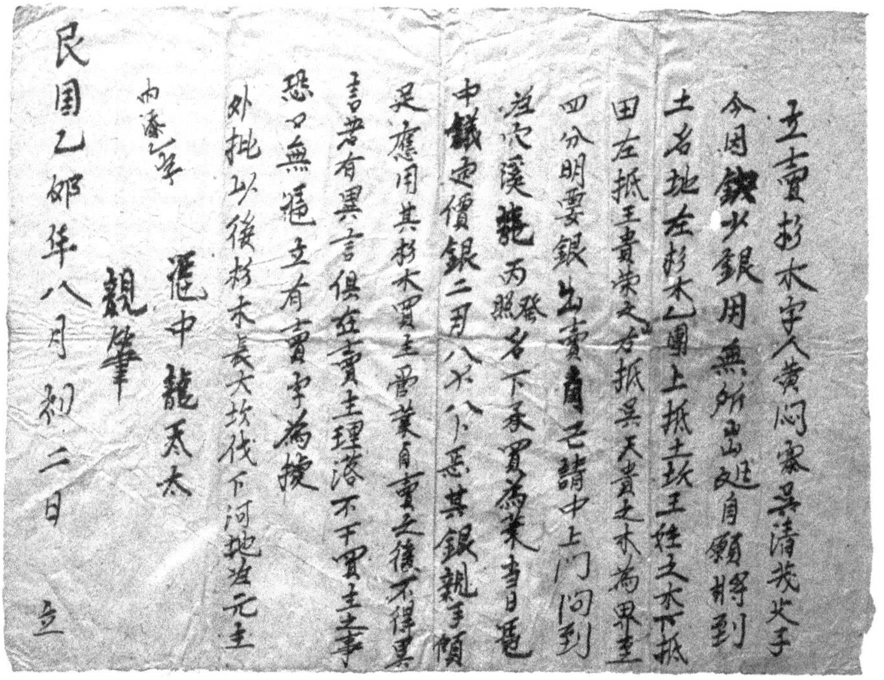

立賣杉木字人黄闷寨吴清莪父子
今因缺少銀用無所出處自願將到
土名地坐杉木一團上抵土坎王姓之木下抵
田左抵王貴荣之木右抵吴天貴之木為界至
四分明要銀出賣自己請中上门问到
岩洞溪龍丙照登名下承買為業當日憑
中議定價銀二两八錢八分正其銀親手領
足應用其杉木賣主當業自賣之後不得異
言若有異言俱在賣主理落不干買主之事
恐口無憑立有賣字為據
外批以後杉木長大砍伐下河地歸元主
憑中 龍天太
内添一字
親筆
民国乙卯年八月初二日 立

LZS051　民国四年八月初二日吴清茂等卖杉木字*

一　立賣杉木字人黄闷寨吴清茂父子，

二　今因缺少銀用，無所出（処），自願將到

三　土名地左杉木乙團，上抵土坎王姓之木，下抵

四　田，左抵王貴荣之山，右抵吴天貴之木為界，至

五　四分明。要銀出賣，自己請中上门问到

六　归穴溪龍丙照（發）名下承買為業。当日（凴）

七　中議定價銀二（兩）八（錢）八（分）（整），其銀親手領

八　足應用，其杉木買主（管）業。自賣之後，不得異

九　言。若有異言，俱在賣主理落，不干買主之事。

十　恐口無（凴），立有賣字為（據）。

十一　外批：以後杉木長大，坎伐下河，地归元主

十二　内（添）乙字　　（凴）中　龍（喬）太

十三　　　親筆

十四　民国乙（卯）年八月初二日　立

* 此为吴清茂父子民国四年（1915年）八月初二日卖杉木字据，原件现保藏于龙昭松家中，原色影像典藏于贵州师范学院『中国山地民族特色文献数据库』，编号为LZS051。原件内容共14列194字。原件有两处缺孔。

编号：LZS052（430mm×230mm）

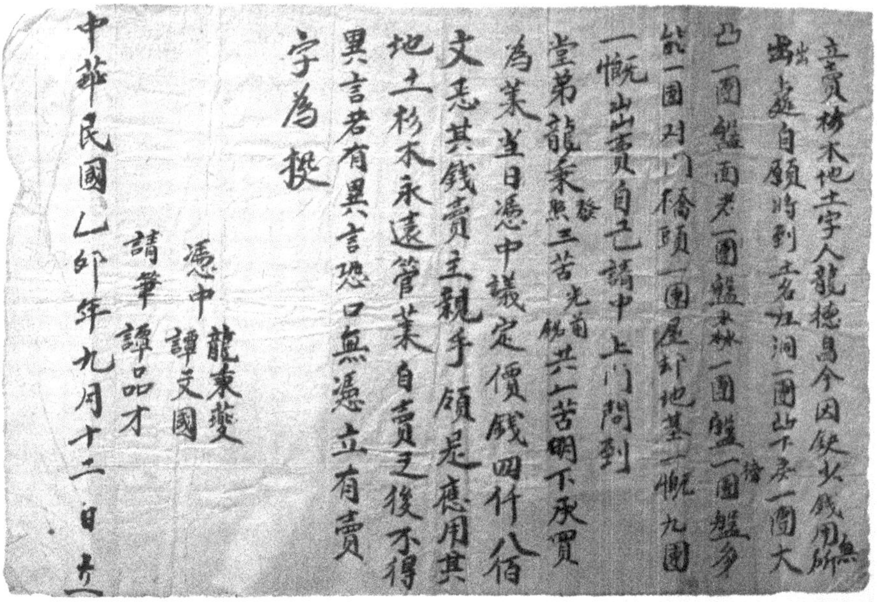

立賣杉木地土字人龍德昌今因缺少錢用無所
出處自願將到土名扛洞一團山下底一團大
凸一團盤面老一團盤杉林一團盤一團盤多
能一團對門橋頭一團屋背地基一幅九團
一幅山出賣自己請中上門問到
堂弟龍秉熙三苗光前兄弟共二苗明下承買
為業當日憑中議定價錢四仟八佰
文悉其錢賣主親手領足應用其
地土杉木永遠管業自賣之後不得
異言若有異言恐口無憑立有賣
字為據

憑中　龍東燮
　　　譚文國
請筆　譚品才

中華民國乙卯年九月十二日　立

LZS052　民国四年九月十二日龙德昌卖杉木地土字*

一　立賣杉木地土字人龍德昌，今因缺少錢用，無所

二　■出處，自願（将）到土名归洞一團、凸下戻一團、大

三　凸一團、盤面老一團、盤淼一團、盤榜一團、盤多

四　能一團、对门橋頭一團、屋却地基，一（慨）九團，

五　一（慨）出賣。自己請中上门問到

六　堂弟龍秉發照三苦，光前銘共一苦，明下承買

七　為（業）。当日憑中議定價錢四仟八佰

八　文（整），其錢賣主親手領足應用，其

九　地土杉木永遠管（業）。自賣之後，不得

十　異言。若有異言，恐口無憑，立有賣

十一　字為（拠）。

十二　　　憑中　龍秉（夔）　譚文國

十三　　　請筆　譚品才

十四　中華民國乙（卯）年九月十二日　立

*此为龙德昌民国四年（1915年）九月十二日卖杉木地土字据，原件现保藏于龙昭松家中，原色影像典藏于贵州师范学院『中国山地民族特色文献数据库』，编号为LZS052。原件内容共14列185字。原件上端有一个缺孔。

编号：LZS053（470mm×400mm）

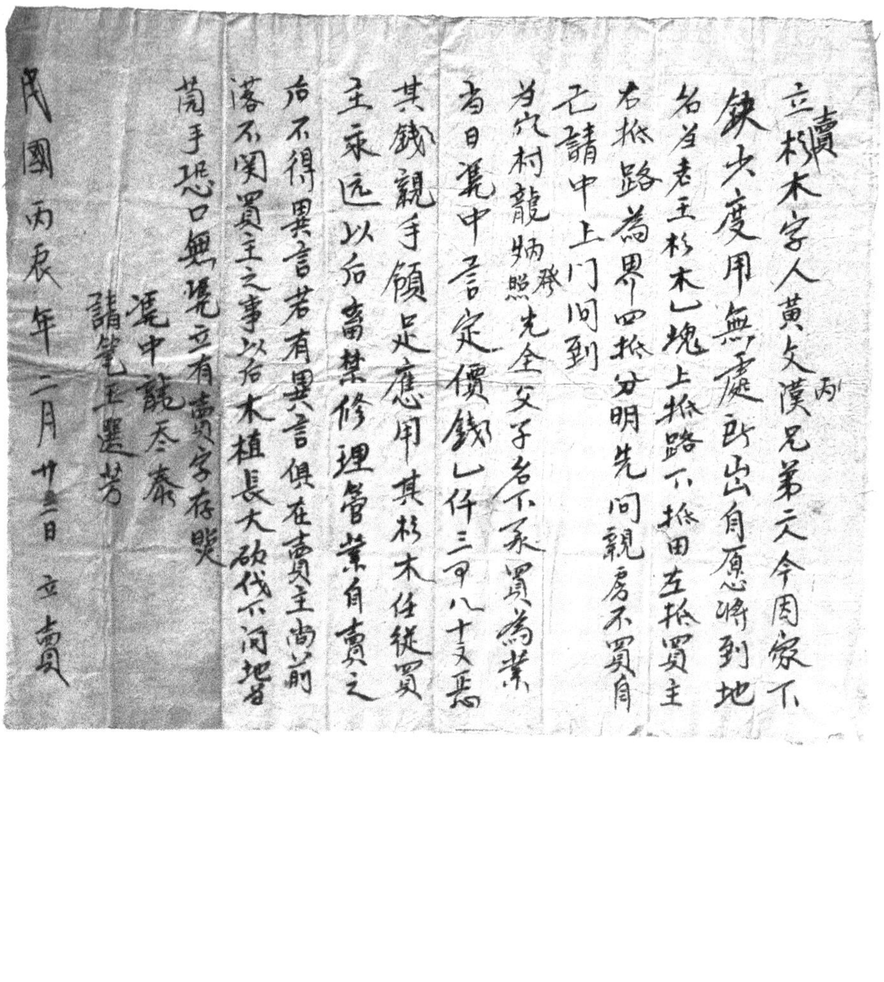
立賣杉木字人黄文漢兄弟二人今因家下
缺少度用無處所出自愿將到地
名岑老王杉木乙塊上抵路下抵田左抵買主
右抵路為界四抵分明先問親房不買自
己請中上门问到
岑穴村龍炳照先全父子名下承買為業
當日憑中言定價錢乙仟三百八十文正
其錢親手領足應用 其杉木任從買
主永遠以后蓄禁修理管業自賣之
后不得異言若有異言俱在賣主尚前
落不関買主之事以后木植長大砍伐不问地岩
高手恐口無憑立有賣字存照
憑中 龍冬泰
請筆 王選芳
民國丙辰年二月廿二日 立賣

LZS053　民国五年二月二十二日黃文丙等卖杉木字*

一　立賣杉木字人黃文丙漢兄弟二人，今因家下

二　鈌少度用，無處(所)出，自愿(将)到地

三　名归老王杉木乙塊，上抵路，下抵田，左抵買主，

四　右抵路為界，四抵分明。先问親房，不買，自

五　己請中上门问到

六　归穴村龍炳(發)照、光全父子名下承買為業。

七　当日(凴)中言定價錢乙仟三(百)八十文(整)，

八　其錢親手領足應用，其杉木任(從)買

九　主永远以后畜禁修理管業。自賣之

十　后，不得異言。若有異言，俱在賣主尚前

十一　落，不(関)買主之事。以后木植長大，砍伐下河，地归

十二　(蔨)手。恐口無(凴)，立有賣字存(照)。

十三　(凴)中　龍(喬)泰

十四　請筆　王選芳

十五　民國丙辰年二月廿二日　立賣

*此为黄文丙、黄文汉兄弟二人民国五年(1916年)二月二十二日卖杉木字据，原件现保藏于龙昭松家中，原色影像典藏于贵州师范学院『中国山地民族特色文献数据库』，编号为LZS053。原件内容共15列209字。

编号：LZS054（410mm×360mm）

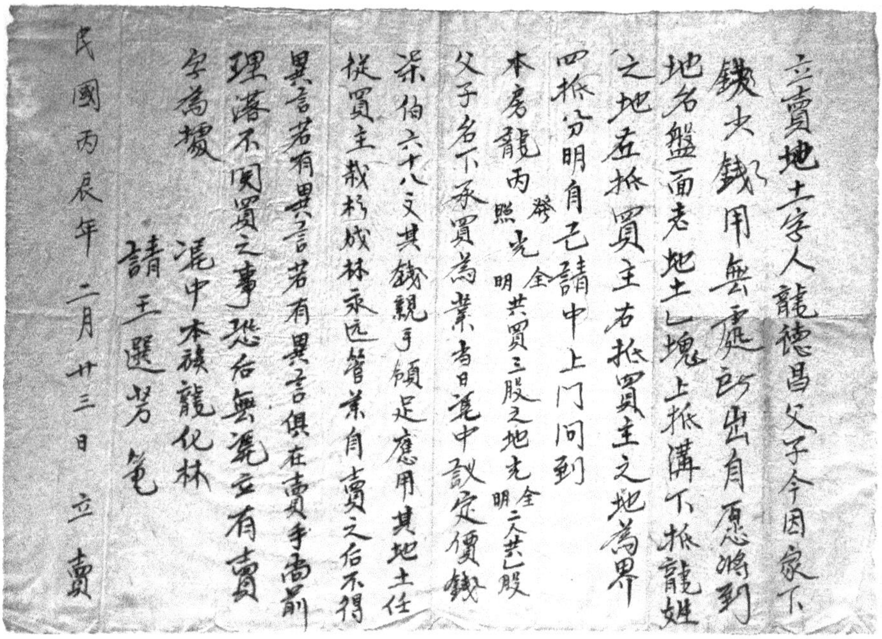
立賣地土字人龍德昌父子今因家下
缺少錢用無處所出自愿將到
地名盤面老地土乙塊上抵溝下抵龍姓
之地左抵買主右抵買主之地為界
四抵分明自己請中上门问到
本房龍丙發照光全明共買三股之地光全明二人共乙股
父子名下承買為業当日憑中議定價錢
柒佰六十八文其錢親手領足應用其地土任
從買主栽杉成林永遠管業自賣之后不得
異言若有異言若有異言俱在賣手當前
理落不関買之事恐后無憑立有賣
字為據
憑中 本族龍化林
請王選芳 筆
民國丙辰年 二月 廿三日 立賣

LZS054　民国五年二月二十三日龙德昌等卖地土字*

一　立賣地土字人龍德昌父子，今因家下
二　缺少錢用，(無)處(所)出，自愿(将)到
三　地名盤面老地土乙塊，上抵溝，下抵龍姓
四　之地，左抵買主，右抵買主之地為界，
五　四抵分明。自己請中上门问到
六　本房龍丙(發)、照，光全、明共買三股之地，光全、明二人共乙股，
七　父子名下承買為業。当日(凴)中(議)定價錢
八　柒佰六十八文，其錢親手領足應用，其地土任
九　(從)買主栽杉成林，永远管業。自賣之后，不得
十　異言。若有異言，若有異言，俱在賣手尚前
十一　理落，不(関)買之事。恐後(無)(凴)，立有賣
十二　字為據。
十三　(凴)中　本族龍化林
十四　請　王選芳　(筆)
十五　民國丙辰年二月廿三日　立　賣

*此为龙德昌父子民国五年(1916年)二月二十三日卖地土字据，原件现保藏于龙昭松家中，原色影像典藏于贵州师范学院『中国山地民族特色文献数据库』，编号为LZS054。原件内容共15列204字。

编号：LZS055（400mm×380mm）

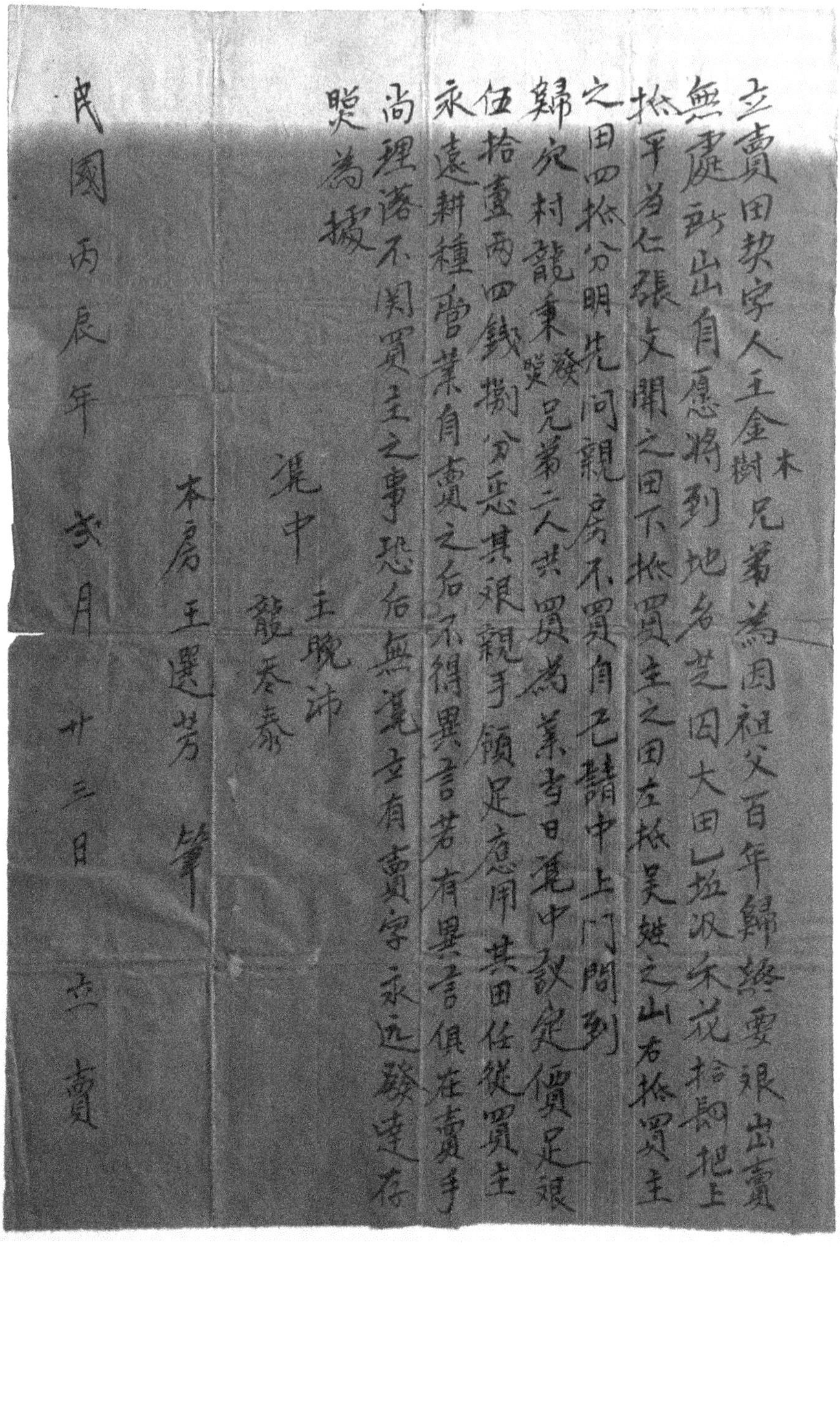

立賣田契字人王金樹木兄弟為因祖父百年歸終要银出賣
無處所出自愿將到地名芝因大田山坵汲乐花拾肆把上
抵平岩仁張文開之田下抵買主之田左抵吴姓之山右抵買主
之田四抵分明先问親房不買自己請中上门問到
歸宂村龍東發、叕兄弟二人共買爲業当日憑中議定價足银
伍拾壹兩四錢整分厘其银親手領足應用其田任從買主
永遠耕種管業自賣之后不得異言若有異言俱在賣手
尚理落不関買主之事恐后無憑立有賣字永远發達存
照為據

憑中 王曉沛 龍秀泰

本房 王還芳 筆

民國丙辰年贰月廿三日 立賣

LZS055 民国五年二月二十三日王金木等卖田契*

一 立賣田契字人王金木/樹兄弟，為因祖父百年(歸)終，要(銀)出賣，

二 無處(所)出，自愿(将)到地名芝囚大田乙坵，(收)禾花拾肆把。上

三 抵平归仁張文開之田，下抵買主之田，左抵吴姓之山，右抵買主

四 之田，四抵分明。先问親房，不買，自己請中上门問到

五 (歸)穴村龍秉發/(照)兄弟二人共買為(業)。当日(凴)中(議)定價足(銀)

六 伍拾壹两四錢捌分(整)，其(銀)親手領足應用，其田任(從)買主

七 永遠耕種(管)業。自賣之后，不得異言。若有異言，俱在賣手

八 尚理落，不(関)買主之事。恐后無(凴)，立有賣字永远發達存

九 (照)為據。

十 (凴)中 王晚沛 龍(喬)泰

十一 本房 王選芳 筆

十二 民國丙辰年(弍)月廿三日 立 賣

* 此为王金木、王金树兄弟二人民国五年(1916年)二月二十三日卖田契约，原件现保藏于龙昭松家中，原色影像典藏于贵州师范学院『中国山地民族特色文献数据库』，编号为LZS055。原件内容共12列193字。

編號 LZS056（340mm×590mm）

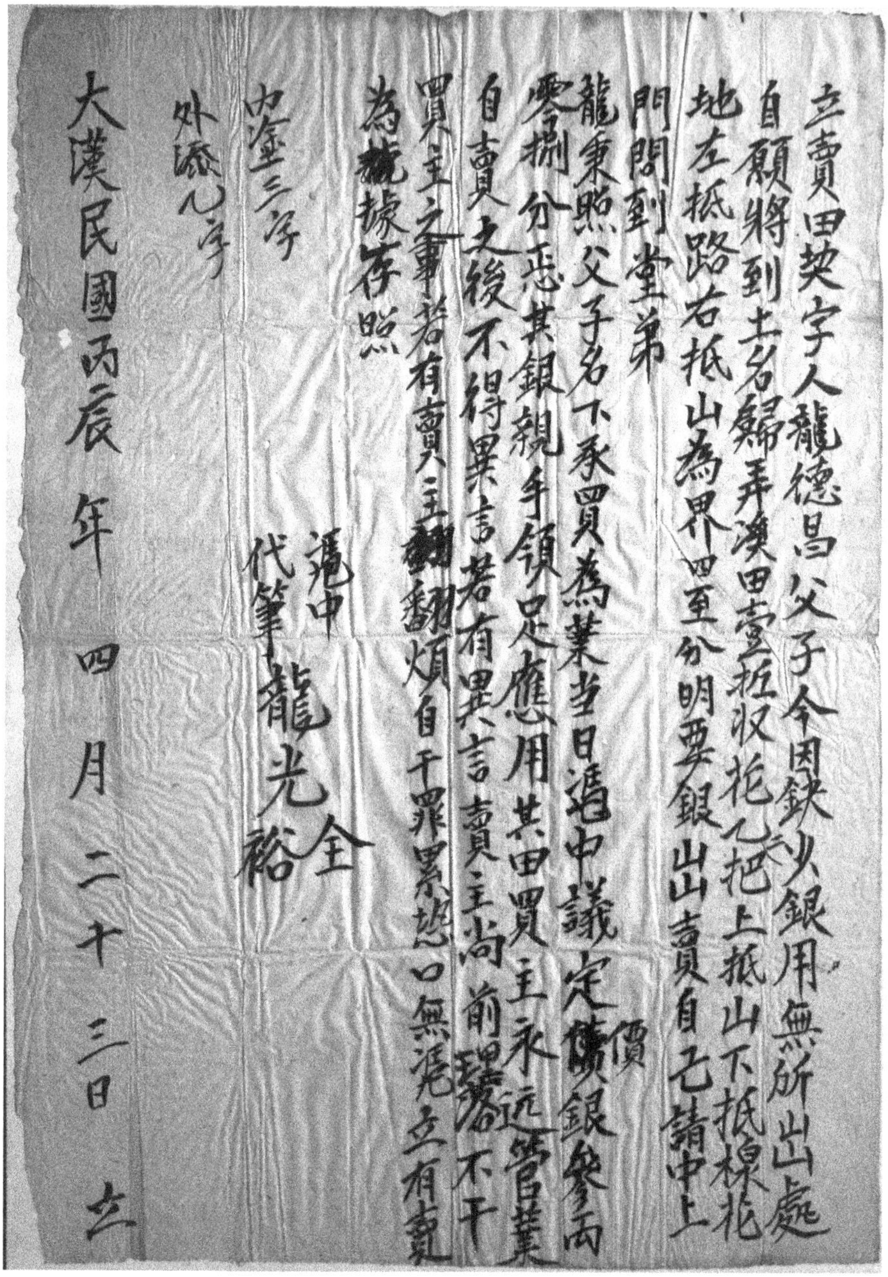

立賣田契字人龍德昌父子今因缺少銀用無所出處
自願將到土名歸弄漢田壹坵収花乙把上抵山下抵棵花
地左抵路右抵山為界四至分明要銀出山賣自己請中上
門問到堂弟
龍秉照父子名下承買為業當日憑中議定價銀叁兩
零捌分正其銀親手領足應用其田買主永遠管業
自賣之後不得異言若有異言賣主尚前理落不干
買主之事若有賣主翻悔自干罪累恐口無憑立有賣
為據存照

憑中
代筆 龍光裕 全

內塗三字

外添乙字

大漢民國丙辰年四月二十三日立

LZS056　民国五年四月二十三日龙德昌等卖田契*

一　立賣田契字人龍德昌父子，今因鈌少銀用，無所出處，

二　自願將到土名（歸）弄溪田壹丘，（收）花乙二把。上抵山，下抵（棉）花

三　地，左抵路，右抵山為界，四至分明。要銀出賣，自己請中上

四　門問到堂弟

五　龍秉照父子名下承買為（業）。当日（憑）中議定■價銀參（兩）

六　零捌分（整），其銀親手領足應用，其田買主永远管（業）。

七　自賣之後，不得異言。若有異言，賣主尚前理落，不干

八　買主之事。若有賣主■翻煩，自干罪累。恐口無（凴），立有賣

九　為■（據）存照。

十　內塗三字　　　　　（凴）中　龍光全

十一　外（添）乙字　　　　　代筆　龍光裕

十二　大漢民國丙辰年四月二十三日　立

* 此为龙德昌父子民国五年（1916年）四月二十三日卖田契约，原件现保藏于龙昭松家中，原色影像典藏于贵州师范学院『中国山地民族特色文献数据库』，编号为LZS056。原件内容共12列189字。

编号：LZS057（400mm×520mm）

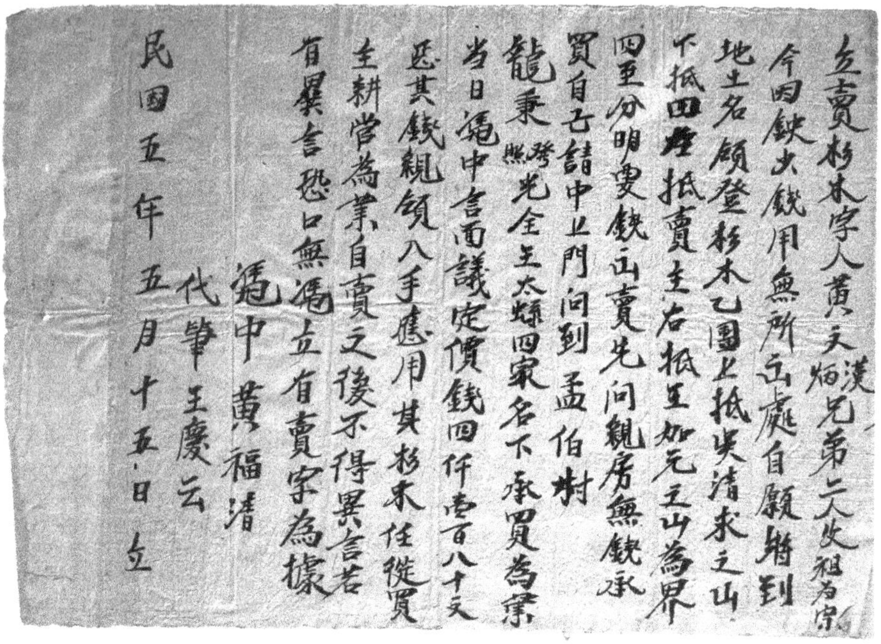
立賣杉木字人黄天漢 天焰兄弟二人父 祖为宗
今因缺少錢用無所出處自願將到
地土名領登杉木乙團上抵吴清來之山
下抵田塍抵賣主右抵王如元之山為界
四至分明要錢出賣先问親房無錢承
買自己請中上門问到孟伯樹
龍秉照 癸光全王太焜四家名下承買為業
当日憑中言面議定價錢四仟壹百八十文
其錢親領入手應用 其杉木任從買
主耕管為業自賣之後不得異言若
有異言恐口無憑立有賣字為據
憑中 黄福清
代筆 王慶云
民國五年五月十五日 立

LZS057　民国五年五月十五日黃文汉等卖杉木字*

一　立賣杉木字人黃文漢炳兄弟二人，父祖归宗，

二　今因鈌少錢用，無所（出）處，自願將到

三　地土名領登杉木乙團，上抵吳清求之山，

四　下抵田，左抵賣主，右抵王加元之山為界，

五　四至分明。要錢（出）賣，先问親房，無錢承

六　買，自己請中上門问到孟伯村

七　龍秉（發）照、光全、王太（蚿）四家名下承買為（業）。

八　当日（凴）中言面議定價錢四仟壹百八十文

九　（整），其錢親領入手應用，其杉木任（從）買

十　主耕（管）為業。自賣之後，不得異言。若

十一　有異言，恐口無（凴），立有賣字為據。

十二　（凴）中　黃福清

十三　代筆　王慶云

十四　民国五年五月十五日　立

*此为黃文汉、黃文炳兄弟二人民国五年（1916年）五月十五日卖杉木字据，原件现保藏于龙昭松家中，原色影像典藏于贵州师范学院『中国山地民族特色文献数据库』，编号为LZS057。原件内容共14列187字。

编号：LZS058（460mm×400mm）

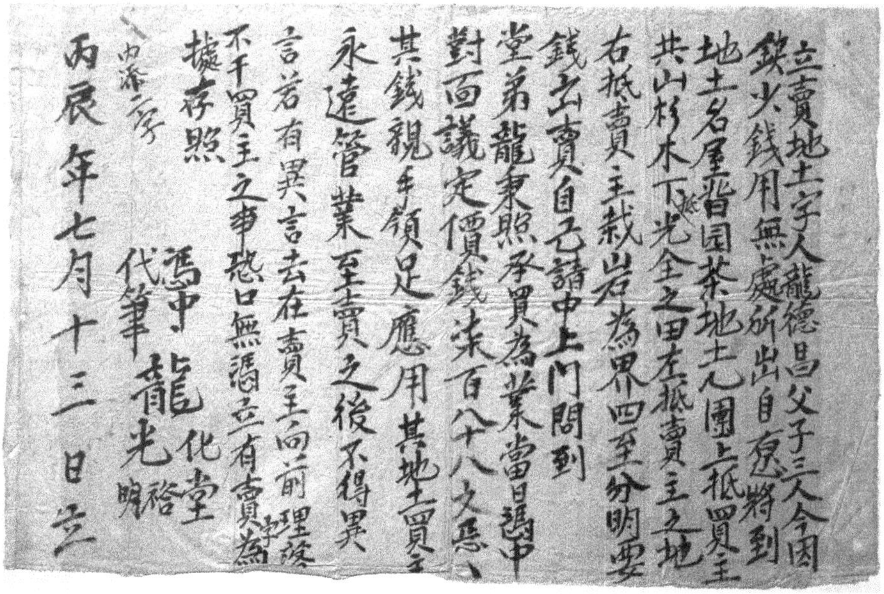
立賣地土字人龍德昌父子三人今因
缺少錢用無處所出自愿將到
地土名屋背园茶地土乙團上抵買主
共山杉木下抵光全之田左抵賣主之地
右抵賣主栽岩為界四至分明要
錢出賣自己請中上門問到
堂弟龍東照承買為業當日憑中
對面議定價錢柒百八十八文整
其錢親手領足應用其地土買主
永遠管業至賣之後不得異
言若有異言去在賣主向前理落
不干買主之事恐口無憑立有賣為字
據存照
内添二字
憑中 龍化堂
代筆 龍光裕 明
丙辰年七月十三日立

LZS058　民国五年七月十三日龙德昌等卖地土字*

一　立賣地土字人龍德昌父子三人，今因
二　缺少錢用，無處所出，自愿將到
三　地土名屋（背）园茶地土乙團，上抵買主
四　共山杉木，下光全之田，左抵賣主之地，（抵）
五　右抵賣主栽岩為界，四至分明。要
六　錢出賣，自己請中上门問到
七　堂弟龍秉照承買為業。當日（憑）中
八　對面議定價錢柒百八十八文（整），
九　其錢親手領足應用，其地土買主
十　永遠管業。至賣之後，不得異
十一　言。若有異言，去在賣主向前理落，
十二　不干買主之事。恐口無（憑），立有賣為（字）
十三　據存照。
十四　內（添）二字　（凴）中　化堂　龍裕
　　　代筆　龍光明
十五　丙辰年七月十三日　立

*此为龙德昌父子三人民国五年（据原文中人物推断，应为民国五年，1916年）七月十三日卖地土字据，原件现保藏于龙昭松家中，原色影像典藏于贵州师范学院『中国山地民族特色文献数据库』，编号为LZS058。原件内容共15列187字。

编号：LZS059（420mm×470mm）

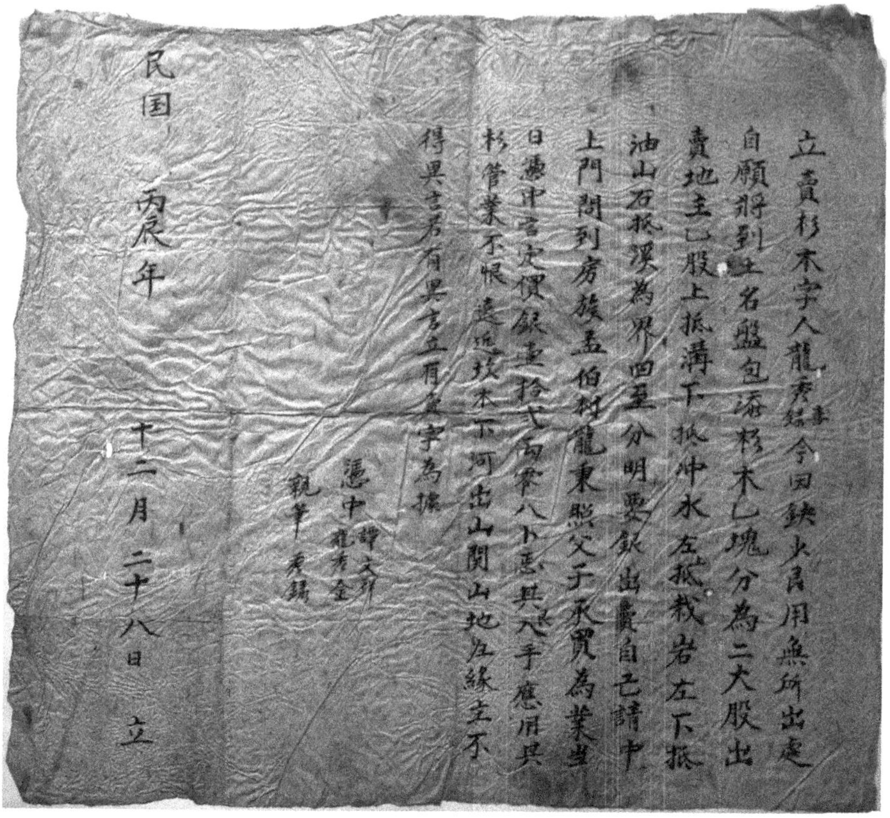
立賣杉木字人龍秀錫今因缺少良用無所出處
自願將到土名盤包溪杉木乙塊分為二大股出
賣地主乙股上抵溝下抵冲水左抵栽岩左下抵
油山石抵溪為界四至分明要銀出賣自己請中
上門問到房族孟伯村龍東照父子承買為業當
日憑中言定價銀壹拾弍兩零八卜恵其良入手應用其
杉管業不恨遠近坎木下河出山閑山地丘緣主不
得異言另有異言立有賣字為據
憑中 譚文丹 龍秀全
親筆 秀錫
民国 丙辰年 十二月 二十八日 立

LZS059 民国五年十二月二十八日龙秀喜等卖杉木字*

一 立賣杉木字人龍秀喜/録，今因鈌少艮用，(無)所出處，

二 自願(將)到土名盤包(添)杉木乙塊，分為二大股，出

三 賣地主乙股。上抵溝，下抵冲水，左上抵栽岩，左下抵

四 油山，右抵溪為界，四至分明。要銀出賣，自己請中

五 上門問到房族孟伯村龍秉照父子承買為業。当

六 日憑中言定價銀壹拾式(兩)零八(分)(整)，其艮入手應用，其

七 杉管業。不恨遠近，坎木下河，出山関山，地归緣主，不

八 得異言。若有異言，立有賣字為據。

九 (憑)中 譚文祥 龍秀金

十 親筆 秀録

十一 民国丙辰年 十二月二十八日 立

*此为龙秀喜、龙秀录民国五年(1916年)十二月二十八日卖杉木字据，原件现保藏于龙昭松家中，原色影像典藏于贵州师范学院『中国山地民族特色文献数据库』，编号为LZS059。原件内容共11列179字。原件有一处黄色污渍。

编号：LZS060（330mm×300mm）

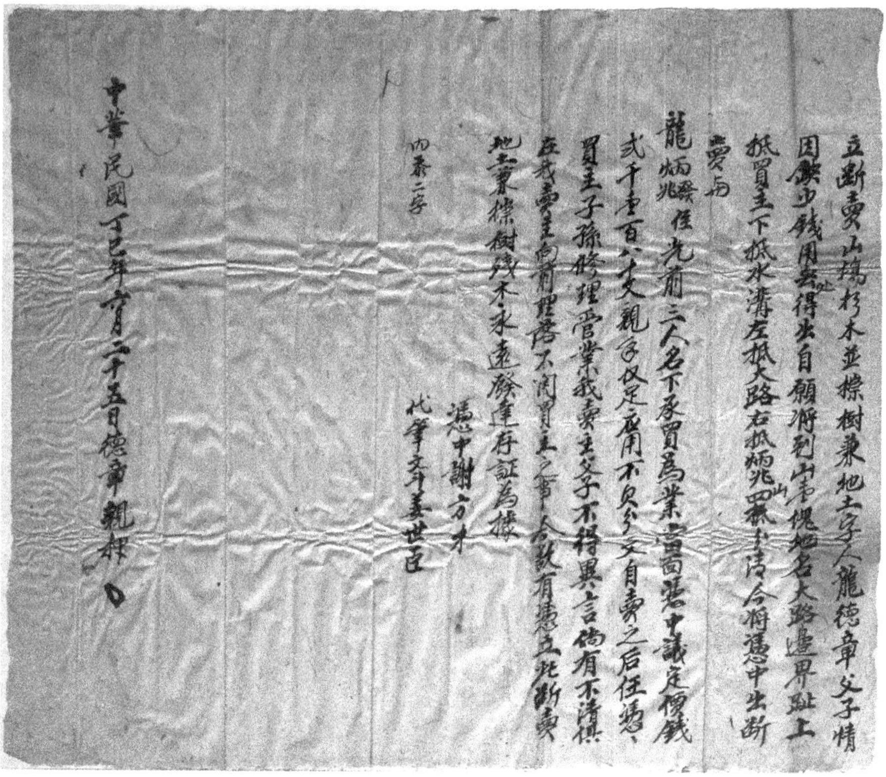

立斷賣山場杉木並㯲樹兼地土字人龍德章父子情
因缺少錢用無處得出自願將到山場土名大路邊界趾上
抵買主下抵水溝左抵大路右抵炳兆山四抵分清今將憑中出斷
賣與
龍炳發 炳兆 侄光前三人名下承買為業當面憑中議定價錢
弍千壹百八十文親手收足應用不欠分文自賣之后任憑
買主子孫修理管業我賣主父子不得異言倘有不清俱
在我賣主向前理落不關買主之事今欲有憑立此斷賣
地土兼㯲樹杉木永遠發達存証為據
內添二字
憑中 謝方才
代筆 文斗 姜世臣
中華民國丁巳年六月二十五日 德章 親押

LZS060　民国六年六月二十五日龙德章等卖山场杉木并棕树兼地土字*

一　立断賣山塲杉木並(棕)樹兼地土字人龍德章父子，情

二　因缺少錢用，(無)得出(处)，自願(将)到山壹塊，地名大路邊，界趾上

三　抵買主，下抵水溝，左抵大路，右抵炳兆(山)，四抵分清。今(将)憑中出断

四　賣(與)

五　龍炳(發)、(炳兆)、侄光前三人名下承買為業。當面憑中議定價錢

六　弍千壹百八十文，親手(收)足应用，不欠分文。自賣之后，任憑

七　買主子孫修理(管)業，我賣主父子不得異言。倘有不清，俱

八　在我賣主向前理落，不(関)買主之事。今欲有憑，立此断賣

九　地土兼(棕)樹殘木，永遠發達存証為據。

十　　　　憑中　謝方才

十一　内忝二字　　代筆　文斗姜世臣

十二　中華民國丁巳年六月二十五日德章親押

*此为龙德章父子民国六年(1917年)六月二十五日卖山场杉木并棕树兼地土字据，原件现保藏于龙昭松家中，原色影像典藏于贵州师范学院『中国山地民族特色文献数据库』，编号为LZS060。原件内容共12列212字。

编号：LZS061（330mm×500mm）

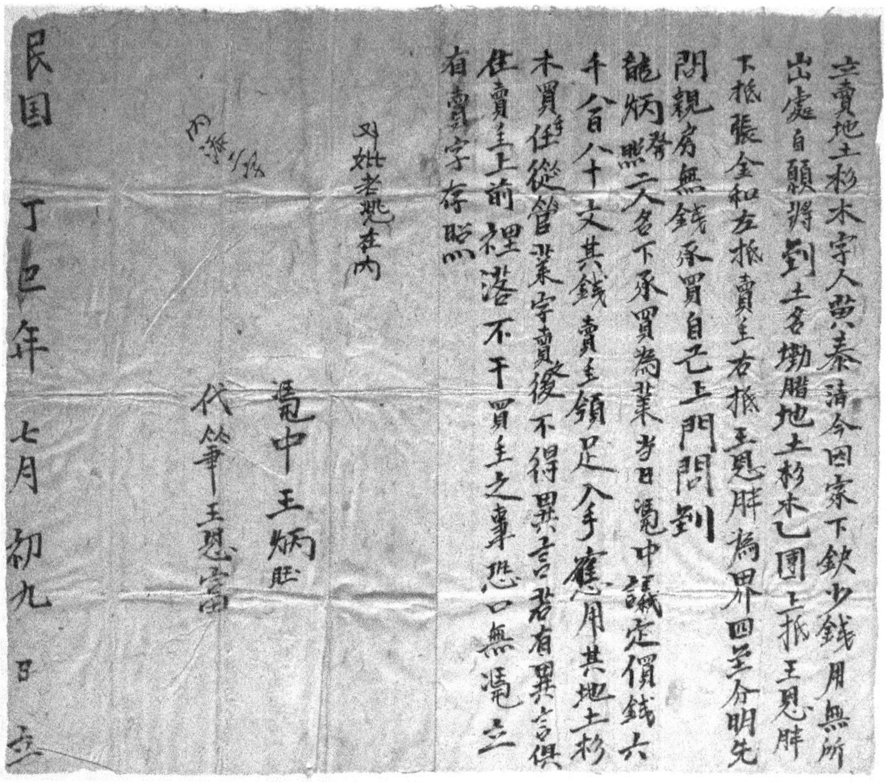

LZS061　民国六年七月初九日黄泰清卖地土杉木字*

一　立賣地土杉木字人黄泰清，今因家下缺少銭用，無所

二　出處，自願(將)到土名(勤)腊地土杉木乙團，上抵王恩胖，

三　下抵張金和，左抵賣主，右抵王恩胖為界，四至分明。先

四　問親房，無銭承買，自己上門問到

五　龍炳(發)照二人名下承買為(業)。当日(凴)中議定價銭六

六　千八百八十文，其銭賣主領足，入手應用，其地土杉

七　木買手任(從)管(業)。字賣之後，不得異言。若有異言，俱

八　在賣主上前裡落，不干買主之事。恐口無(凴)，立

九　有賣字存照。

十　(外)妣　老兜在内

十一　内(添)二字　(凴)中　王炳(旺)

十二　代筆　王恩富

十三　民国丁巳年七月初九日　立

* 此为黄泰清民国六年(1917年)七月初九日卖地土杉木字据，原件现保藏于龙昭松家中，原色影像典藏于贵州师范学院『中国山地民族特色文献数据库』，编号为LZS061。原件内容共13列192字。

编号：LZS062（450mm×270mm）

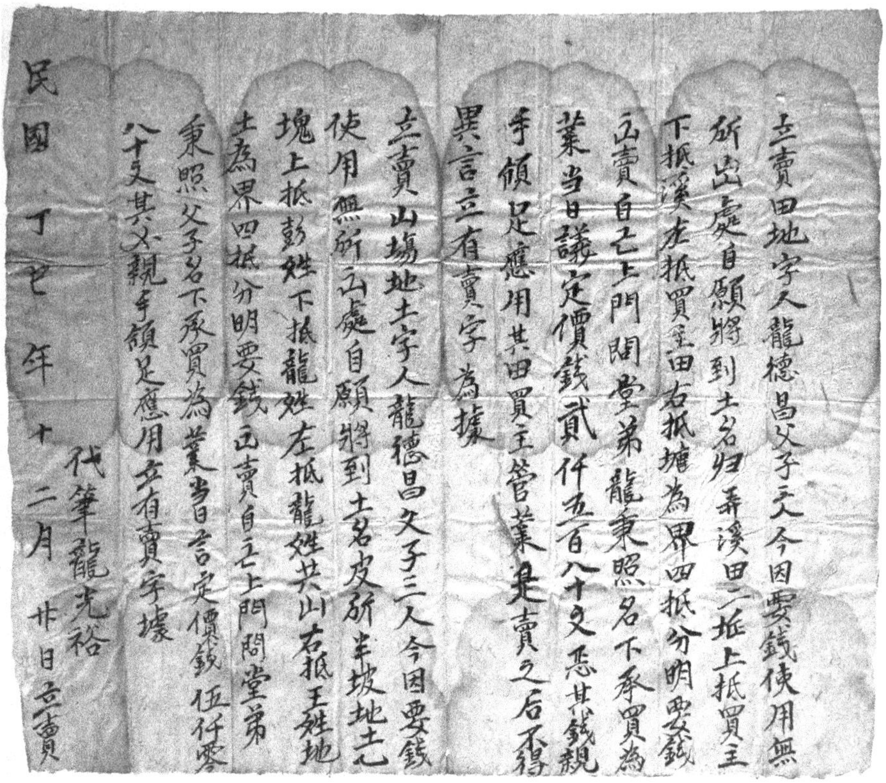
立賣田地字人龍德昌父子三人今因要錢使用無
所出處自願將到土名归弄溪田一坵上抵買主
下抵溪左抵買主田右抵塘為界四抵分明要錢
出賣自己上門問堂弟龍秉照名下承買為
業当日議定價錢貳仟五百八十文恐其錢親
手領足應用其田買主管業是賣之后不得
異言立有賣字為據
立賣山場地土字人龍德昌父子三人今因要錢
使用無所出處自願將到土名皮所半坡地土乙
塊上抵彭姓下抵龍姓左抵龍姓共山右抵王姓地
土為界四抵分明要錢出賣自己上門問堂弟
秉照父子名下承買為業当日言定價錢伍仟零
八十文其文親手領足應用立有賣字據
代筆龍光裕
民國丁巳年十二月廿日立賣

LZS062 民国六年十二月二十一日龙德昌等卖田地山场地土字*

一 立賣田地字人龍德昌父子三人，今因要錢使用，無

二 所出處，自願將到土名归弄溪田二坵，上抵買主，

三 下抵溪，左抵買主田，右抵塘為界，四抵分明。要錢

四 （出）賣，自己上門問堂弟龍秉照名下承買為

五 （業）。当日議定價錢貳仟五百八十文（整），其錢親

六 手領足應用，其田買主管（業）。是賣之后，不得

七 異言，立有賣字為據。

八 立賣山塲地土字人龍德昌父子三人，今因要錢

九 使用，無所（出）處，自願將到土名皮所半坡地土乙

十 塊，上抵彭姓，下抵龍姓，左抵龍姓共山，右抵王姓地

十一 土為界，四抵分明。要錢（出）賣，自己上門問堂弟

十二 秉照父子名下承買為（業）。当日言定價錢伍仟零

十三 八十文，其（錢）親手領足應用，立有賣字（據）。

十四 代筆 龍光（裕）

十五 民國丁巳年十二月廿一日 立賣

*此为龙德昌父子三人民国六年（1917年）十二月二十一日卖田地山场地土字据，原件现保藏于龙昭松家中，原色影像典藏于贵州师范学院『中国山地民族特色文献数据库』，编号为LZS062。原件内容共15列247字。其中记录了两处土地交易，属于一纸两契。原件有多处明显水渍。

编号：LZS063（390mm×260mm）

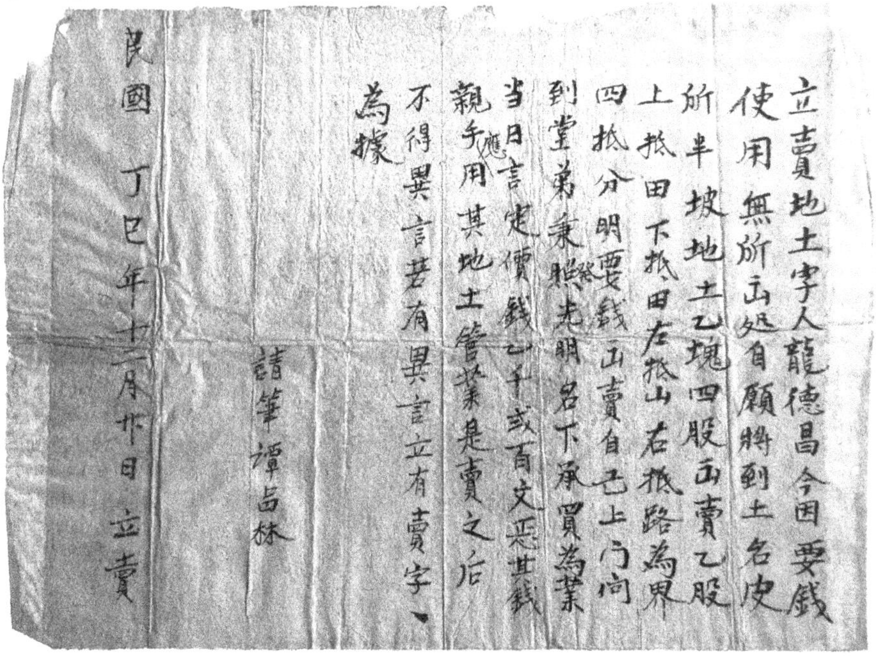
立賣地土字人龍德昌今因要錢
使用無所出處自願將到土名皮
所半坡地土乙塊四股出賣乙股
上抵田下抵田左抵山右抵路為界
四抵分明要錢出賣自己上門問
到堂弟秉聡光明名下承買為業
当日言定價錢乙千弍百文正其錢
親手應用其地土管業是賣之后
不得異言若有異言立有賣字、
為據
請筆 譚占林
民國 丁巳年十二月廿日 立賣

LZS063　民国六年十二月二十一日龙德昌卖地土字*

一　立賣地土字人龍德昌，今因要錢
二　使用，無所(出)(処)，自願將到土名皮
三　所半坡地土乙塊四股(出)賣乙股。
四　上抵田，下抵田，左抵山，右抵路為界，
五　四抵分明。要錢(出)賣，自己上门问
六　到堂弟秉(發)照、光明名下承買為業。
七　当日言定價錢乙千(弍)百文(整)，其錢
八　親手應用，其地土管業。是賣之后，
九　不得異言。若有異言，立有賣字
十　為據。
十一　　　　　　請筆　谭品林
十二　民國丁巳年十二月廿一日　立賣

* 此为龙德昌民国六年(1917年)十二月二十一日卖地土字据，原件现保藏于龙昭松家中，原色影像典藏于贵州师范学院『中国山地民族特色文献数据库』，编号为LZS063。原件内容共12列139字。

编号：LZS064（480mm×345mm）

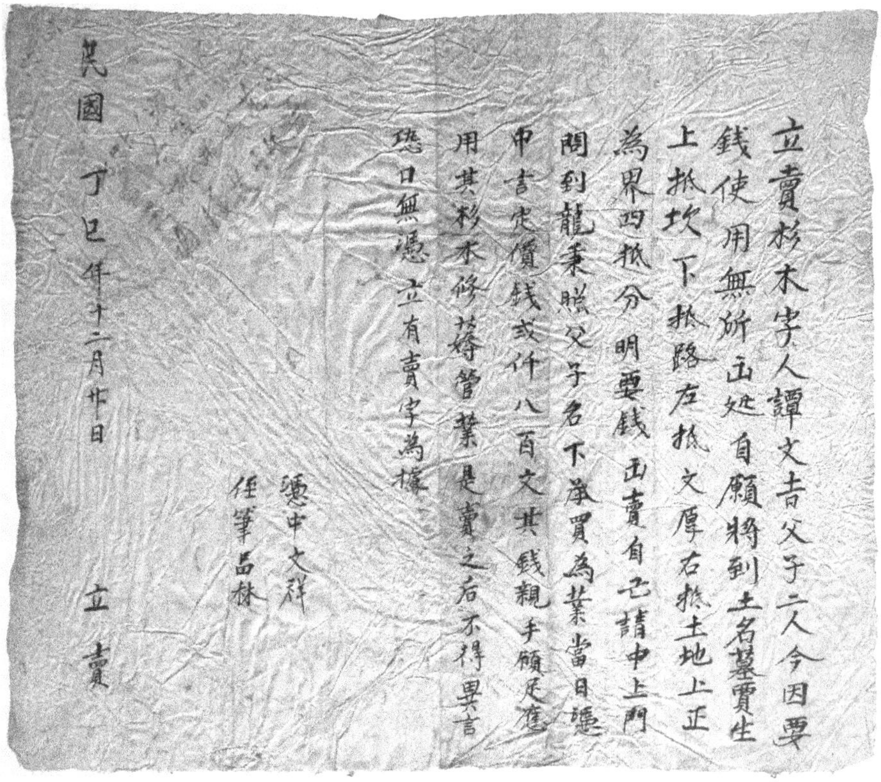
立賣杉木字人譚文吉父子二人今因要
錢使用無所出处自願將到土名墓貫生
上抵坎下抵路左抵文厚右抵土地上正
為界四抵分明要錢出賣自己請中上門
問到龍秉聪父子名下承買為業當日憑
中言定價錢弍仟八百文其錢親手領足應
用其杉木係[illegible]管業是賣之后不得異言
恐口無憑立有賣字為據
憑中文祥
代筆品林
民國丁巳年十二月廿日　立賣

LZS064　民国六年十二月二十一日谭文吉等卖杉木字*

一　立賣杉木字人譚文吉父子二人，今因要

二　錢使用，無所(出)(処)，自願將到土名墓賈生，

三　上抵坎，下抵路，左抵文厚，右抵土地上正

四　為界，四抵分明。要錢(出)賣，自己請中上門

五　問到龍秉照父子名下承買為業。當日(憑)

六　中言定價錢(弍)仟八百文，其錢親手領足應

七　用，其杉木修蕱管業。是賣之后，不得異言。

八　恐口無(憑)，立有賣字為據。

九　　　　　(憑)中　文祥

十　　　　　侄筆　品林

十一　民國丁巳年十二月廿一日　立賣

* 此为谭文吉父子二人民国六年(1917年)十二月二十一日卖杉木字据，原件现保藏于龙昭松家中，原色影像典藏于贵州师范学院『中国山地民族特色文献数据库』，编号为LZS064。原件内容共11列144字。原件左上角背面有蓝色字迹。

编号：LZS065（330mm×290mm）

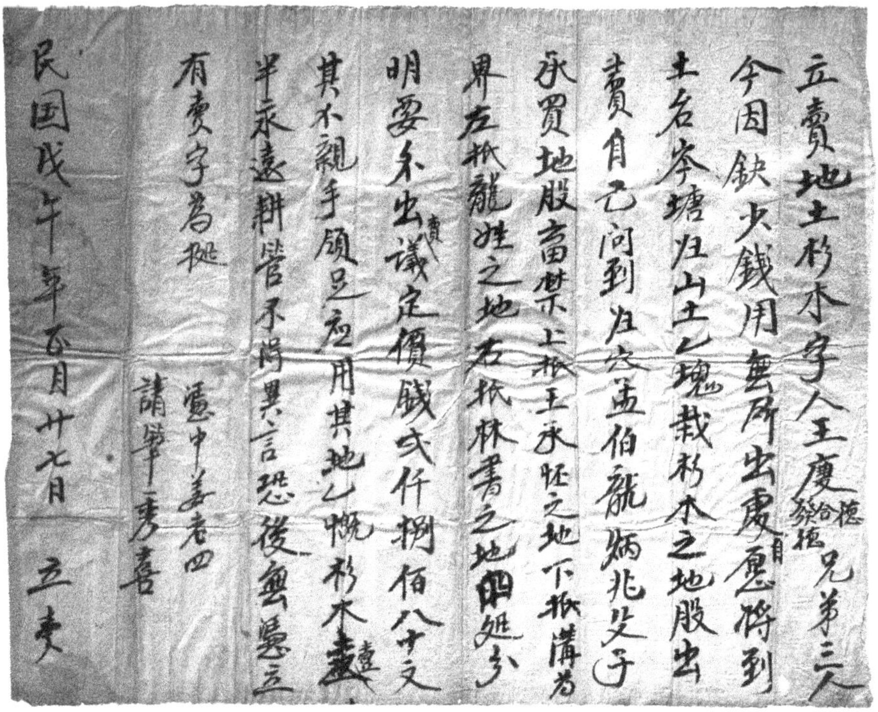
立賣地土杉木字人王度德發合植兄弟三人
今因缺少錢用無所出處自愿將到
土名岑塘归山土乙塊栽杉木之地股出
賣自己向到归穴孟伯龍炳兆叟子
承買地股當禁上抵王承恆之地下抵满为
界左抵龍姓之地右抵林青之地田姪分
明要禾出賣議定價錢弍仟捌佰八十文
其不親手領足应用其地乙概杉木壹達
半永遠耕管不得異言恐後無憑立
有賣字為据
憑中姜老四
請筆王秀喜
民国戊午年五月廿七日　立賣

LZS065　民国七年正月二十七日王庆德等卖地土杉木字*

一　立賣地土杉木字人王慶合 德 發德　兄弟三人，

二　今因缺少錢用，(無)所出處，自愿(将)到

三　土名岑塘归山土乙塊栽杉木之地股出

四　賣，自己问到归穴孟伯龍炳兆父子

五　承買地股畜禁。上抵王承怌之地，下抵溝(為)

六　界，左抵龍姓之地，右抵林書之地，四(処)分

七　明。要(錢)出賣，(議)定價錢(弍)仟捌佰八十文。

八　其(錢)親手領足应用，其地乙概杉木■壹

九　半永遠耕管，不得異言。恐後(無)憑，立

十　有賣字為(拠)。　憑中　姜老四

十一　　請筆　秀喜

十二　民国戊午年正月廿七日　立賣

*此为王庆德、王庆合、王发德兄弟三人民国七年(1918年)正月二十七日卖地土杉木字据，原件现保藏于龙昭松家中，原色影像典藏于贵州师范学院『中国山地民族特色文献数据库』，编号为LZS065。原件内容共12列166字。原件右下方有一处缺孔。

编号：LZS066（460mm×450mm）

立賣杉木字人高娱上寨胡瑞祥今因缺少錢
用無所出処自願將到土名岑塘杉木山園
分為二股出賣栽主一股上抵王承恒下抵
溝左抵龍姓右抵王林珠為界四抵分明要
錢出賣請中上門問到孟伯
龍秉照名下承買為業當日言定價錢弍仟
弍伯八十文憑其錢賣主親手領足應用其杉
木付與買主永遠業管自賣之後不得異言若
有異言不関買主之事今欲有憑立有賣字為據
民国戊午年 五月廿二日 池富 憑筆立

LZS066　民国七年五月二十二日胡瑞祥卖杉木字*

一　立賣杉木字人高塻上寨胡瑞祥，今因鈌少錢

二　用，無所(出)处，自願(將)到土名岑塘杉木乙團，

三　分為二股，(出)賣栽主乙(股)。上抵王承伾，下抵

四　溝，左抵龍姓，右抵王林珠為界，四抵分明。要

五　錢(出)賣，請中上门问到孟伯

六　龍秉照■名下承買為(業)。当日言定價錢弍仟

七　弍伯八十文(整)，其錢賣主親手領足應用，其杉

八　木付理買主永遠業管。自賣之後，不得異言。若

九　有異言，不(関)買主之事。今欲有(憑)，立有賣字為(據)。

十　民国戊午年五月廿二日　德富(憑)笔立

*此为胡瑞祥民国七年(1918年)五月二十二日卖杉木字据，原件现保藏于龙昭松家中，原色影像典藏于贵州师范学院『中国山地民族特色文献数据库』，编号为LZS066。原件内容共10列167字。原件左右两侧有明显水渍。

编号：LZS067（430mm×470mm）

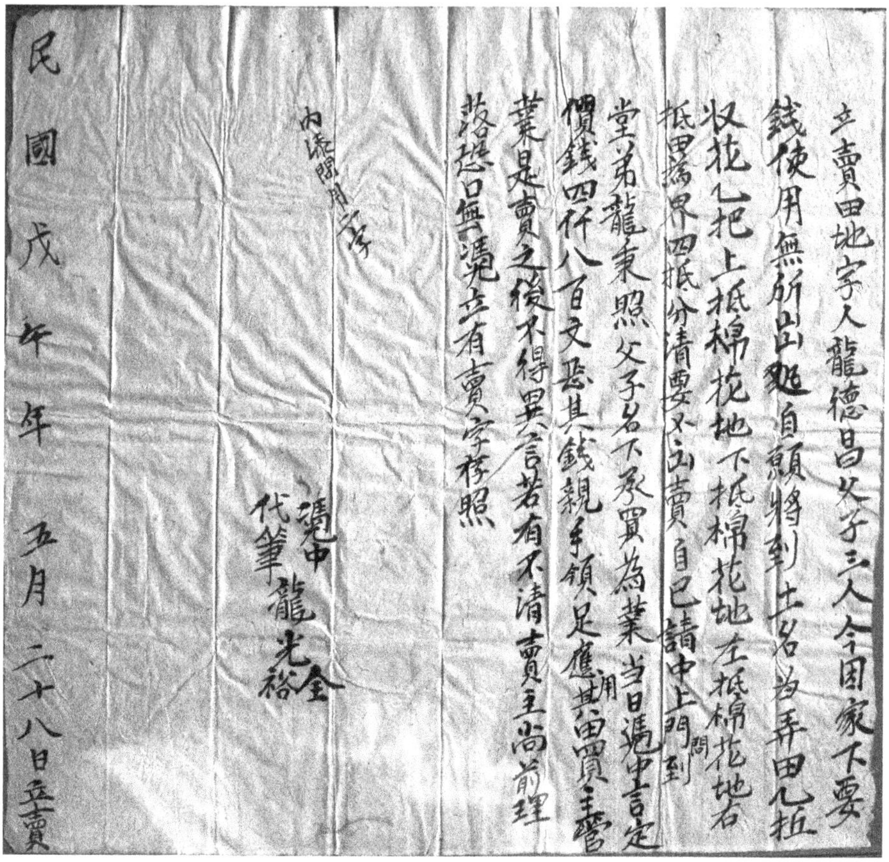
立賣田地字人龍德昌父子三人今因家下要
錢使用無所出處自願將到土名為弄田乙拉
收花乙把上抵棉花地下抵棉花地左抵棉花地右
抵田塝界四抵分清要又出賣自己請中上門問到
堂弟龍東照父子名下承買為業當日憑中言定
價錢四仟八百文整其錢親手領足應用其田買主營
業是賣之後不得異言若有不清賣主尚前理
落恐口無憑立有賣字存照
内添問用二字
憑中 龍光全
代筆 龍光裕
民國戊午年五月二十八日立賣

LZS067　民国七年五月二十八日龙德昌等卖田地字*

一　立賣田地字人龍德昌父子三人，今因家下要

二　錢使用，無所出(処)，自願將到土名归弄田乙抯，

三　(收)花乙把。上抵棉花地，下抵棉花地，左抵棉花地，右

四　抵田為界，四抵分清。要(錢)(出)賣，自己請中上門問到

五　堂弟龍秉照父子名下承買為業。当日(凴)中言定

六　價錢四仟八百文(整)，其錢親手領足應用，其田買主管

七　業。是賣之後，不得異言。若有不清，賣主尚前理

八　落。恐口無(凴)，立有賣字存照。

九　內(添)『問』『用』二字

十　(凴)中　龍光全
　　代筆　龍光(裕)

十一　民國戊午年五月二十八日立　賣

*此为龙德昌父子三人民国七年(1918年)五月二十八日卖田地字据，原件现保藏于龙昭松家中，原色影像典藏于贵州师范学院『中国山地民族特色文献数据库』，编号为LZS067。原件内容共11列172字。

编号：LZS068（330mm×510mm）

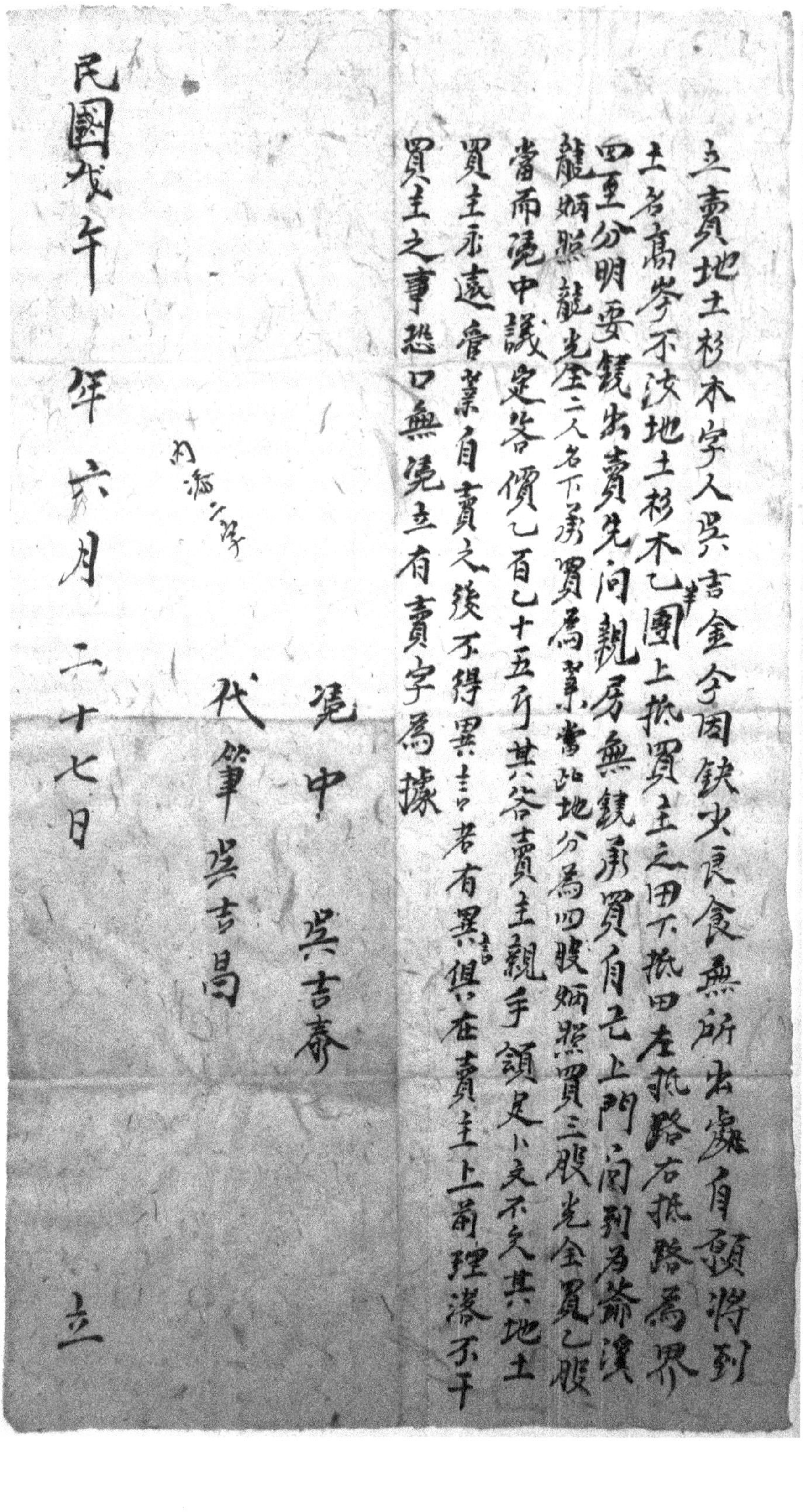

立賣地土杉木字人吳吉金今因鈌少良食無所出處自願將到
土名高岑不汶地土杉木乙團半上抵買主之田下抵田左抵路右抵路爲界
四至分明要錢出賣先问親房無錢承買自己上門问到爲爺潰
龍炳照 龍光金二人名下承買爲業當此地分爲四股炳照買三股光金買乙股
當面憑中議定答價乙百乙十五斤其谷賣主親手領足卜文不欠其地土
買主永遠管業自賣之後不得異言者有異言俱在賣主上前理落不干
買主之事恐口無憑立有賣字爲據

內添二字

憑中 吳吉春

代筆 吳吉昌

民國戊午年六月二十七日 立

LZS068　民国七年六月二十七日吴吉金卖地土杉木字*

一　立賣地土杉木字人吳吉金，今因鈌少良食，無所出處，自願（将）到

二　土名高岑不汝地土杉木乙團半，上抵買主之田，下抵田，左抵路，右抵路為界，

三　四至分明。要錢出賣，先问親房，無錢承買，自己上門问到归爺溪

四　龍炳照、龍光全二人名下承買為（業）。當此地分為四股，炳照買三股，光全買乙股。

五　當而凴中議定谷價乙百乙十五斤，其谷賣主親手領足，（分）文不欠，其地土

六　買主永遠（管）（業）。自賣之後，不得異言。若有異言，俱在賣主上前理落，不干

七　買主之事。恐口無（凴），立有賣字為據。

八　　　　　　　（凴）中　吳吉泰

九　内（添）二字　　代筆　吳吉昌

十　民國戊午年六月二十七日　立

* 此为吴吉金民国七年（1918年）六月二十七日卖地土杉木字据，原件现保藏于龙昭松家中，原色影像典藏于贵州师范学院『中国山地民族特色文献数据库』，编号为LZS068。原件内容共10列208字。

编号：LZS069（380mm×320mm）

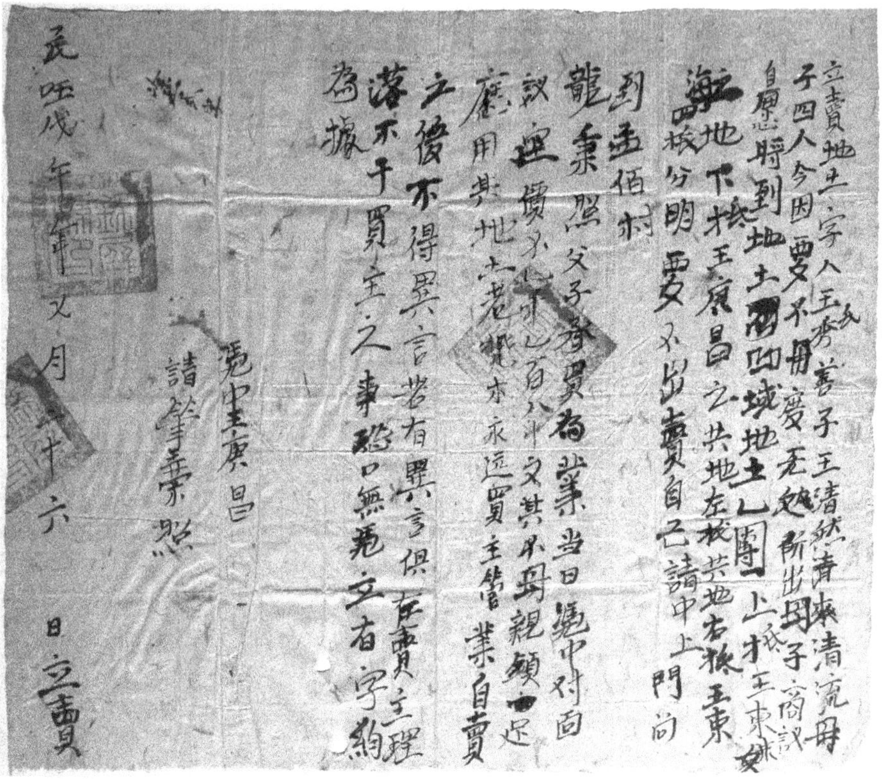
立賣地土字人王秀善子王清然、青林、清流、毋子四人，今因要不毋處所出，父子商議，自愿將到地土田四塊地土，一團上抵王東海，地下抵王康昌之共地，左抵共地，右抵王東，四抵分明，要不出賣，自己請中上門問到王佰村龍秉照父子承買為業。當日憑中对面議定價[illegible]百八十文，其錢親領足應用，其地土任憑買主永遠管業。自賣之後不得異言，若有異言俱在賣主理落，不干買主之事。恐口無憑，立有字約為據。

憑中 王康昌
請筆 [illegible]秉照

民國戊午年又月十六日 立賣

LZS069　民国七年七月二十六日王氏秀善等卖地土字*

一　立賣地土字人王氏秀善，子王清然、清來、清流母

二　子四人，今因要(錢)用(度)，无(处)所出，母子商(議)，

三　自愿(將)到地土■凹域地土乙團，上抵王東姝

四　之地，下抵王庚昌之共地，左(抵)共地，右抵王東

五　海，四(抵)分明。要(錢)出賣，自己請中上門问

六　到孟佰村

七　龍秉照父子承買為(業)。当日(凴)中对面

八　(議)定價(錢)乙千乙百八十文，其(錢)母親領■足

九　應用，其地土老(蔸)木永远買主管業。自賣

十　之後，不得異言。若有異言，俱在賣主理

十一　落，不干買主之事。恐口無(凴)，立有字約

十二　為據。

十三　　　　(凴)中　王庚昌

十四　塗弍字　　請(筆)　王荣照

十五　民(国)戊午年七月二十六日　立賣

*此为王氏秀善、王清然、王清来、王清流母子四人民国七年(1918年)七月二十六日卖地土字据，原件现保藏于龙昭松家中，原色影像典藏于贵州师范学院『中国山地民族特色文献数据库』，编号为LZS069。原件内容共15列197字。原件上有三个红色印章，为圭叶倜寨少有的红契之一。

编号：LZS070（500mm×470mm）

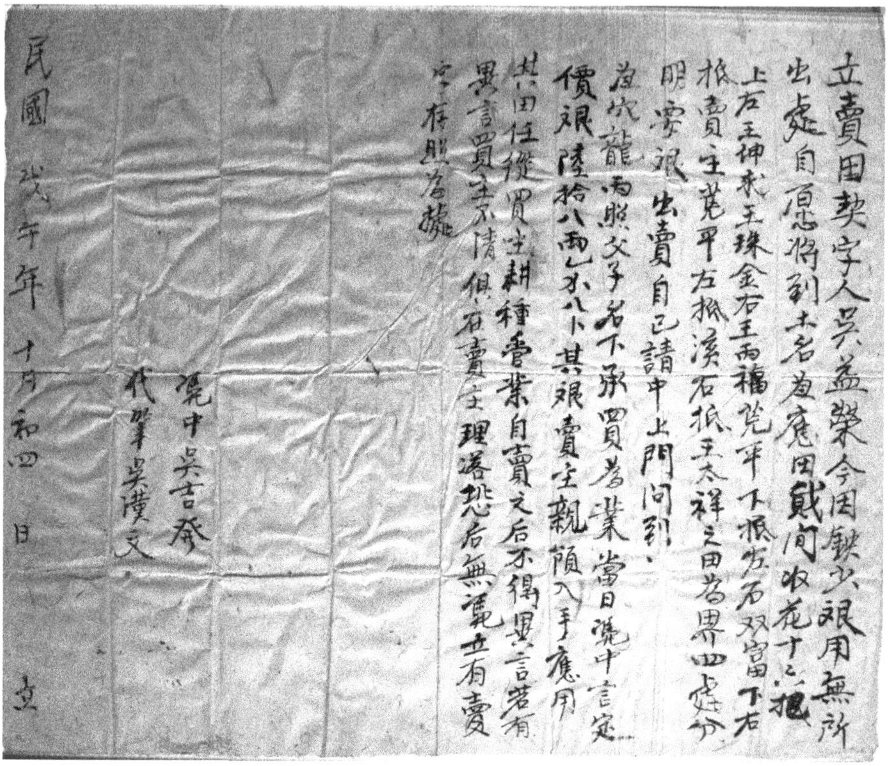

立賣田契字人吴益榮今因缺少艮用無所
出處自愿將到土名為寬田貳间收花十二挑
上右王神求王珠金右王两福凴平下抵右石双富下右
抵賣主凴平左抵溪石抵王太祥之田為界四處分
明要艮出賣自己請中上門問到
為穴龍丙照文子名下承買為業當日凴中言定
價艮陸拾八两山小八卜其艮賣主親領入手應用
其田任從買主耕種管業自賣之后不得異言若有
異言買主不清俱在賣主理落恐后無凴立有賣
字存照為據

凴中 吴吉秀
代筆 吴漢文

民國 戊午年 十月 初四 日 立

LZS070　民国七年十月初四日吴益荣卖田契*

一　立賣田契字人吳益榮，今因鈌少（銀）用，無所

二　出處，自愿将到土名归應田（貳）间，（收）花十六把。

三　上左王坤求、王珠金，右王丙福荒平，下抵左石双富，下右

四　抵賣主荒平，左抵溪，右抵王太祥之田為界，四處分

五　明。要（銀）出賣，自己請中上門问到

六　归穴龍丙照父子名下承買為業。當日（凴）中言定

七　價（銀）陸拾八兩乙（錢）八（分），其（銀）賣主親領入手應用，

八　其田任（從）買主耕種（管）業。自賣之后，不得異言。若有

九　異言，買主不清，俱在賣主理落。恐后無（凴），立有賣

十　字存照為據。

十一　　（凴）中　吳吉（發）

十二　　代筆　吳漢文

十三　民國戊午年十月初四日　　立

---

* 此为吴益荣民国七年（1918年）十月初四日卖田契约，原件现保藏于龙昭松家中，原色影像典藏于贵州师范学院『中国山地民族特色文献数据库』，编号为LZS070。原件内容共13列194字。

编号：LZS071（480mm×425mm）

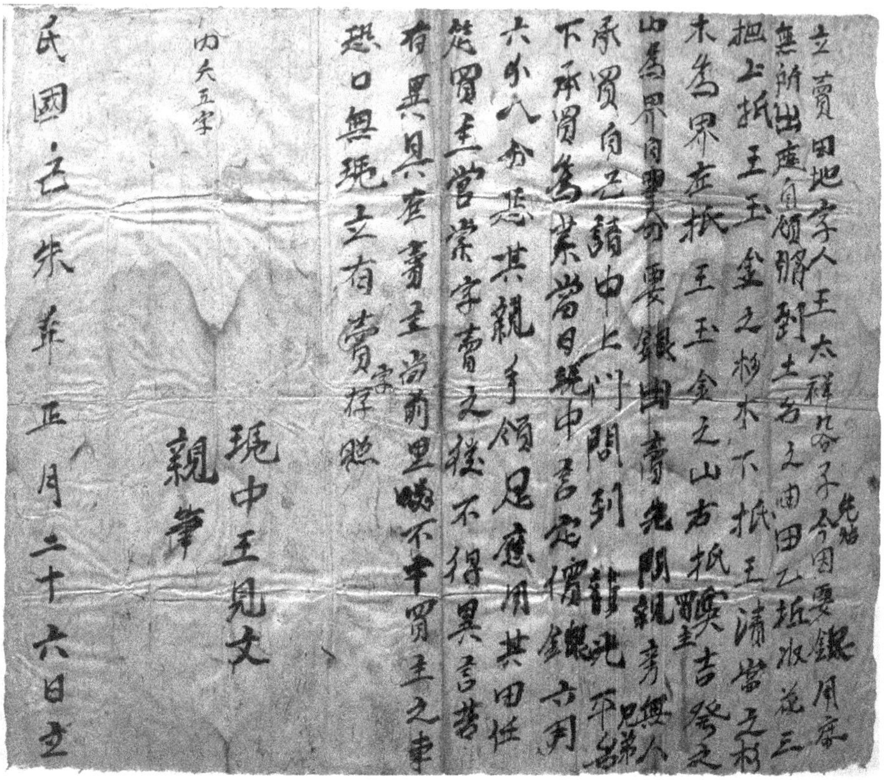
立賣田地字人王太祥先始九子今因要銀用度
無所出處自願將到土名之面田乙坵水沖三
抛上抵王玉金之杉木下抵王清當之杉
木為界左抵王玉金之山右抵買主吉登之
山為界四至分明要銀出賣先問親房無人
承買自己請中上門問到龍兆平兄弟名
下承買為業當日憑中言定價銀六兩
六錢八分整其親手領足應用其田任
從買主營業字賣之後不得異言若
有異具在賣主尚前里曉不干買主之事
恐口無憑立有賣字存照
內添五字
憑中王見文
親筆
民國乙未年正月二十六日立

LZS071　民国八年正月二十六日王太祥等卖田地字*

一　立賣田地字人王太祥(父)子，先(姑)今因要銀用度，

二　無所出處，自願將到土名之由田乙抳，(收)花三

三　把，上(抵)王玉金之杉木，下(抵)王清當之杉

四　木為界，左(抵)王玉金之山，右(抵)■吉(買主)(發)之

五　山為界，自事分。要銀出賣，先問親(旁)，無人

六　承買，自己請中上门問到龍光平名(兄弟)

七　下承買為業。當日(凴)中言定價銀六(兩)

八　六(錢)八分(整)，其親手領足應用，其田任

九　(從)買主(管)業。字賣之後，不得異言。若

十　有異，具在賣主尚前里(落)，不干買主之事。

十一　恐口無(凴)，立有賣(字)存照。

十二　内夭五字　　(凴)中　王見文

十三　　　　親筆

十四　民國己未年正月二十六日　立

* 此为王太祥父子民国八年(1919年)正月二十六日卖田地字据，原件现保藏于龙昭松家中，原色影像典藏于贵州师范学院『中国山地民族特色文献数据库』，编号为LZS071。原件内容共14列195字。原件有明显水渍。

编号：LZS072（473mm×430mm）

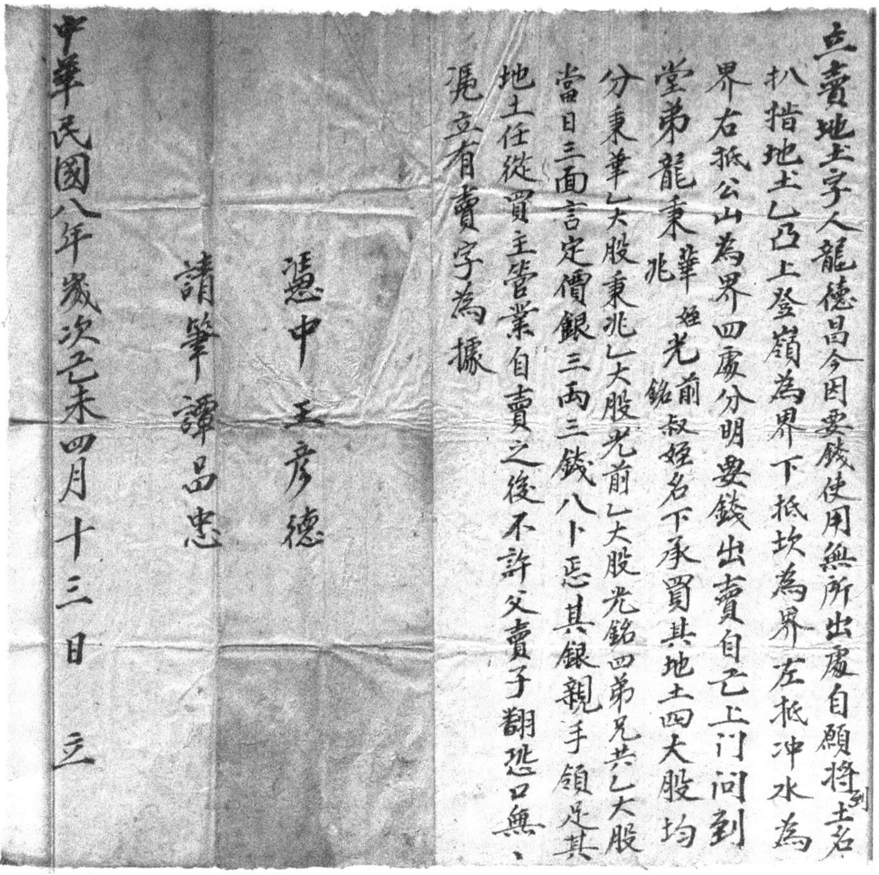

立賣地土字人龍德昌今因要錢使用無所出處自願將到土名
扒措地土乙丘上登嶺為界下抵坎為界左抵冲水為
界右抵公山為界四處分明要錢出賣自己上门问到
堂弟龍秉華 兆 姪光前 銘 叔姪名下承買其地土四大股均
分秉華乙大股秉兆乙大股光前乙大股光銘四弟兄共乙大股
當日三面言定價銀三两三錢八卜恶其銀親手領足其
地土任從買主管業自賣之後不許父賣子翻恐口無、
憑立有賣字為據

憑中 王彦德

請筆 譚品忠

中華民國八年歲次己未四月十三日 立

LZS072　民国八年四月十三日龙德昌卖地土字*

一　立賣地土字人龍德昌，今因要錢使用，無所出(處)，自願(将)到土名

二　扒(揹)地土乙凸，上登嶺為界，下抵坎為界，左抵冲水為

三　界，右抵公山為界，四處分明。要錢出賣，自己上门问到

四　堂弟龍秉華兆姪光前銘叔姪名下承買。其地土四大股均

五　分，秉華乙大股，秉兆乙大股，光前乙大股，光銘四弟兄共乙大股。

六　當日三面言定價銀三(兩)三錢八(分)(整)，其銀親手領足，其

七　地土任從買主管業。自賣之後，不許父賣子(翻)。恐口無

八　凴，立有賣字為據。

九　　　　憑中　王彥德

十　　　　請筆　譚品忠

十一　中華民國八年歲次己未四月十三日　立

* 此为龙德昌民国八年（1919年）四月十三日卖地土字据，原件现保藏于龙昭松家中，原色影像典藏于贵州师范学院『中国山地民族特色文献数据库』，编号为LZS072。原件内容共11列191字。

编号：LZS073（410mm×360mm）

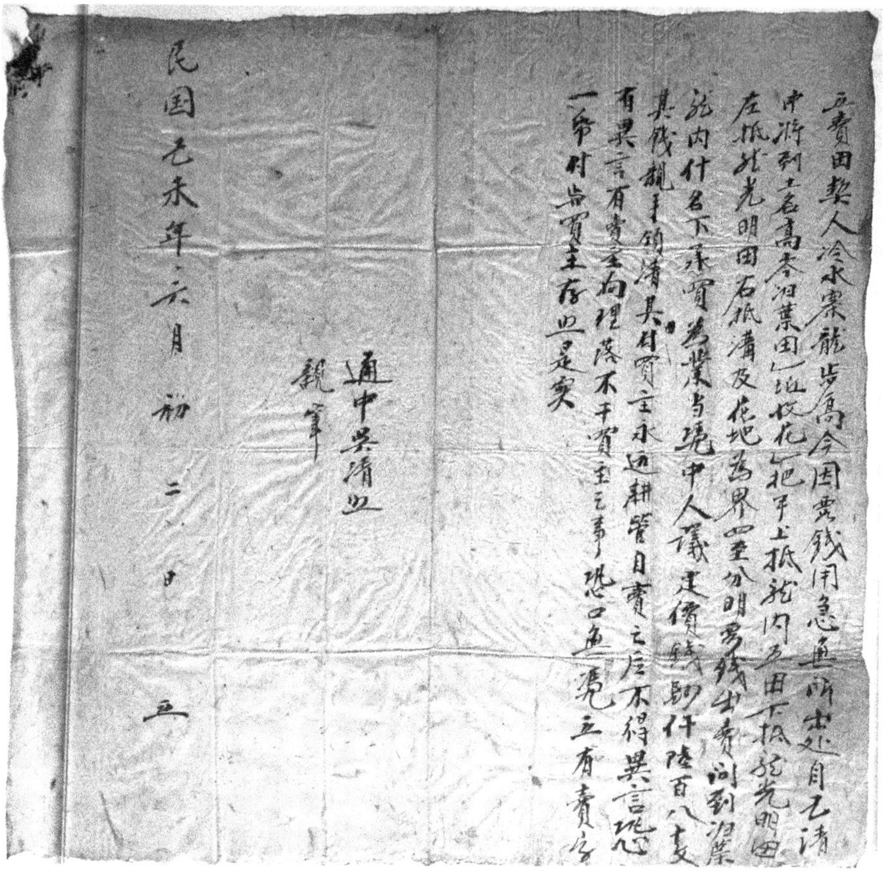
立賣田契人冷水寨龍步高今因要錢用急無所出處自己請
中將列土名高孝沿葉田一坵收花一把上抵龍内之田下抵龍光明田
左抵龍光明田右抵溝及花地為界四至分明要錢出賣問到沿葉
龍内什名下承買為業當憑中人議定價錢肆仟陸百八十文
其錢親手領清其田買主永遠耕管自賣之后不得異言恐
有異言有賣主向理落不干買主之事恐口無憑立有賣字
一帋付與買主存照是實

通中吳清照
親筆

民国乙未年六月初二日立

LZS073　民国八年六月初二日龙步高卖田契*

一　立賣田契人冷水寨龍步高，今因要錢用急，(無)所出处，自己请

二　中将到土名高岑归葉田乙坵，(收)花乙把半。上抵龍内五田，下抵龍光明田，

三　左抵龍光明田，右抵溝及花地為界，四至分明。要錢出賣，问到归葉

四　龍内什名下承買為業。当(凴)中人(議)定價錢肆仟陸百八十文，

五　其錢親手領清，其田付買主永远耕管。自賣之后，不得異言。恐

六　有異言，有賣主向理落，不干買主之事。恐口(無)凴，立有賣字

七　一帋付(与)買主存照是实。

八　　　　　　通中　吴清照

九　　　　　　親筆

十　民国己未年 六月初二日　立

* 此为龙步高民国八年(1919年)六月初二日卖田契约，原件现保藏于龙昭松家中，原色影像典藏于贵州师范学院『中国山地民族特色文献数据库』，编号为LZS073。原件内容共10列178字。

编号：LZS074（410mm×490mm）

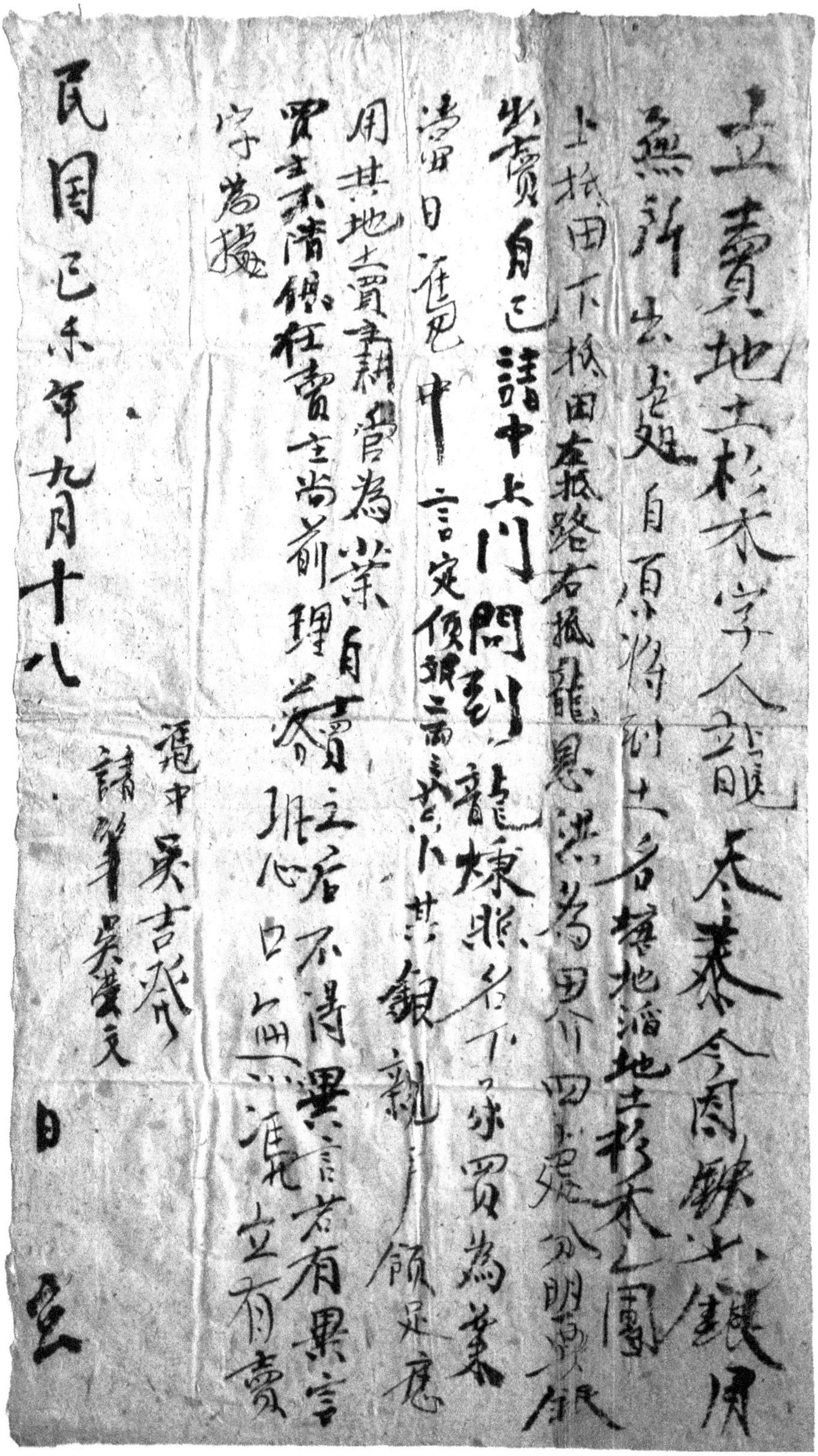
立賣地土杉木字人龍天泰今因缺少銀用
無所出處自願將到土名塘地滔地土杉木乙團
上抵田下抵田左抵路右抵龍恩洪為界四抵分明要銀
出賣自己請中上門問到龍煉照名下承買為業
當日憑中言定價銀二両三錢正其銀親手領足應
用其地土買主耕管為業自賣之後不得異言若有異言
買主未清領在賣主向前理落恐口無憑立有賣
字為據
憑中 吳吉[illegible]
請筆 吳興文
民國己未年九月十八日 立

LZS074　民国八年九月十八日龙乔泰卖地土杉木字*

一　立賣地土杉木字人龍(喬)泰，今因缺少銀用，

二　(無)所出處，自原将到土名塘地滔地土杉木乙團，

三　上抵田，下抵田，左抵路，右抵龍恩洪為界，四處分明。要銀

四　出賣，自己請中上门問到龍(秉)照名下承買為業。

五　當日(凴)中言定價(銀)二(兩)三(錢)六(分)，其銀親手领足應

六　用，其地土買主耕(管)為業。自賣之后，不得異言。若有異言，

七　買主不清，俱在賣主尚前理落。恐口無(凴)，立有賣

八　字為據。

九　　　　(凴)中　吳吉(發)

十　　　　請筆　吳漢文

十一　民国己未年九月十八日　立

*此为龙乔泰民国八年(1919年)九月十八日卖地土杉木字据，原件现保藏于龙昭松家中，原色影像典藏于贵州师范学院『中国山地民族特色文献数据库』，编号为LZS074。原件内容共11列163字。

编号：LZS075（330mm×436mm）

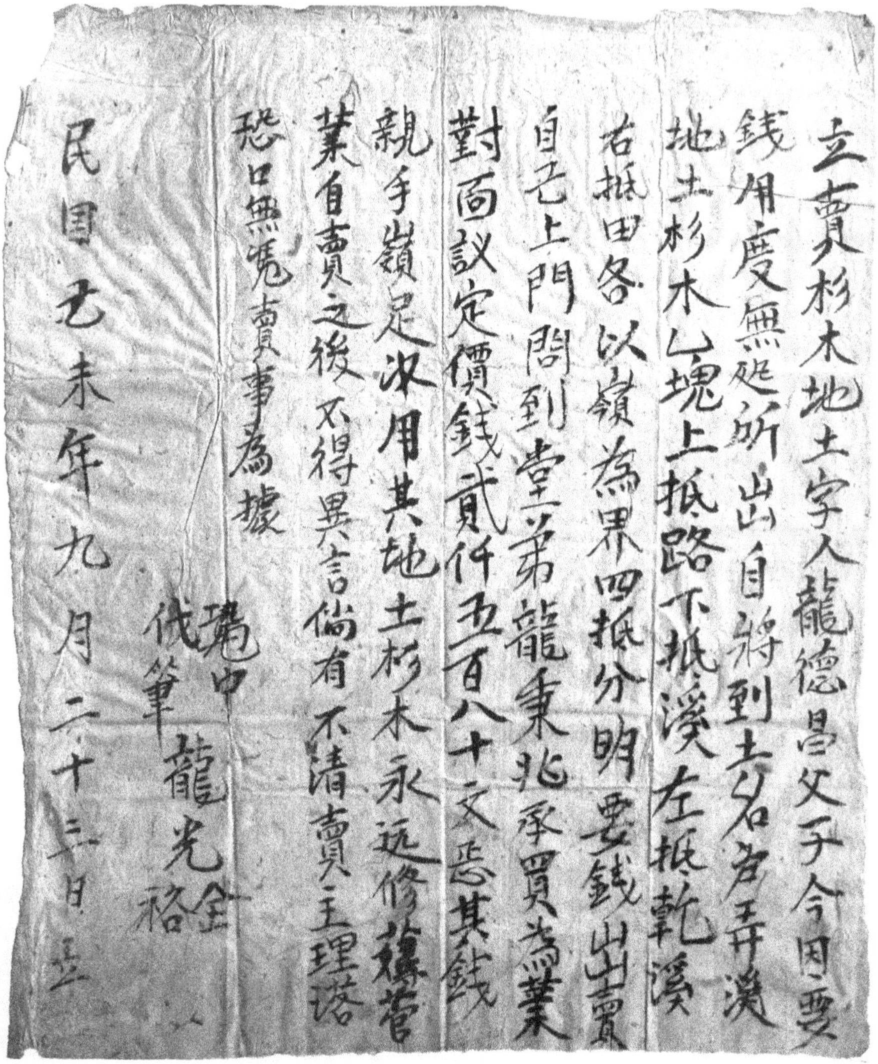
立賣杉木地土字人龍德昌父子今因要錢用度無所出自將到土名岑弄溪地土杉木山塊上抵路下抵溪左抵乾溪右抵田各以嶺為界四抵分明要錢出賣自己上門問到堂弟龍秉兆承買為業對面議定價錢貳仟五百八十文正其錢親手領足收用其地土杉木永远修蓄管業自賣之後不得異言倘有不清賣主理落恐口無凭賣事為據

憑中 龍光金
代筆 龍光裕

民国己未年九月二十三日 立

LZS075　民国八年九月二十三日龙德昌等卖杉木地土字*

一　立賣杉木地土字人龍德昌父子，今因要

二　錢用度，無（処）所出，自將到土名归弄溪

三　地土杉木乙塊，上抵路，下抵溪，左抵（幹）溪，

四　右抵田各以嶺為界，四抵分明。要錢出賣，

五　自己上門問到堂弟龍秉兆承買為業。

六　對面（議）定價錢貳仟五百八十文（整），其錢

七　親手嶺足（收）用，其地土杉木永远修薅（管）

八　業。自賣之後，不得異言。倘有不清，賣主理落。

九　恐口無（凴），賣事為據。

十　（凴）中　龍光全
　　代筆　龍光裕

十一　民国己未年九月二十三日　立

* 此为龙德昌父子民国八年（1919年）九月二十三日卖杉木地土字据，原件现保藏于龙昭松家中，原色影像典藏于贵州师范学院『中国山地民族特色文献数据库』，编号为LZS075。原件内容共11列155字。原件左上方有两个缺孔。

编号：LZS076（400mm×450mm）

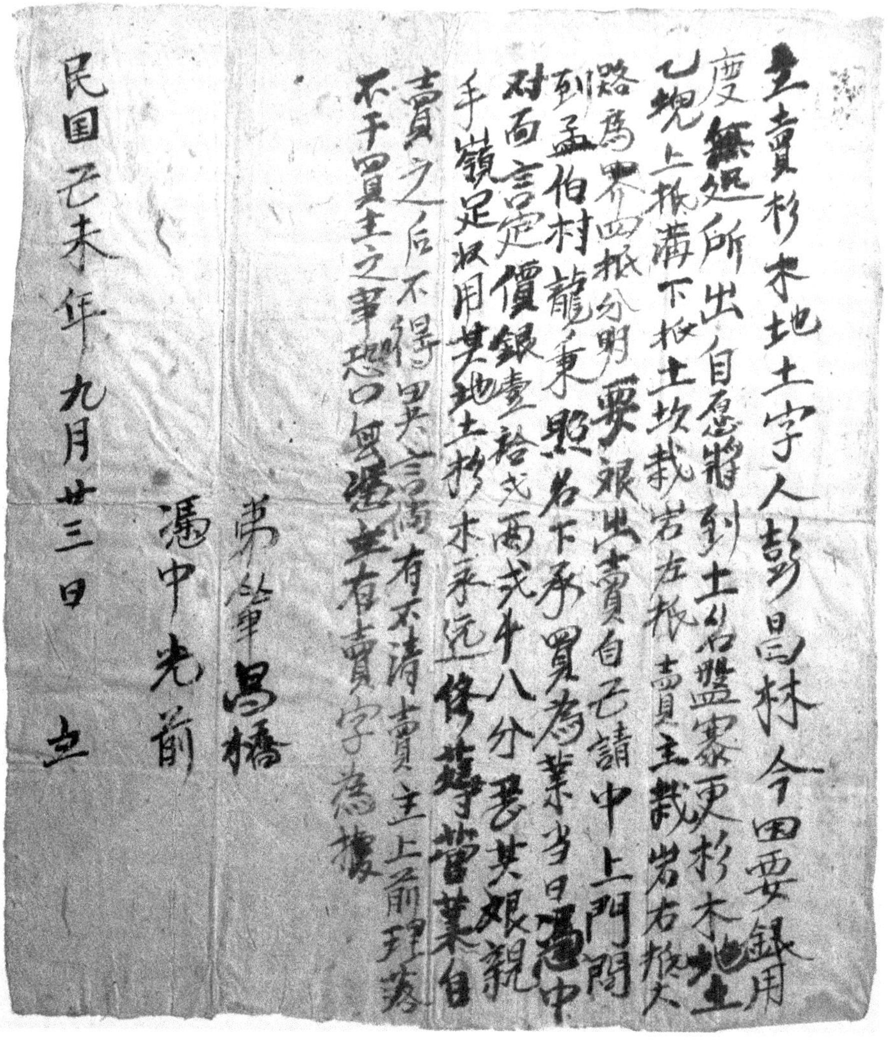
立賣杉木地土字人彭昌林今因要銀用
度無從所出自愿將到土名盤寨更杉木地土
乙塊上抵溝下抵土坎栽岩左抵賣主栽岩右抵大
路為界四抵分明要銀出賣自己請中上門問
到孟伯村龍秉照名下承買為業當日憑中
對面言定價銀壹拾弍兩弍錢八分其銀親
手領足收用其地土杉木永遠修蓄管業自
賣之后不得異言倘有不清賣主上前理落
不干買主之事恐口無憑立有賣字為據
弟筆 昌橋
憑中 光前
民国乙未年九月廿三日 立

LZS076　民国八年九月二十三日彭昌林卖杉木地土字*

一　立賣杉木地土字人彭昌林，今因要銀用
二　度，無(処)所出，自愿將到土名盤寨更杉木地土
三　乙(塊)，上抵溝，下抵土坎栽岩，左抵賣主栽岩，右抵大
四　(路)為界，四抵分明。要(銀)出賣，自己請中上門問
五　到孟伯村龍秉照名下承買為業。当日憑中
六　对面言定價銀壹拾弍两弍(錢)八分(整)，其(銀)親
七　手嶺足(收)用，其地土杉木永远修蕪(管)業。自
八　賣之后，不得異言。倘有不清，賣主上前理落，
九　不干買主之事。恐口(無)憑，立有賣字為據。
十　　　　　　　　弟筆　昌橋
十一　　　　　　　憑中　光前
十二　民国己未年九月廿三日　立

*此为彭昌林民国八年(1919年)九月二十三日卖杉木地土字据，原件现保藏于龙昭松家中，原色影像典藏于贵州师范学院『中国山地民族特色文献数据库』，编号为LZS076。原件内容共12列176字。

编号：LZS077（400mm×530mm）

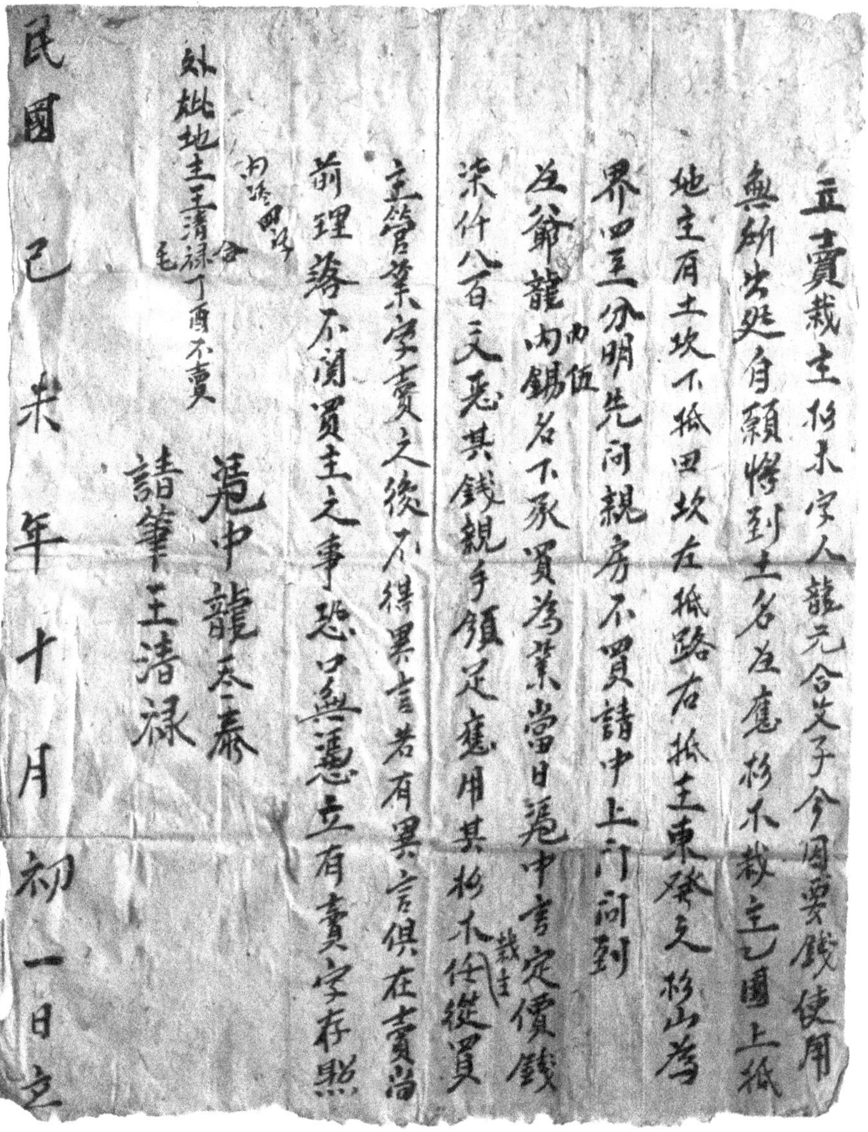
立賣栽主杉木字人龍元合父子今因要錢使用
無所出處自願將到土名在廳杉木栽主乙團上抵
地主有土坎下抵田坎左抵路右抵主東發之杉山為
界四至分明先问親房不買請中上门问到
叔爺龍內錫（內伍）名下承買為業當日憑中言定價錢
柒仟八百文整其錢親手領足應用其杉木（栽主）任從買
主管業賣之後不得異言若有異言俱在賣當
前理落不關買主之事恐口無憑立有賣字存照
內添四字
外批地主王清禄合毛丁酉不賣
憑中龍天泰
請筆王清禄
民國己未年十月初一日立

LZS077　民国八年十月初一日龙元合等卖栽主杉木字*

一　立賣栽主杉木字人龍元合父子，今因要錢使用，

二　(無)所出(処)，自願(將)到土名归應杉木栽主乙團，上抵

三　地主有土坎，下抵田坎，左抵路，右抵王東(發)之杉山為

四　界，四至分明。先问親房，不買，請中上门问到

五　归爺龍内錫名下承買為業。當日(凴)中言定價錢　内伍

六　柒仟八百文(整)，其錢親手領足應用，其杉木任(從)買　栽主

七　主管業。字賣之後，不得異言。若有異言，俱在賣尚

八　前理落，不(関)買主之事。恐口(無)憑，立有賣字存照。

九　内(添)四字

十　外批地主王清禄丁酉不賣　合 毛　(凴)中　龍(喬)泰　請筆　王清禄

十一　民國己未年十月初一日　立

*此为龙元合父子二人民国八年(1919年)十月初一日卖栽主杉木字据，原件现保藏于龙昭松家中，原色影像典藏于贵州师范学院『中国山地民族特色文献数据库』，编号为LZS077。原件内容共11列201字。原件有大面积水渍。

编号：LZS078（330mm×300mm）

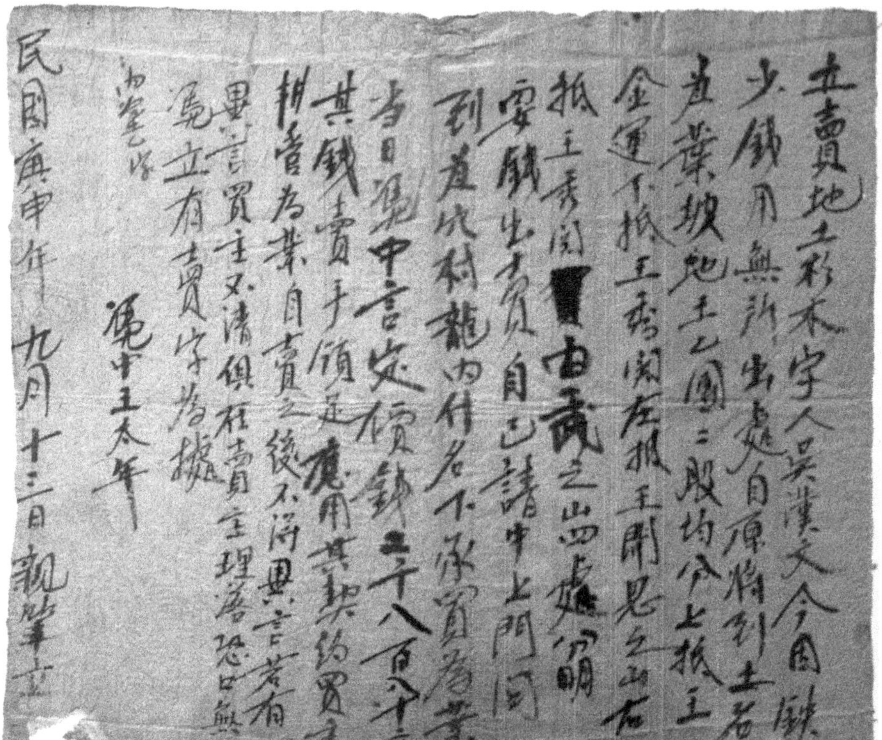

立賣地土杉木字人吳漢文今因缺
少錢用無所出處自原將到土名
岩葉坡地土乙團二股均分上抵王
金運下抵王秀閔左抵王開思之山右
抵王秀閔[redacted]由貳之山為界明
要錢出賣自己請中上門問
到岩坑村龍內修名下承買為業
當日憑中言定價錢二千八百八十文
其錢賣主領足應用其契約買主
耕管為業自賣之後不得異言若有
異言買主又請俱在賣主理落恐口無
憑立有賣字為據
內添乙字
憑中王太年
民國庚申年九月十三日親筆立

LZS078　民国九年九月十三日吴汉文卖地土杉木字*

一　立賣地土杉木字人吳漢文，今因缺
二　少錢用，無所出處，自原將到土名
三　归葉坡地土乙團，二股均分。上抵王
四　金運，下抵王秀(閔)，左抵王開恩之山，右
五　抵王秀(閔)■由武之山，四處分明。
六　要錢出賣，自己請中上門问
七　到归穴村龍内什名下承買為業。
八　当日(凴)中言定價錢二千八百八十文，
九　其錢賣手領足應用，其契约買主
十　耕(管)為業。自賣之後，不得異言。若有
十一　異言，買主不清，俱在賣主理落。恐口無
十二　(凴)，立有賣字為據。
十三　内涂乙字
十四　(凴)中　王太年
十五　民国庚申年　九月十三日　親筆立

*此为吴汉文民国九年(1920年)九月十三日卖地土杉木字据，原件现保藏于龙昭松家中，原色影像典藏于贵州师范学院『中国山地民族特色文献数据库』，编号为LZS078。原件内容共15列178字。

编号：LZS079（430mm×380mm）

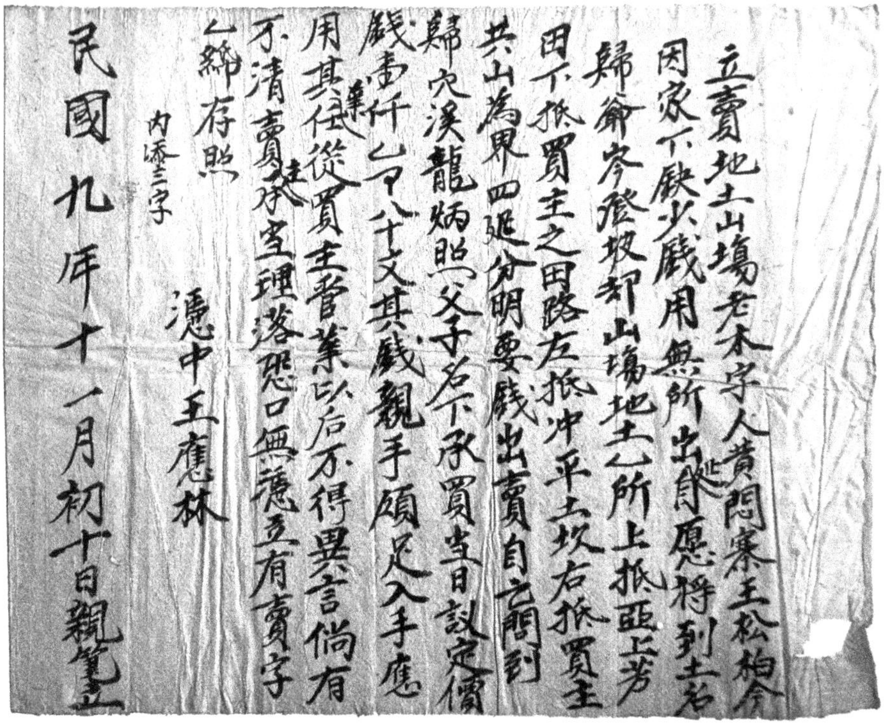

立賣地土山塲老木字人黄悶寨王松柏今
因家下缺少錢用無所出處自愿將到土名
歸爺岑登坡卸山塲地土乙所上抵亞上芳
田下抵買主之田路左抵冲平土坎右抵買主
共山為界四至分明要錢出賣自己問到
歸穴溪龍炳照、父子名下承買當日議定價
錢壹仟乙百八十文其錢親手領足入手應
用其任從買主管業以后不得異言倘有
不清賣主承当理落恐口無憑立有賣字
乙紙存照
内添三字
憑中王應林
民國九年十一月初十日親筆立

LZS079　民国九年十一月初十日王松柏卖地土山场老木字*

一　立賣地土山場老木字人黄悶寨王松柏，今

二　因家下缺少錢用，無所出[処]，自愿（將）到土名

三　（歸）爺岑登坡却山場地土乙所，上抵亞上芳

四　田，下抵買主之田路，左抵冲平土坎，右抵買主

五　共山為界，四（処）分明。要錢出賣，自己問到

六　（歸）穴溪龍炳照父子名下承買。当日（議）定價

七　錢壹仟乙（百）八十文，其錢親手領足，入手應

八　用，其[業]任（從）買主（管）業，以后不得異言。倘有

九　不清，賣[主]承当理落。恐口無（憑），立有賣字

十　乙（紙）存照。

十一　　內（添）三字　　（憑）中　王應林

十二　民國九年十一月初十日親（筆）立

* 此为王松柏民国九年（1920年）十一月初十日卖地土山场老木字据，原件现保藏于龙昭松家中，原色影像典藏于贵州师范学院『中国山地民族特色文献数据库』，编号为LZS079。原件内容共12列179字。原件右下角有一个缺孔。

编号：LZS0080（480mm×360mm）

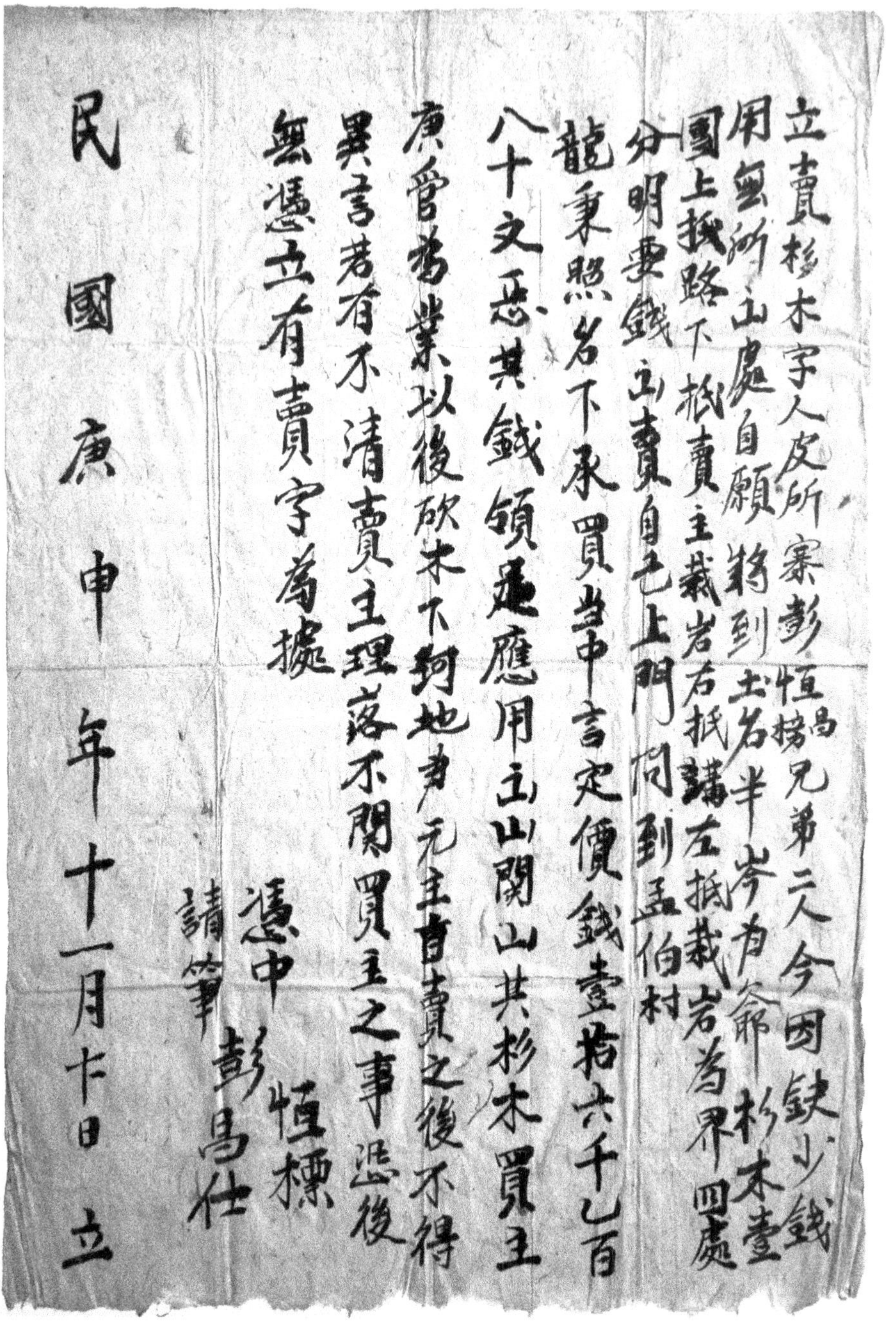

立賣杉木字人皮所寨彭恒榜馬兄弟二人今因缺少錢
用無所出處自願將到土名半岑冇爺杉木壹
團上抵路下抵賣主栽岩右抵講左抵栽岩為界四處
分明要錢出賣自己上門問到孟伯村
龍秉照名下承買當中言定價錢壹拾六千七百
八十文恁其錢領足應用出山閑山共杉木買主
庚曾為業以後砍木下河地歸元主賣主之後不得
異言若有不清賣主理落不関買主之事恐後
無憑立有賣字為據

憑中 彭恒標
請筆 彭馬仕

民國庚申年十一月廿日 立

LZS080　民国九年十一月十一日彭恒昌等卖杉木字*

一　立賣杉木字人皮所寨彭恒昌榜兄弟二人，今因鈌少錢

二　用，（無）所（出）處，自願（將）到土名半岑归爺杉木壹

三　團，上（抵）路，下（抵）賣主栽岩，右（抵）溝，左抵栽岩為界，四處

四　分明。要錢（出）賣，自己上門问到孟伯村

五　龍秉照名下承買。当中言定價錢壹拾六千乙百

六　八十文（整），其錢領足應用，（出）山関山，其杉木買主

七　庚（管）為業，以後砍木下河，地归元主。自賣之後，不得

八　異言。若有不清，賣主理落，不関買主之事。（恐）後

九　（無）憑，立有賣字為據。

十　　　　憑中　彭恒標
　　　　請筆　彭昌仕

十一　民國庚申年十一月十（一）日　立

*此为彭恒昌、彭恒榜兄弟二人民国九年（1920年）十一月十一日卖杉木字据，原件现保藏于龙昭松家中，原色影像典藏于贵州师范学院『中国山地民族特色文献数据库』，编号为LZS080。原件内容共11列181字。

编号：LZS081（360mm×340mm）

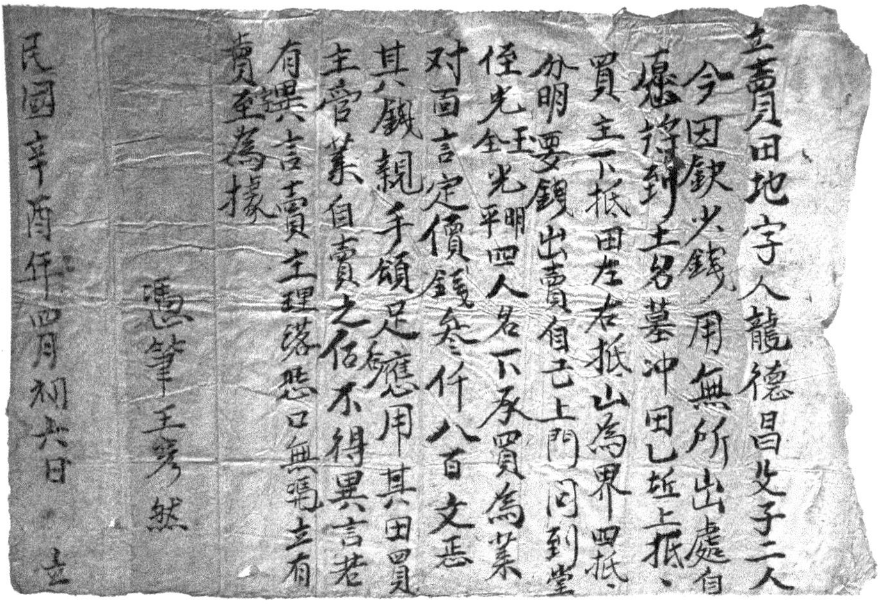
立賣田地字人龍德昌父子二人
今因缺少錢用無所出處自
愿將到土名墓冲田乙坵上抵
買主下抵田左右抵山為界四抵
分明要錢出賣自己上門問到堂
侄光王明全光平四人名下承買為業
对面言定價錢叁仟八百文正
其錢親手領足應用其田買
主管業自賣之後不得異言若
有異言賣主理落恐口無憑立有
賣字為據
憑筆王秀然
民國辛酉年四月初六日 立

LZS081　民国十年四月初六日龙德昌等卖田地字*

一　立賣田地字人龍德昌父子二人，

二　今因缺少錢用，無所出處，自

三　愿(將)到土名墓冲田乙坵，上抵

四　買主，下抵田，左右抵山為界，四抵

五　分明。要錢出賣，自己上門问到堂

六　侄光玉/全、光明/平四人名下承買為業。

七　对面言定價錢叁仟八百文(整)，

八　其錢親手領足應用，其田買

九　主(管)業。自賣之后后，不得異言。若

十　有異言，賣主理落。恐口無(凴)，立有

十一　賣字至為(據)。

十二　　　　　　　　凴筆　王彦然

十三　民國辛酉年四月初六日　　　　　　立

* 此为龙德昌父子二人民国十年(1921年)四月初六日卖田地字据，原件现保藏于龙昭松家中，原色影像典藏于贵州师范学院『中国山地民族特色文献数据库』，编号为LZS081。原件内容共13列147字。原件左下方有两个缺孔。

编号：LZS082（430mm×405mm）

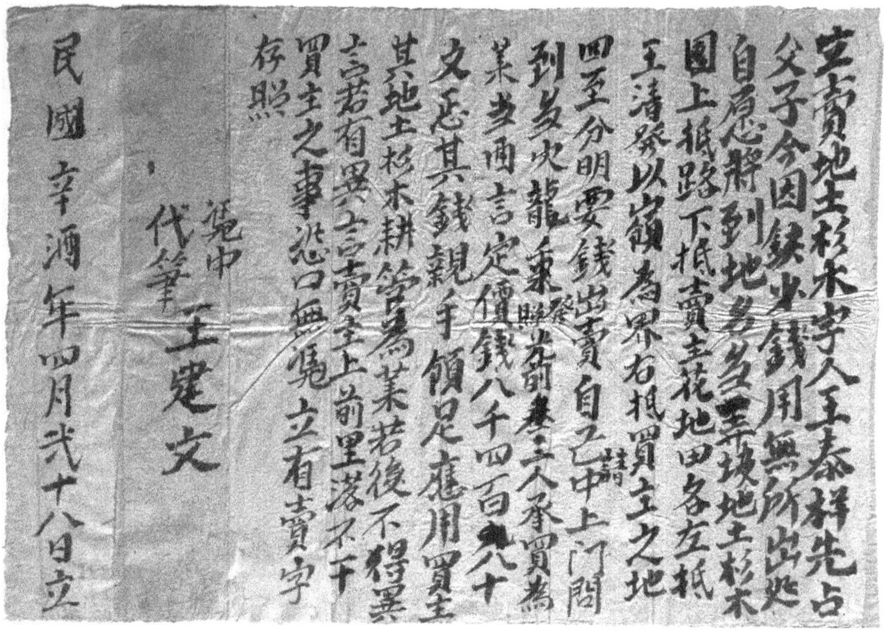

立賣地土杉木字人王泰祥先占
父子今因缺少錢用無所出処
自願將到地名多寨塊地土杉木
園上抵路下抵賣主花地田各左抵
王清發以嶺為界右抵買主之地
四至分明要錢出賣自己請中上門問
到多吹龍秉發照光前叁二人承買為
業当面言定價錢八千四百九八十
文正其錢親手領足應用買主
其地土杉木耕管為業若後不得異
言若有異言賣主上前理落不干
買主之事恐口無憑立有賣字
存照

憑中
代筆 王建文

民國辛酉年四月弍十八日立

LZS082　民国十年四月二十八日王泰祥等卖地土杉木字*

一　立賣地土杉木字人王泰祥、先占

二　父子，今因鈌少錢用，無所出(処)，

三　自愿將到地名归弄坡地土杉木

四　團，上抵路，下抵賣主花地田各，左抵

五　王清(發)以嶺為界，右抵買主之地，

六　四至分明。要錢出賣，自己請中上门問

七　到归穴龍秉照(發)、光前■三人承買為

八　(業)。当面言定價錢八千四百■八十

九　文(整)，其錢親手領足應用，買主

十　其地土杉木耕管為(業)，若後不得異

十一　言。若有異言，賣主上前里落，不干

十二　買主之事。(恐)口無(凴)，立有賣字

十三　存照。

十四　　(凴)中　請筆　王建文

十五　民國辛酒年四月(式)十八日　立

*此为王泰祥、王先占父子二人民国十年(1921年)四月二十八日卖地土杉木字据，原件现保藏于龙昭松家中，原色影像典藏于贵州师范学院『中国山地民族特色文献数据库』，编号为LZS082。原件内容共15列179字。

编号：LZS083（310mm×420mm）

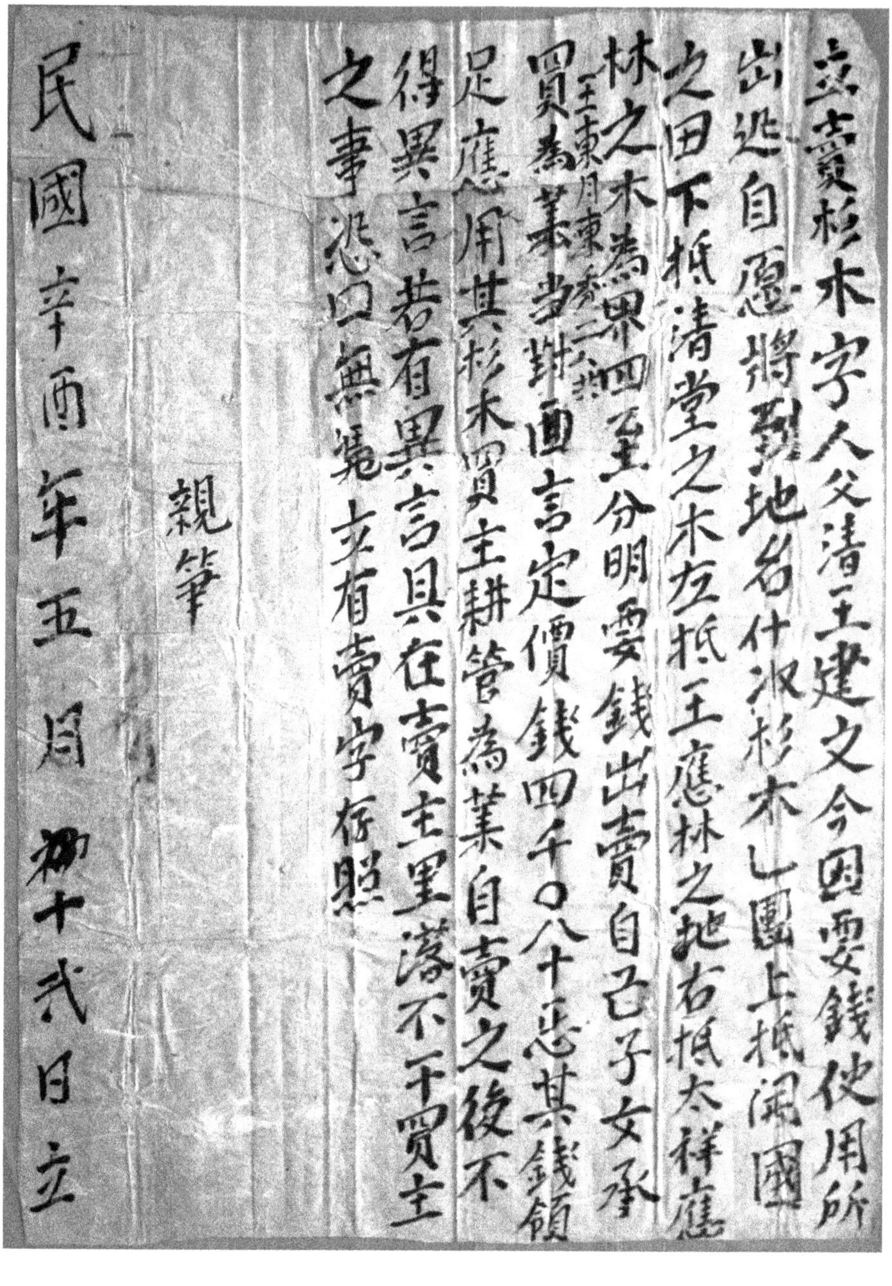
立賣杉木字人父清王建文今因要錢使用所
出進自愿將到地名什冲杉木山團上抵閑國
之田下抵清堂之木左抵王應林之地右抵太祥應
林之木為界四至分明要錢出賣自己子女承
王東月東秀二人共
買為業當對面言定價錢四千〇八十忌其錢領
足應用其杉木買主耕管為業自賣之後不
得異言若有異言具在賣主里落不干買主
之事恐口無憑立有賣字存照
親筆
民國辛酉年五月初十弍日立

LZS083　民国十年五月十二日王建文卖杉木字*

一　立賣杉木字人父清王建文，今因要錢(使)用，所

二　出(処)，自愿將到地名什(收)杉木乙團，上抵(開)國

三　之田，下抵清堂之木，左抵王應林之地，右抵太祥、應

四　林之木為界，四至分明。要錢出賣，自己子女承

王東月、東秀二人共

五　買為業。当(對)面言定價錢四千〇八十(整)，其錢領

六　足應用，其杉木買主耕管為業。自賣之後，不

七　得異言。若有異言，具在賣主里落，不干買主

八　之事。(恐)口無(凴)，立有賣字存照。

九　　　　　　親筆

十　民(國)辛酉年　五月■十(弍)日立

---

*此为王建文民国十年(1921年)五月十二日卖杉木字据，原件现保藏于龙昭松家中，原色影像典藏于贵州师范学院『中国山地民族特色文献数据库』，编号为LZS083。原件内容共10列160字。

编号：LZS084（470mm×300mm）

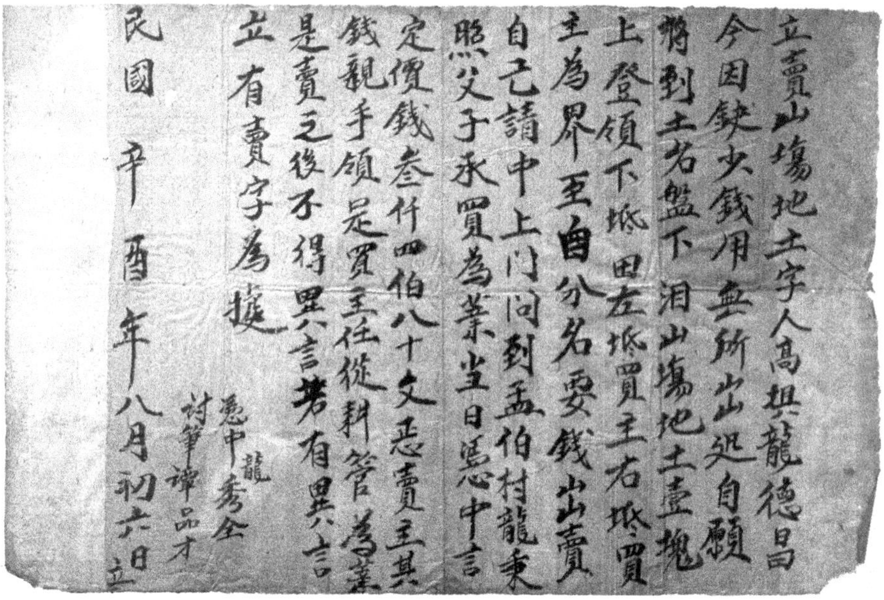

立賣山塲地土字人高坝龍德昌
今因缺少錢用無所出処自願
將到土名盤下泪山塲地土壹塊
上登領下坻田左坻買主右坻買
主為界至自分名要錢出賣
自己請中上门问到孟伯村龍秉
照父子承買為業当日凭中言
定價錢叁仟四伯八十文凭賣主其
錢親手領足買主任從耕管為業
是賣之後不得異言若有異言
立有賣字為據
凭中龍秀全
代筆譚品才
民國辛酉年八月初六日立

LZS084　民国十年八月初六日龙德昌卖山场地土字*

一　立賣山塲地土字人高坝龍德昌，
二　今因缺少錢用，(無)所出(処)，自願
三　將到土名盤下泪山塲地土壹塊，
四　上登領，下抵田，左抵買主，右抵買
五　主為界，至自分名。要錢出賣，
六　自己請中上门问到孟伯村龍秉
七　照父子承買為(業)。当日憑中言
八　定價錢叁仟四伯八十文(整)，賣主其
九　錢親手領(足)，買主任從耕管為業。
十　是賣之後，不得異言。若有異言，
十一　立有賣字為據。
十二　憑中　龍秀全
十三　讨筆　谭品才
十四　民國辛酉年八月初六日　立

*此为龙德昌民国十年(1921年)八月初六日卖山场地土字据，原件现保藏于龙昭松家中，原色影像典藏于贵州师范学院『中国山地民族特色文献数据库』，编号为LZS084。原件内容共14列153字。

编号：LZS085（400mm×560mm）

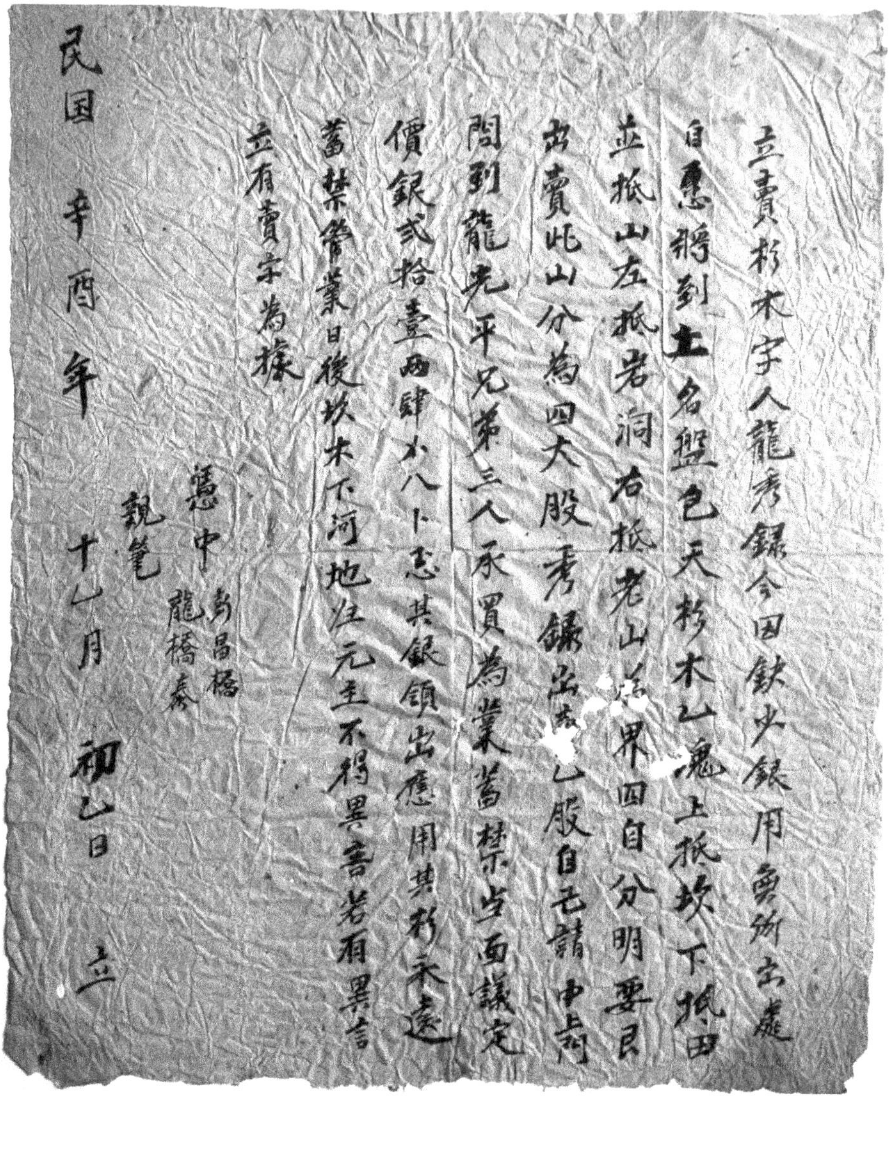

立賣杉木字人龍秀鎔今因缺少銀用無所出處
自愿將到土名盤色天杉木山塊上抵坎下抵田
立抵山左抵岩洞右抵老山為界四自分明要艮
出賣此山分為四大股秀鎔名下占一股自己請中向
問到龍光平兄弟三人承買為業蓄禁当面議定
價銀弍拾壹兩肆小八卜忠其銀領出應用其杉木遠
蓄禁管業日後坎木下河地任元主不得異言若有異言
立有賣字為據

憑中 彭昌榕 龍橋森
親筆

民国辛酉年十乙月初乙日立

LZS085 民国十年十一月初一日龙秀录卖杉木字*

一 立賣杉木字人龍秀録，今因缺少銀用，(無)所出處，

二 自愿(將)到土名盤包天杉木乙塊，上抵坎，下抵田

三 並抵山，左抵岩洞，右抵老山為界，四自分明。要(艮)

四 出賣，此山分為四大股，秀録出賣乙股。自己請中上門

五 問到龍光平兄弟三人承買為業蓄禁，当面議定

六 價銀式拾壹两肆(錢)八(分)(整)，其銀領出應用，其杉木永遠

七 蓄禁管業。日後坎木下河，地归元主，不得異言。若有異言，

八 立有賣字為據。

九 憑中 彭昌橋

十 親筆 龍橋泰

十一 民国辛酉年十乙月初乙日 立

*此为龙秀录民国十年(1921年)十一月初一日卖杉木字据，原件现保藏于龙昭松家中，原色影像典藏于贵州师范学院『中国山地民族特色文献数据库』，编号为LZS085。原件内容共11列169字。原件右下部位有多处缺孔。

编号：LZS086（330mm×300mm）

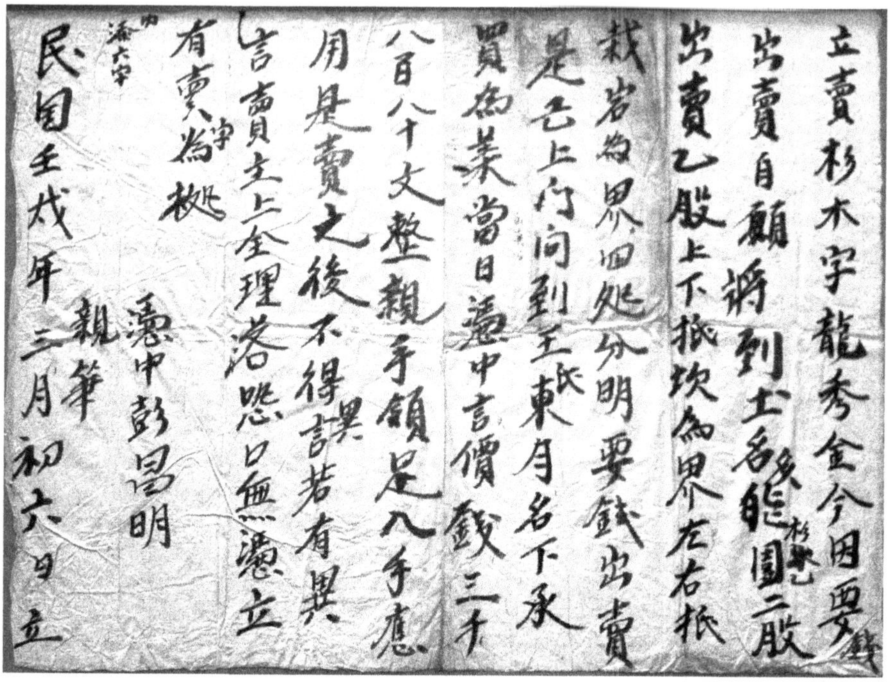

立賣杉木字龍秀金今因要錢
出賣自願將到土名多能杉木乙圍二股
出賣乙股上下抵坎為界左右抵
栽岩為界四処分明要錢出賣
是己上門向到王氏東月名下承
買為業當日憑中言價錢三千
八百八十文整親手領足入手應
用是賣之後不得異言若有異
言賣主上全理落恐口無憑立
有賣字為據
內添六字
憑中彭昌明
親筆
民國壬戌年三月初六日立

LZS086　民国十一年三月初六日龙秀金卖杉木字*

一　立賣杉木字龍秀金，今因要錢

二　出賣，自願將到土名[多]能團[杉木乙]二股

三　出賣乙股。上下(抵)坎為界，左右(抵)

四　栽岩為界，四(处)分明。要錢出賣，

五　是己上门问到王[(氏)]東月名下承

六　買為(業)。當日(憑)中言價錢三千

七　八百八十文整，親手領足入手應

八　用。是賣之後，不得言[異]。若有異

九　言，賣主上全理落。(恐)口無(憑)，立

十　有賣[字]為(拠)。

十一　內(添)六字　　(憑)中　彭昌明

十二　　　　親筆

十三　民国壬(戌)年三月初六日　立

---

*此为龙秀金民国十一年(1922年)三月初六日卖杉木字据，原件现保藏于龙昭松家中，原色影像典藏于贵州师范学院『中国山地民族特色文献数据库』，编号为LZS086。原件内容共13列142字。

编号：LZS087（400mm×550mm）

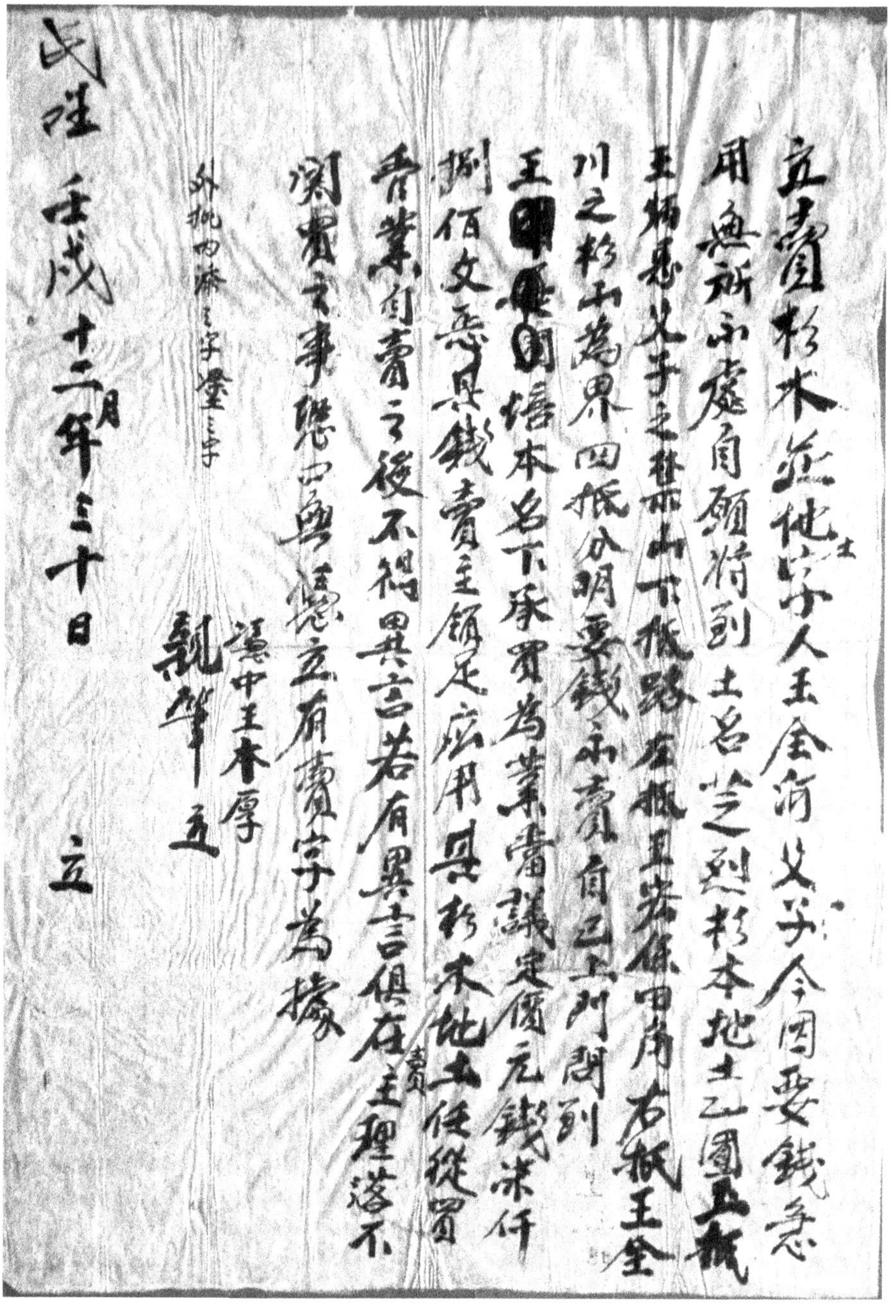

立賣杉木並地土字人王金濤父子，今因要錢急
用，無所亦處，自願將到土名[illegible]之列杉木地土乙團，上抵
王炳[illegible]父子之地，下抵山下抵路，左抵王宏保田角，右抵王全
川之杉木為界，四抵分明，要錢亦賣，自己上門問到
王[illegible][illegible]培本名下承買為業，當議定價元錢柒仟
捌佰文，其錢賣主領足應用，其杉木地土任從買
主管業，自賣之後不得異言，若有異言，俱在賣主理落，不
關買主之事，恐口無憑，立有賣字為據。

外批內添三字，塗三字

憑中王本厚

親筆立

民國壬戌十二月年三十日 立

LZS087　民国十一年十二月三十日王全河等卖杉木并地土字*

一　立賣杉木並他土字人王全河父子，今因要錢急

二　用，無所（出）處，自願将到土名芝烈杉木地土乙團，上抵

三　王炳恩父子之禁山，下抵路，左抵王宏保田角，右抵王全

四　川之杉山為界，四抵分明。要錢（出）賣，自己上門問到

五　王[redacted]培本名下承買為業。當議定價元錢柒仟

六　捌佰文（整），其錢賣主領足应用，其杉木地土任從買

七　（管）業。自賣之後，不得異言。若有異言，俱在賣主理落，不

八　（関）買之事。恐口（無）憑，立有賣字為據。

九　外批内（添）三字塗三字　　憑中　王木厚

十　　　　　　　　　　　　　親筆　立

十一　民（國）壬（戌）十二月年三十日　立

*此为王全河民国十一年（1922年）十二月三十日卖杉木并地土字据，原件现保藏于龙昭松家中，原色影像典藏于贵州师范学院『中国山地民族特色文献数据库』，编号为LZS087。原件内容共11列182字。

编号：LZS088（400mm×530mm）

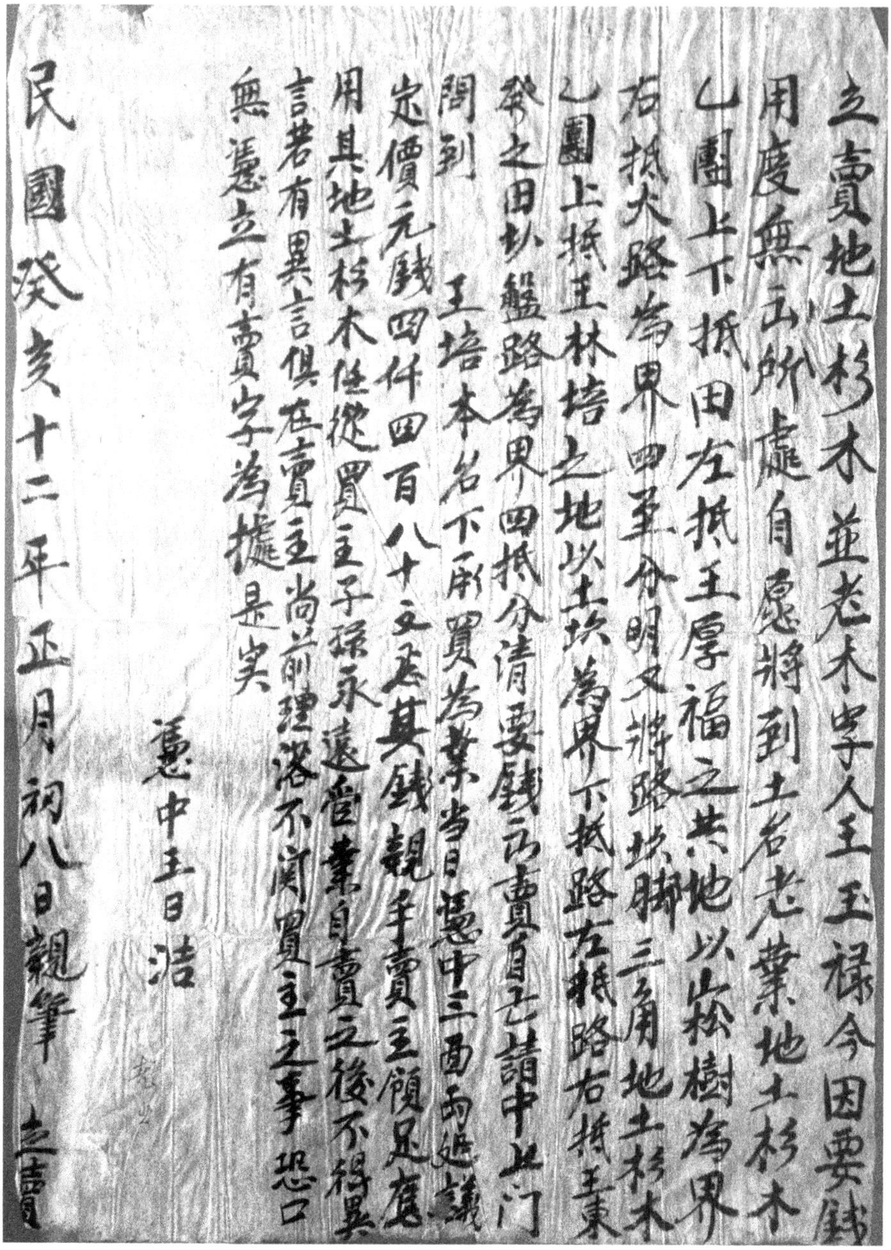
立賣地土杉木並老木字人王玉祿今因要錢
用度無所出處自愿將到土名老葉地土杉木
山團上下抵田左抵王厚福之共地以松樹為界
右抵大路為界四至分明又排路坎腳三角地土杉木
山團上抵王林培之地以土坎為界下抵路左抵路右抵王秉
發之田以盤路為界四抵分清要錢出賣自己請中上门
問到　王培本名下承買為業当日憑中三面言議
定價元錢四仟四百八十文其錢親手賣主領足應
用其地土杉木任從買主子孫永遠管業自賣之後不得異
言若有異言俱在賣主尚前理落不関買主之事恐口
無憑立有賣字為據是实
憑中王日浩
民國癸亥十二年正月初八日親筆　立賣

LZS088　民国十二年正月初八日王玉禄卖地土杉木并老木字*

一　立賣地土杉木並老木字人王玉禄，今因要錢

二　用度，無(出)所處，自愿將到土名老葉地土杉木

三　乙團，上下抵田，左抵王厚福之共地以崧樹為界，

四　右抵大路為界，四至分明。又將路坎脚三角地土杉木

五　乙團，上抵王林培之地以土坎為界，下抵路，左抵路，右抵王東

六　(發)之田(以)盤路為界，四抵分清。要錢(出)賣，自己請中上门

七　問到　　王培本名下承買為業。当日憑中三面(兩)(処)議

八　定價元錢四仟四百八十文(整)，其錢親手賣主領足應

九　用，其地土杉木任(從)買主子孫永遠(管)業。自賣之後，不得異

十　言。若有異言，俱在賣主尚前理落，不(関)買主之事。恐口

十一　無憑，立有賣字為攄是实。

十二　　　　憑中　王日浩

十三　民國癸亥十二年正月初八日親筆　　　立賣

---

*此为王玉禄民国十二年(1923年)正月初八日卖地土杉木并老木字据，原件现保藏于龙昭松家中，原色影像典藏于贵州师范学院『中国山地民族特色文献数据库』，编号为LZS088。原件内容共13列238字。原件下端有两个缺孔。

编号：LZS089（430mm×490mm）

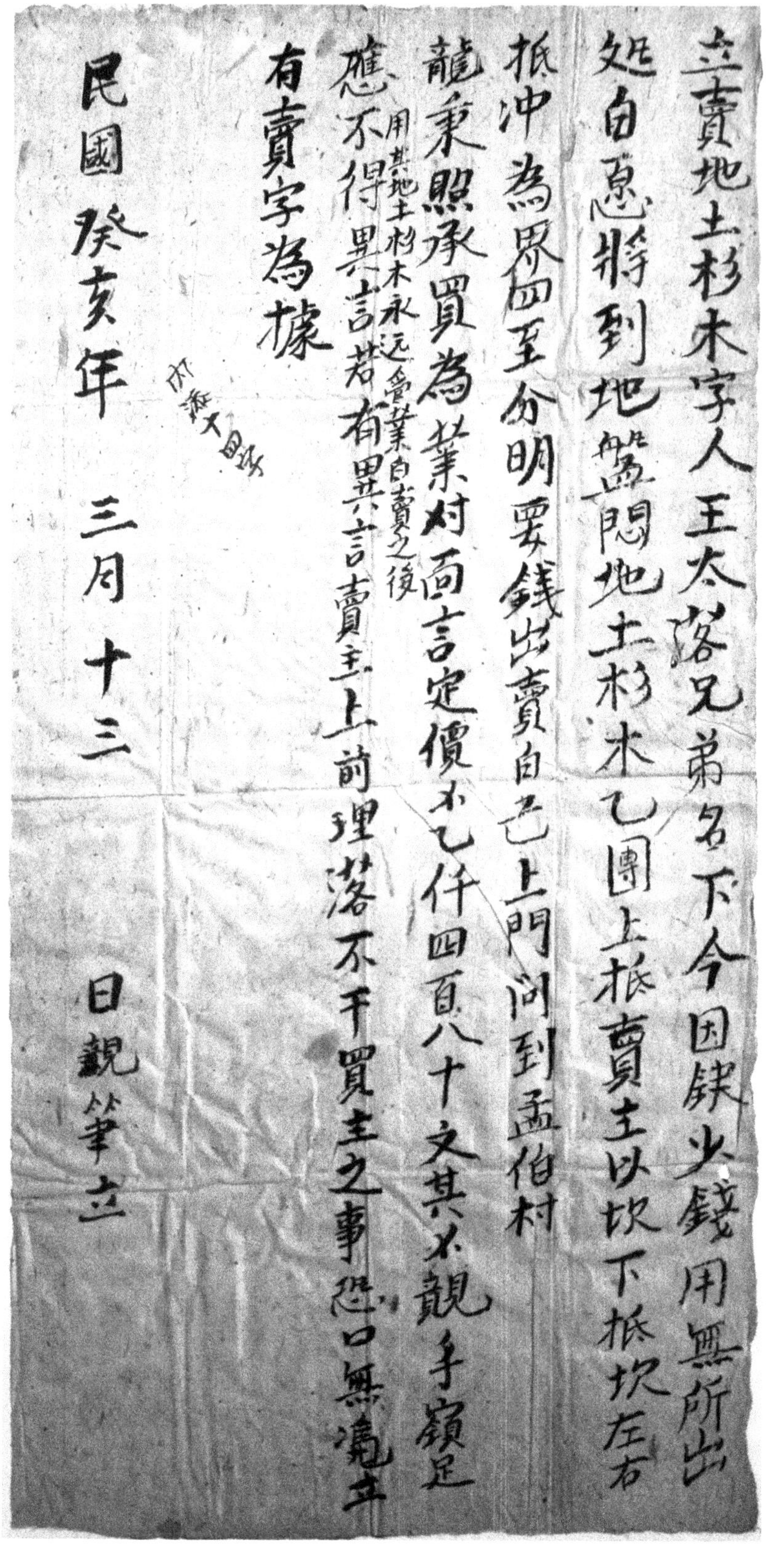

立賣地土杉木字人王太落兄弟名下今因缺少錢用無所出
処自悳將到地盤悶地土杉木乙團上抵賣主以坎下抵坎左右
抵冲為界四至分明要錢出賣自己上門問到孟伯村
龍秉照承買為業对面言定價不乙仟四百八十文其不親手領足
用其地土杉木永远管業自賣之後
恁不得異言若有異言賣主上前理落不干買主之事恐口無憑立
有賣字為據
内添十四字
民國癸亥年三月十三日親筆立

LZS089 民国十二年三月十三日王太落等卖地土杉木字*

一 立賣地土杉木字人王太落兄弟名下，今因缺少錢用，無所出

二 （処），自愿（將）到地盤閟地土杉木乙團，上抵賣主以坎，下抵坎，左右

三 抵冲為界，四至分明。要錢出賣，自己上門问到孟伯村

四 龍秉照承買為業。对面言定價（錢）乙仟四百八十文，其（錢）（親）手嶺足

五 用，其地土杉木永远（管）業。自賣之後，應不得異言。若有異言，賣主上前理落，不干買主之事。恐口無（凴），立

六 有賣字為據。

七 内（添）十四字

八 民國癸亥年 三月十三 日 親筆 立

* 此为王太落民国十二年（1923年）三月十三日卖地土杉木字据，原件现保藏于龙昭松家中，原色影像典藏于贵州师范学院『中国山地民族特色文献数据库』，编号为LZS089。原件内容共8列161字。

编号：LZS090（250mm×450mm）

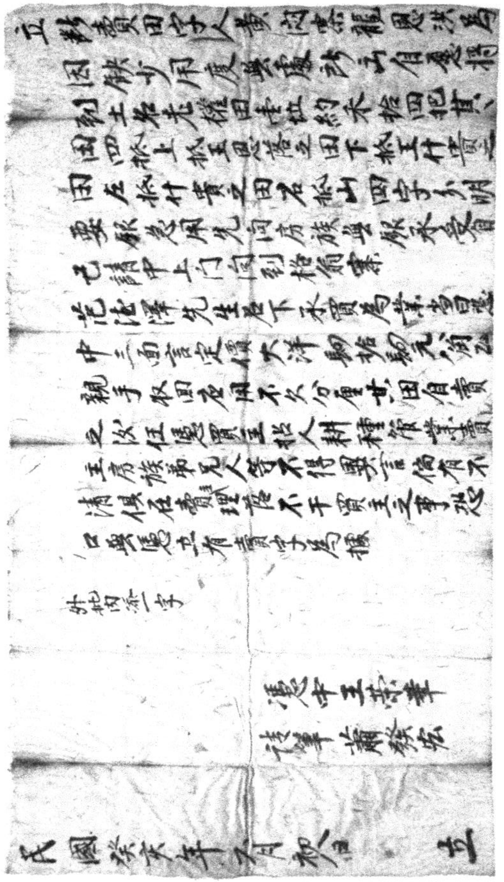
立断卖田字人黄闷寨龙恩洪为
因缺少用度无处出自愿将
到土名老檔田壹坵约禾拾四把其田
田四抵上抵王恩落之田下抵王什贵之
田左抵什贵之田右抵山四字分明
要银急用先问房族无银承受自
己请中上门问到格翁寨
范德泽先生名下承买为业当日凭
中三面言定价大洋肆拾肆元角正
亲手收回应用不欠分厘其田自卖
之后任凭买主招人耕种管业卖
主房族弟兄人等不得异言倘有不
清俱在卖主理落不干买主之事恐
口无凭立有卖字为据
外批内添一字
凭中 王荣华
请笔 萧发宏
民国癸亥年六月初八日 立

LZS090　民国十二年六月初八日龙恩洪卖田字*

一　立断賣田字人黃冏寨龍恩洪，為
二　因缺少用度，(無)處(所)(出)，自愿(將)
三　到土名老櫂田壹坵，約禾拾四把。其
四　田四抵上抵王恩落之田，下抵王什貴之
五　田，左抵什貴之田，右抵山，四字分明。
六　要銀急用，先问房族，(無)銀承受，自
七　己請中上门问到格翁寨
八　范德澤先生名下承買為業。当日憑
九　中三面言定價大洋肆拾肆元八角(整)，
十　親手(收)回应用，不欠分厘，其田自賣
十一　之(後)，任憑買主招人耕種管業，賣
十二　主房族弟兄人等不得異言。倘有不
十三　清，俱在賣主理落，不干買主之事。恐
十四　口(無)憑，立有賣字為據。
十五　外批内(添)一字
十六　　　　憑中　王荣華
十七　　　　請筆　蕭(發)宏
十八　民國癸亥年六月初八日　　　立

*此为龙恩洪民国十二年(1923年)六月初八日卖田字据，原件现保藏于龙昭松家中，原色影像典藏于贵州师范学院『中国山地民族特色文献数据库』，编号为LZS090。原件内容共18列211字。

编号：LZS091（470mm×540mm）

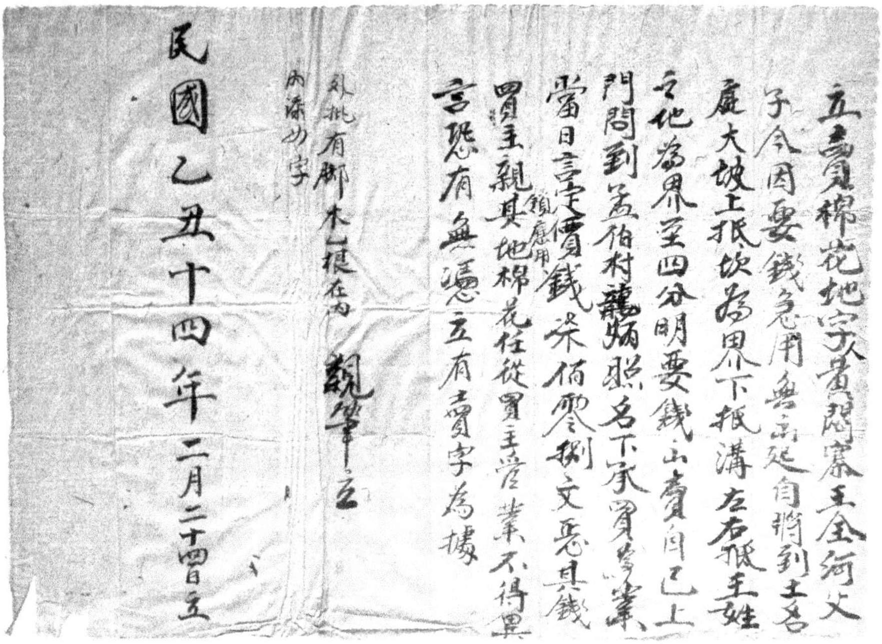
立賣棉花地字人黄悶寨王金河父
子今因要錢急用無出處自願到土名
處大坡上抵坎為界下抵溝左右抵王姓
之地為界至四分明要錢出賣自己上
門問到孟伯村龍炳照名下承買為業，
當日言定價錢柒佰零捌文其錢領應用
買主親其地棉花任從買主管業不得異
言恐有無憑立有賣字為據
外批有脚木一根在内
内添一字
親筆立
民國乙丑十四年二月二十四日立

LZS091　民国十四年二月二十四日王全河等卖棉花地字*

一　立賣棉花地字人黃闆寨王全河父

二　子，今因要錢急用，(無)(出)(処)，自將到土名

三　庭大坡，上抵坎為界，下抵溝，左右抵王姓

四　之地為界，至四分明。要錢(出)賣，自己上

五　門問到孟伯村龍炳照名下承買為業。

六　當日言定價錢柒佰零捌文(整)，其錢

七　買主親領應用，其地棉花任從買主(管)業，不得異

八　言。恐有(無)憑，立有賣字為據。

九　外批有脚木乙根在內　親筆　立

十　內(添)(四)字

十一　民國乙丑十四年二月二十四日　立

*此为王全河父子民国十四年(1925年)二月二十四日卖棉花地字据，原件现保藏于龙昭松家中，原色影像典藏于贵州师范学院『中国山地民族特色文献数据库』，编号为LZS091。原件内容共11列150字。原件中有一个缺孔。

编号：LZS092（300mm×460mm）

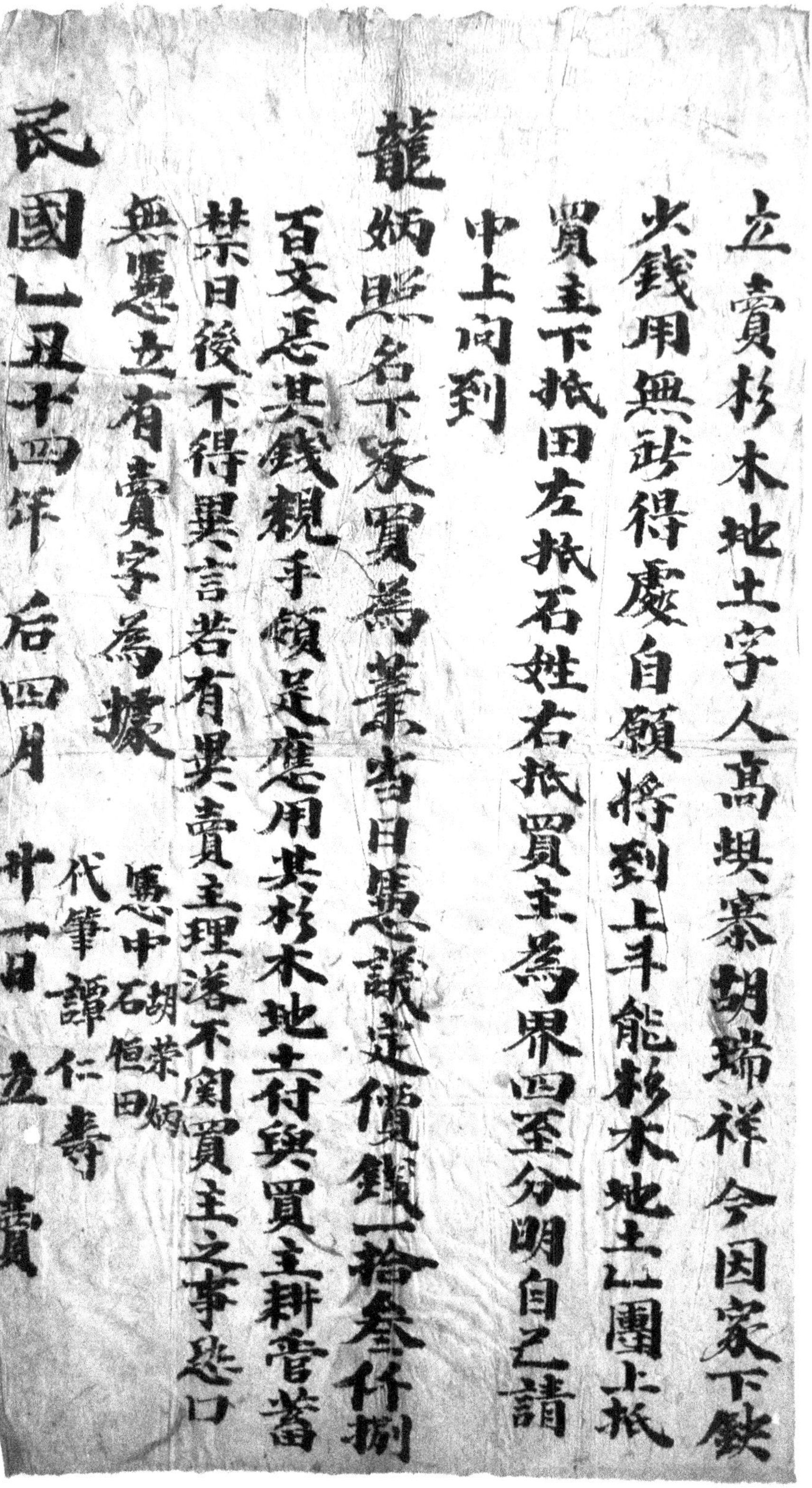
立賣杉木地土字人高埂寨胡瑞祥今因家下缺
少錢用無出得處自願將到土名能杉木地土乙團上抵
買主下抵田左抵石姓右抵買主為界四至分明自己請
中上门到
龍炳興名下承買為業當日憑中議定價錢一拾叁仟捌
百文恳其錢親手領足應用其杉木地土付與買主耕管蓄
禁日後不得異言若有異賣主理落不関買主之事恐口
無憑立有賣字為據
憑中 胡榮炳 石恒田
代筆 譚仁壽
民國乙丑十四年 后四月 廿一日 立賣

LZS092　民国十四年后四月二十一日胡瑞祥卖杉木地土字*

一　立賣杉木地土字人高堨寨胡瑞祥，今因家下缺

二　少錢用，無(所)得處，自願(將)到上斗能杉木地土乙團，上抵

三　買主，下抵田，左抵石姓，右抵買主為界，四至分明。自己請

四　中上问到

五　龍炳照名下承買為業，当日憑議定價錢一拾叁仟捌

六　百文(整)，其錢親手領足應用，其杉木地土付與買主耕(管)蓄

七　禁，日後不得異言。若有異，賣主理落，不(関)買主之事。恐口

八　無憑，立有賣字為據。

九　　　　　　　　　　　　　憑中　胡荣炳

　　　　　　　　　　　　　　　　　石恒田

十　　　　　　　　　　　　　代筆　譚仁壽

十一　民國乙丑十四年后四月廿一日　立賣

---

*此为胡瑞祥民国十四年(1925年)后四月二十一日卖杉木地土字据，原件现保藏于龙昭松家中，原色影像典藏于贵州师范学院『中国山地民族特色文献数据库』，编号为LZS092。原件内容共11列168字。原件有三个缺孔，并有轻微水渍。

编号：LZS093（380mm×500mm）

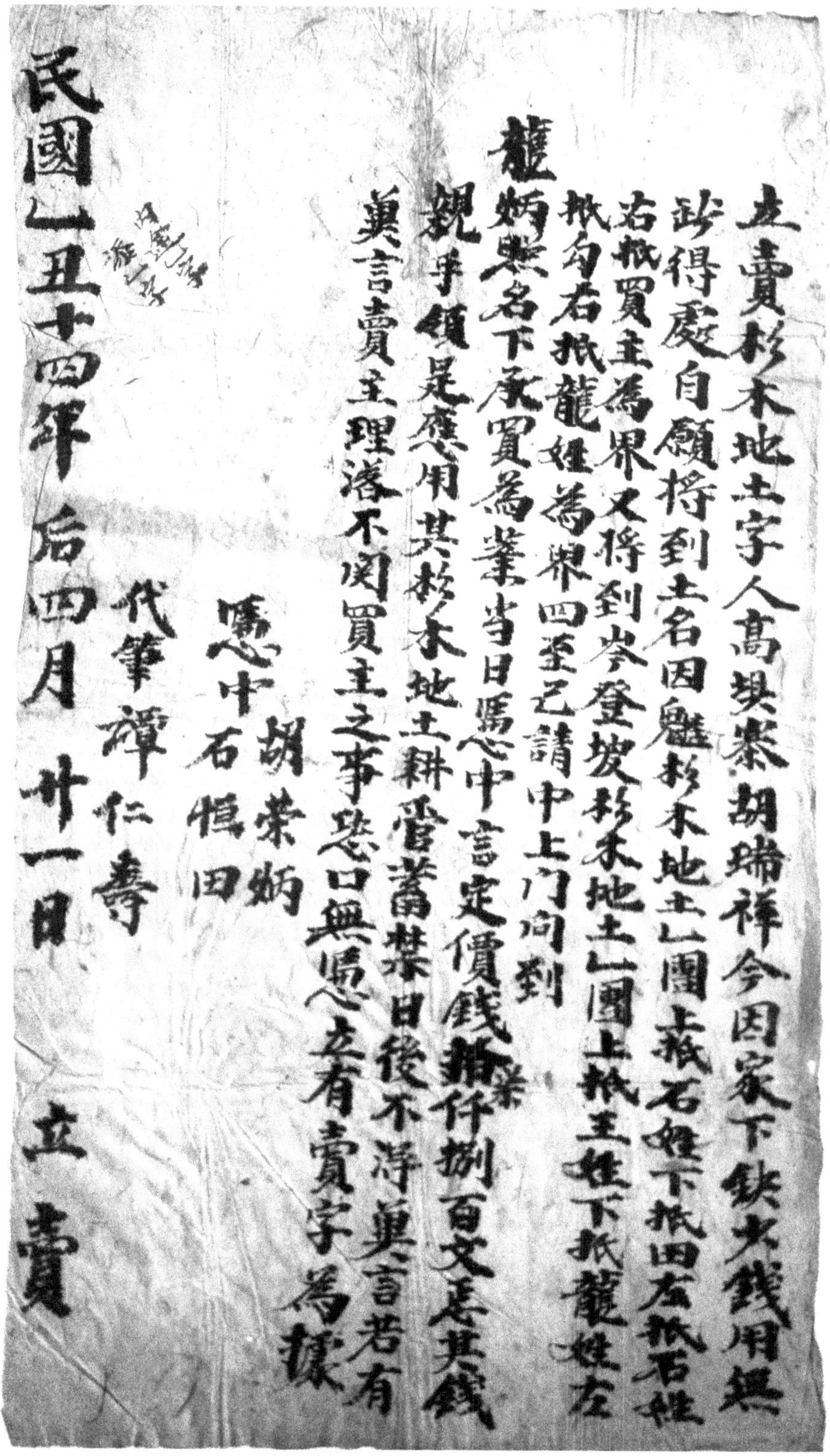

立賣杉木地土字人高坝寨胡瑞祥今因家下缺少錢用無
路得處自願将到土名因鮏杉木地土山團上抵石姓下抵田左抵石姓
右抵買主爲界又將到岑登坡杉木地土山團上抵王姓下抵龍姓左
抵白右抵龍姓爲界四至已請中上门问到
龍炳興名下承買爲業當日憑中言定價錢捌仟捌百文正其錢
親手領足應用其杉木地土耕管蓄禁日後不得異言若有
異言賣主理落不関買主之事恐口無憑立有賣字爲據

憑中 胡榮炳
石恒田

代筆 禪仁壽

内塗乙字
添乙字

民國乙丑十四年后四月廿一日 立賣

LZS093　民国十四年后四月二十一日胡瑞祥卖杉木地土字*

一　立賣杉木地土字人高埧寨胡瑞祥，今因家下缺少錢用，無

二　(所)得處，自願(將)到土名因(魁)杉木地土乙團，上抵石姓，下抵田，左抵石姓，

三　右抵買主為界。又(將)到岑登坡杉木地土乙團，上抵王姓，下抵龍姓，左

四　抵勾，右抵龍姓為界，四至。已請中上门问到

五　龍炳照名下承買為業，当日憑中言定價錢■(柒)仟捌百文(整)，其錢

六　親手領足應用，其杉木地土耕(管)蓄禁，日後不得異言。若有

七　異言，賣主理落，不(関)買主之事。恐口無憑，立有賣字為據。

八　　　　憑中　胡荣炳

　　　　　　　　石恒田

九　内途乙字

　　添乙字　代筆　譚仁壽

十　民國乙丑十四年后四月廿一日　立賣

*此为胡瑞祥民国十四年(1925年)后四月二十一日卖杉木地土字据，原件现保藏于龙昭松家中，原色影像典藏于贵州师范学院『中国山地民族特色文献数据库』，编号为LZS093。原件内容共10列201字。

编号：LZS094（400mm×490mm）

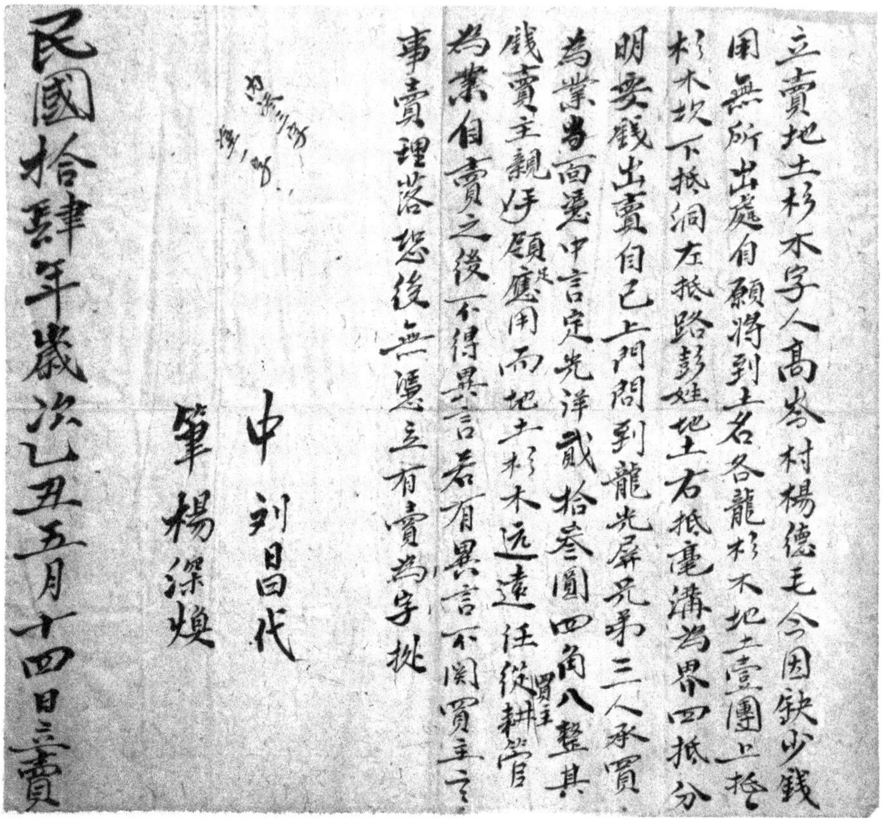

立賣地土杉木字人高岑村楊德毛今因缺少錢
用無所出處自願將到土名各龍杉木地土壹團上抵
杉木坎下抵洞左抵路彭姓地土右抵毫溝為界四抵分
明要錢出賣自己上門問到龍光屏兄弟三人承買
為業當面憑中言定光洋貳拾叁圓四角八整其
錢賣主親手領足應用而地土杉木远遠任從買主耕管
為業自賣之後不得異言若有異言不關買主之
事賣理落恐後無憑立有賣為字據

内添三字 塗一字

中 刘昌代
筆 楊深煥

民國拾肆年歲次乙丑五月十四日立賣

LZS094　民国十四年五月十四日杨德毛卖地土杉木字*

一　立賣地土杉木字人高岑村楊德毛，今因缺少錢

二　用，無所出處，自願（将）到土名各龍杉木地土壹團，上抵

三　杉木坎，下抵洞，左抵路彭姓地土，右抵毫溝為界，四抵分

四　明。要錢出賣，自己上門問到龍光屏兄弟三人承買

五　為業。当面憑中言定光洋（貳）拾叁圓四角八整，其

六　錢賣主親手領足應用，而地土杉木远遠任買主從耕管

七　為業。自賣之後，不得異言。若有異言，不（関）買主之

八　事，賣理落。恐後無憑，立有賣為字（拠）。

九　内（添）三字　　　　　中　刘昌代

十　塗一字　　　　　　　筆　楊深（焕）

十一　民國拾肆年（歲）次乙丑五月十四日　立賣

* 此为杨德毛民国十四年（1925年）五月十四日卖地土杉木字据，原件现保藏于龙昭松家中，原色影像典藏于贵州师范学院『中国山地民族特色文献数据库』，编号为LZS094。原件内容共11列187字。

编号：LZS0095（380mm×500mm）

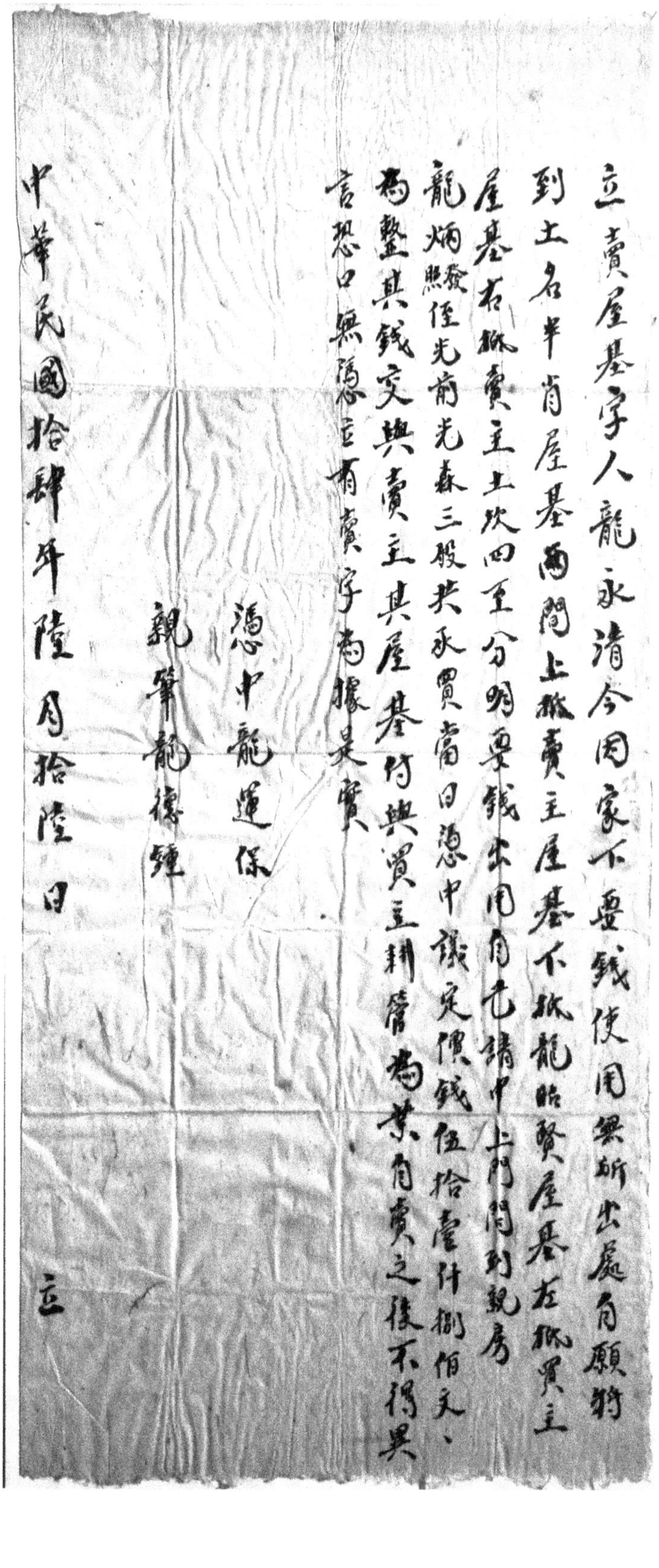
立賣屋基字人龍永清今因家下要錢使用無所出處自願將
到土名半肖屋基兩間上抵賣主屋基下抵龍昭賢屋基左抵買主
屋基右抵賣主土坎四至分明要錢出用自己請中上門問到親房
龍炳熙發侄先前光森三股共承買當日憑中議定價錢伍拾壹仟捌佰文、
爲整其錢交與賣主其屋基付與買主耕管爲業自賣之後不得異
言恐口無憑立有賣字爲據是實
憑中 龍運保
親筆 龍德鐘
中華民國拾肆年陸月拾陸日 立

LZS095　民国十四年六月十六日龙永清卖屋基字*

一　立賣屋基字人龍永清，今因家下要錢使用，無所出處，自願(將)

二　到土名半肖屋基兩間，上抵賣主屋基，下抵龍昭賢屋基，左抵買主

三　屋基，右抵賣主土坎，四至分明。要錢出用，自己請中上門問到親房

四　龍炳發、照、侄光前、光森三股共承買。當日(憑)中議定價錢伍拾壹仟捌佰文

五　為整，其錢交與賣主，其屋基付與買主耕管為業。自賣之後，不得異

六　言。恐口無(憑)，立有賣字為據是實。

七　　　　(憑)中　龍運保

八　　　　親筆　龍德鐘

九　中華民國拾肆年陸月拾陸日　　　立

* 此为龙永清民国十四年(1925年)六月十六日卖屋基字据，原件现保藏于龙昭松家中，原色影像典藏于贵州师范学院『中国山地民族特色文献数据库』，编号为LZS095。原件内容共9列166字。

编号：LZS0096（340mm×220mm）

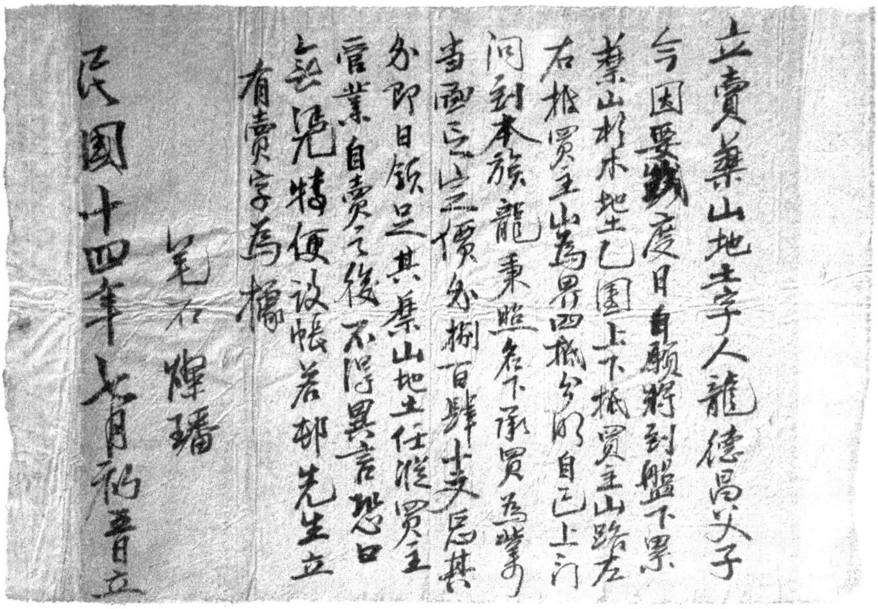
立賣𣏾山地土字人龍德昌父子
今因要錢度日自願將到盤下果
𣏾山杉木地土乙團上下抵買主山路左
右抵買主山為界四抵分明自己上门
问到本族龍秉照名下承買為業
當面言定山之價分捌百肆十文忌其
分即日領足其𣏾山地土任從買主
管業自賣之後不得異言恐口
無憑特便設帳若郁先生立
有賣字為據
筆 石煇璠
民國廿四年七月初三日立

LZS096　民国十四年七月初五日龙德昌等卖禁山地土字*

一　立賣（禁）山地土字人龍德昌父子，

二　今因要錢度日，自願將到盤下累

三　（禁）山杉木地土乙團，上下抵買主山路，左

四　右抵買主山為界，四抵分明。自己上门

五　问到本族龍秉照名下承買為業，

六　当面言定價（錢）捌百肆十文（整），其

七　（錢）即日領足，其（禁）山地土任（從）買主

八　（管）業。自賣之後，不得異言。恐口

九　（無）（凴），特便设帳若邨先生立

十　有賣字為據。

十一　　　　　筆　石燦璠

十二　民國十四年七月初五日　立

*此为龙德昌父子民国十四年（1925年）七月初五日卖禁山地土字据，原件现保藏于龙昭松家中，原色影像典藏于贵州师范学院『中国山地民族特色文献数据库』，编号为LZS096。原件内容共12列140字。

编号：LZS097（430mm×380mm）

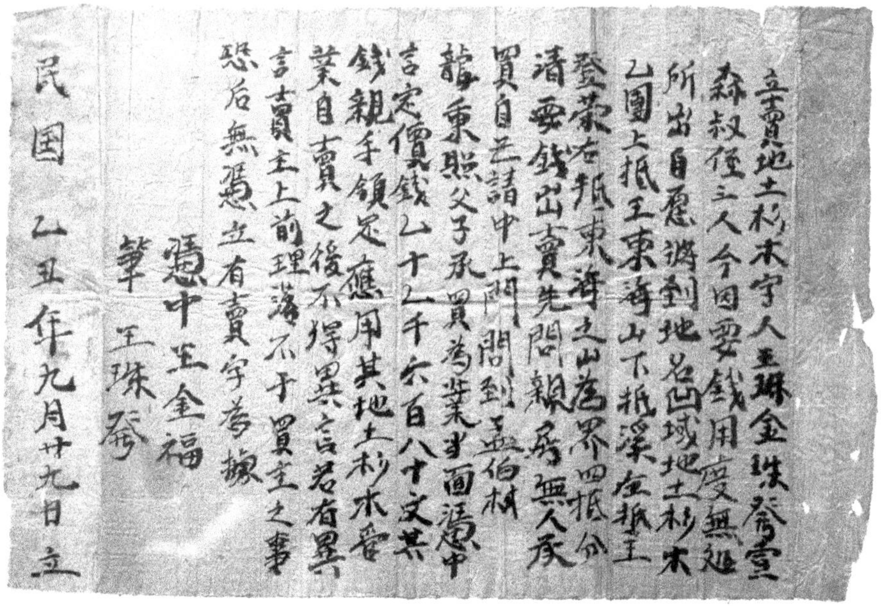
立賣地土杉木字人王琳金珠參壹
森叔侄三人今因要錢用度無延
所出自愿將到地名凸域地土杉木
乙團上抵王東海山下抵溪左抵王
登蒙右抵東海之山為界四抵分
清要錢出賣先問親房無人承
買自己請中上門問到王伯村
龍秉照父子承買為業当面憑中
言定價錢乙十乙千六百八十文其
錢親手領足應用其地土杉木管
業自賣之後不得異言若有異
言賣主上前理落不干買主之事
恐后無憑立有賣字為據
憑中王金福
筆 王珠發
民国乙丑年九月廿九日立

LZS097　民国十四年九月二十九日王珠金等卖地土杉木字*

一　立賣地土杉木字人王珠金、珠（發）、壹
二　森叔侄三人，今因要錢用度，無処
三　所出，自愿將到地名凹域地土杉木
四　乙團，上抵王東海山，下抵溪，左抵王
五　登荣，右抵東海之山為界，四抵分
六　清。要錢出賣，先問親房，無人承
七　買，自己請中上門問到孟伯村
八　龍秉照父子承買為業。当面（憑）中
九　言定價錢乙十乙千六百八十文，其
十　錢親手領足應用，其地土杉木（管）
十一　業。自賣之後，不得異言。若有異
十二　言，賣主上前理落，不干買主之事。
十三　恐后無憑，立有賣字為據。
十四　　　　憑中　王金福
十五　　　　筆　王珠（發）
十六　民国乙丑年九月廿九日　立

*此为王珠金、王珠发、王壹森叔侄三人民国十四年（1925年）九月二十九日卖地土杉木字据，原件现保藏于龙昭松家中，原色影像典藏于贵州师范学院『中国山地民族特色文献数据库』，编号为LZS097。原件内容共16列187字。原件右下角有多处缺孔。

编号：LZS098（240mm×180mm）

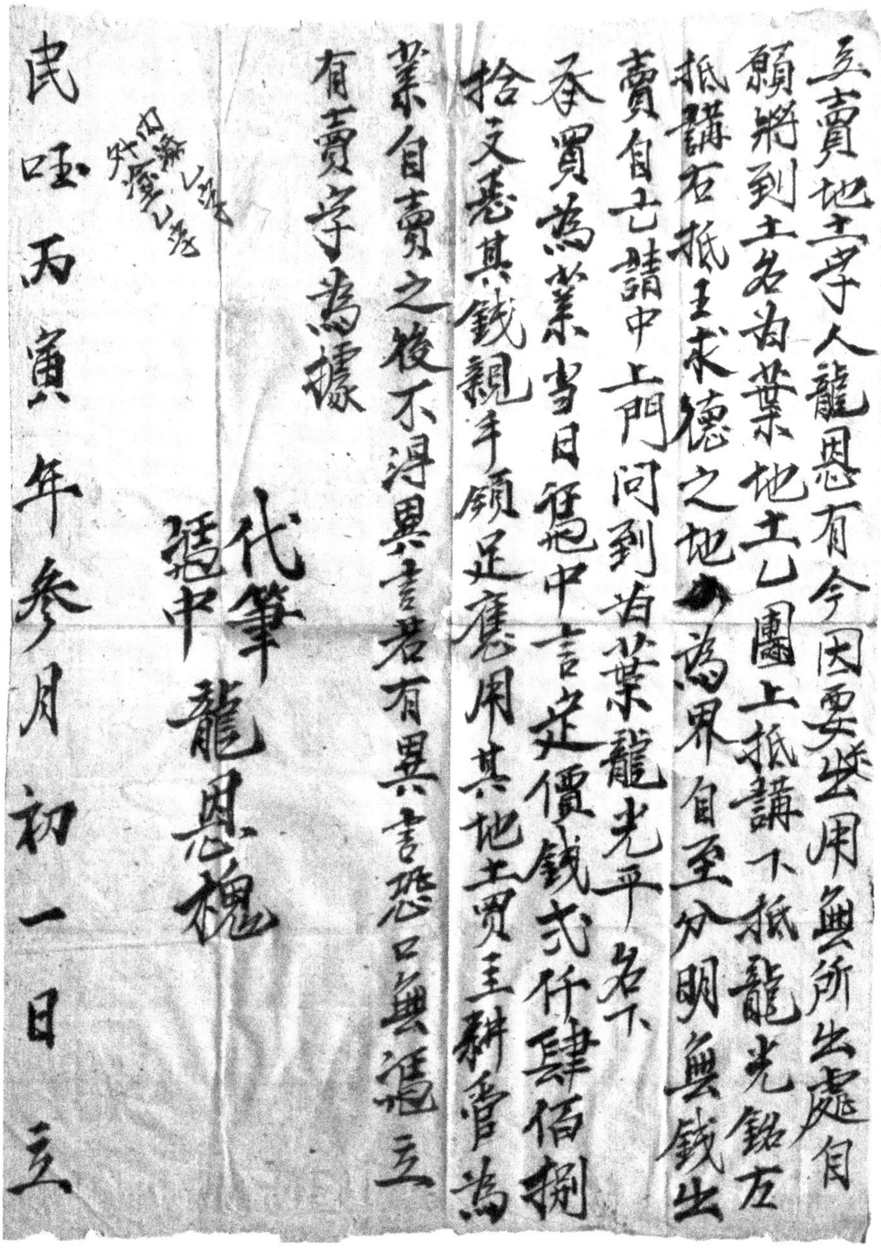
立賣地土字人龍恩有今因要出用無所出處自
願將到土名白葉地土乙團上抵講下抵龍光銘左
抵講右抵王求德之地為界自至分明無錢出
賣自己請中上門問到白葉龍光平名下
承買為業當日憑中言定價錢式仟肆佰捌
拾文悉其錢親手領足應用其地土賣主耕管為
業自賣之後不得異言若有異言恐口無憑立
有賣字為據
內添乙字 外塗乙字
代筆
憑中 龍恩槐
民國丙寅年叁月初一日立

LZS098　民国十五年三月初一日龙恩有卖地土字*

一　立賣地土字人龍恩有，今因要出用（錢）（無）所出處，自

二　願將到土名归葉地土乙團，上抵講，下抵龍光銘，左

三　抵講，右抵王求德之地■為界，自至分明。（無）錢出

四　賣，自己請中上門问到归葉龍光平名下

五　承買為業。当日（凴）中言定價錢（弍）仟肆佰捌

六　拾文（整），其錢親手領足應用，其地土買主耕（管）為

七　業。自賣之後，不淂異言。若有異言，恐口（無）（凴），立

八　有賣字為據。

九　内（添）乙字　　　　代筆 龍恩槐

十　外塗乙字　　　　（凴）中

十一　民（國）丙寅年參月初一日　立

---

*此为龙恩有民国十五年（1926年）三月初一日卖地土字据，原件现保藏于龙昭松家中，原色影像典藏于贵州师范学院『中国山地民族特色文献数据库』，编号为LZS098。原件内容共11列159字。

编号：LZS099（300mm×460mm）

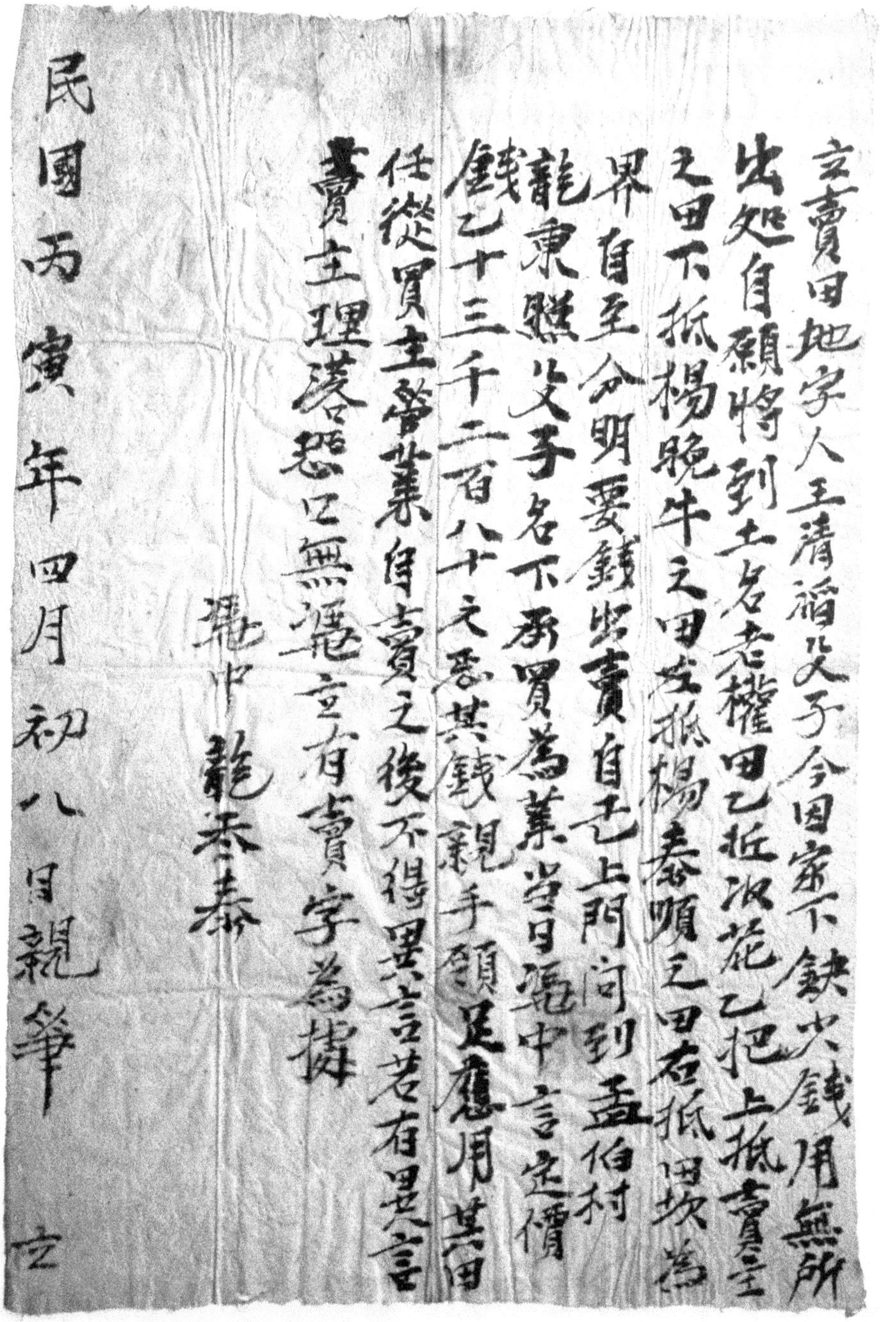
立賣田地字人王清福父子今因家下缺少錢用無所
出処自願將到土名老權田乙坵汉花乙把上抵賣主
之田下抵楊晩牛之田左抵楊泰順之田右抵田坎為
界自至分明要錢出賣自己上門問到孟伯村
龍東臨父子名下承買為業當日憑中言定價
錢乙十三千二百八十文正其錢親手領足應用其田
任從買主管業自賣之後不得異言若有異言
賣主理落恐口無憑立有賣字為據
憑中 龍秀泰
民國丙寅年四月初八日親筆 立

LZS099　民国十五年四月初八日王清滔等卖田地字*

一　立賣田地字人王清滔父子，今因家下鈌少錢用，無所

二　出(処)，自願將到土名老權田乙扸，(收)花乙把，上抵賣主

三　之田，下抵楊晚牛之田，左抵楊泰順之田，右抵田坎為

四　界，自至分明。要錢出賣，自己上門问到孟伯村

五　龍秉照父子名下承買為業。当日(凴)中言定價

六　錢乙十三千二百八十文(整)，其錢親手領足應用，其田

七　任(從)買主管業。自賣之後，不得異言。若有異言，

八　賣主理落。恐口無(凴)，立有賣字為(據)。

九　　　　(凴)中　龍(喬)泰

十　民國丙寅年四月初八日親筆　立

* 此为王清滔父子民国十五年(1926年)四月初八日卖田地字据，原件现保藏于龙昭松家中，原色影像典藏于贵州师范学院『中国山地民族特色文献数据库』，编号为LZS099。原件内容共10列170字。原件左上角有一个缺孔。

编号：LZS100（420mm×530mm）

立賣地土字人王秉恩仁父子今因鈌少钱用無所出處廷自願
將到土名為檗坡上抵王開熙、彥德、庚昌之地下抵王慶烈之地左抵王庚昌
王榮發之地右抵龍姓為界四至分明要钱出賣自己上門問到
下歌村王見文名下承買為業當日對面議定價錢弍千柒百八十
文其钱親領足入手應用其買主耕管為業自賣之後不
不得異言若有異言俱在賣主向前理落不干買主之事恐口
無憑立有賣存照
外添三字
民國十五年歲次丙寅四月初九日親筆立

LZS100 民国十五年四月初九日王秉仁等卖地土字*

一 立賣地土字人王秉仁恩父子，今因缺少錢用，(無)所出處，自願

二 將到土名归葉坡，上抵王彥德開照庚昌之地，下抵(王)慶烈之地，左抵王庚昌、

三 王荣發之地，右抵龍姓為界，四至分明。要錢出賣，自己上門問到

四 下歌村王見文名下承買為業。當日對面議定價■錢弍千七百八十

五 文(整)，其錢親領足，入手應用，其買主耕(管)為業。自賣之後，不

六 不淂異言。若有異言，俱在賣主向前理落，不干買主之事。恐口

七 無憑，立有賣存照。

八 內(添)三字

九 民國十五年(歲)次丙寅四月初九日親筆 立

* 此为王秉仁、王秉恩民国十五年(1926年)四月初九日卖地土字据，原件现保藏于龙昭松家中，原色影像典藏于贵州师范学院『中国山地民族特色文献数据库』，编号为LZS100。原件内容共9列180字。原件有多处虫蚀缺孔。

编号：LZS101（300mm×440mm）

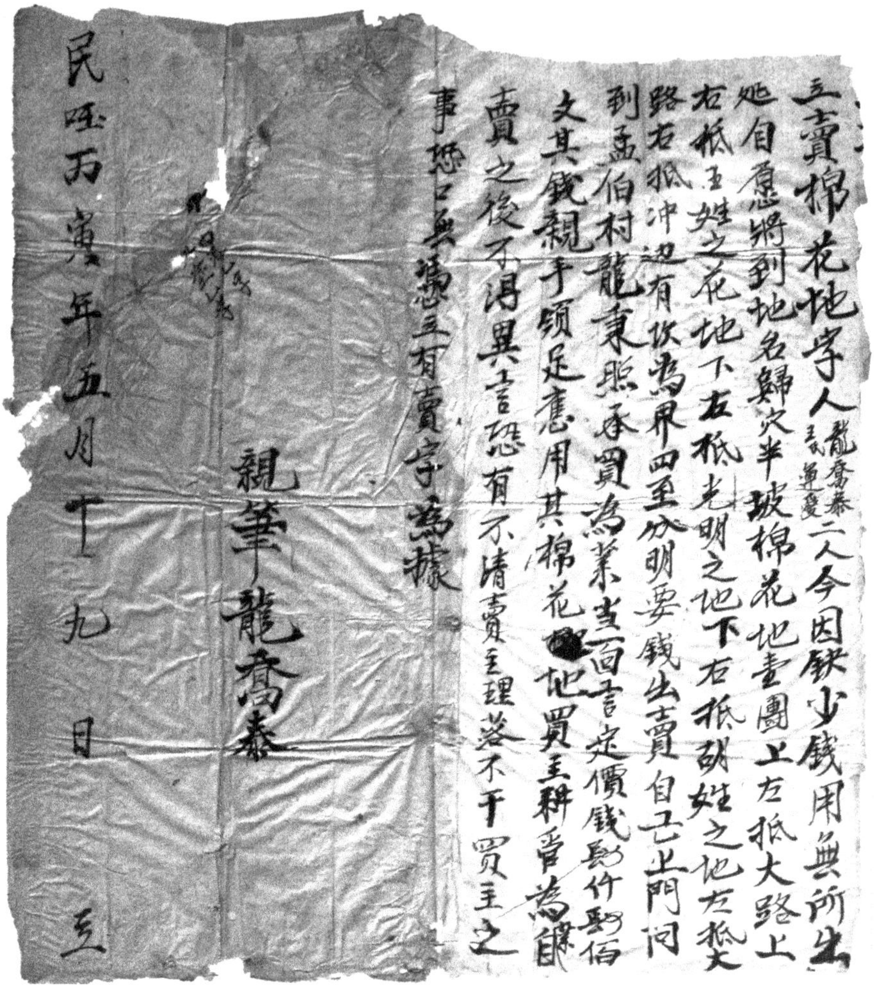

立賣棉花地字人龍喬泰 龍单慶二人今因缺少钱用無所出
処自愿將到地名歸穴半坡棉花地壹團上左抵大路上
右抵王姓之花地下左抵光明之地下右抵硔姓之地左抵大
路右抵冲边有坎為界四至分明要钱出賣自己上門问
到孟伯村龍秉照承買為業当面言定價钱贰仟贰佰
文其钱親手領足應用其棉花地買主耕管為業
賣之後不得異言恐有不清賣主理落不干買主之
事恐口無憑立有賣字為據
親筆 龍喬泰
民國丙寅年五月十九日 立

LZS101　民国十五年五月十九日龙乔泰卖棉花地字*

一　立賣棉花地字人龍喬泰、王氏運爱二人，今因缺少錢用，(無)所出

二　(处)，自愿將到地名(歸)穴半坡棉花地壹團，上左抵大路，上

三　右抵王姓之花地，下左抵光明之地，下右抵胡姓之地，左抵大

四　路，右抵冲边有坎為界，四至分明。要錢出賣，自己上門问

五　到孟伯村龍秉照承買為業。当面言定價錢肆仟肆佰

六　文，其錢親手領足應用，其棉花■地買主耕(管)為業。自

七　賣之後，不得異言。恐有不清，賣主理落，不干買主之

八　事。恐口(無)憑，立有賣字為據。

九　　　　親筆　龍喬泰

十　　　內(添)乙字

十一　　外涂乙字

十二　民(國)丙寅年五月十九日　　　立

* 此为龙乔泰、王氏运爱二人民国十五年(1926年)五月十九日卖棉花地字据，原件现保藏于龙昭松家中，原色影像典藏于贵州师范学院『中国山地民族特色文献数据库』，编号为LZS101。原件内容共12列189字。原件左上有两处缺孔。

编号：LZS102（330mm×470mm）

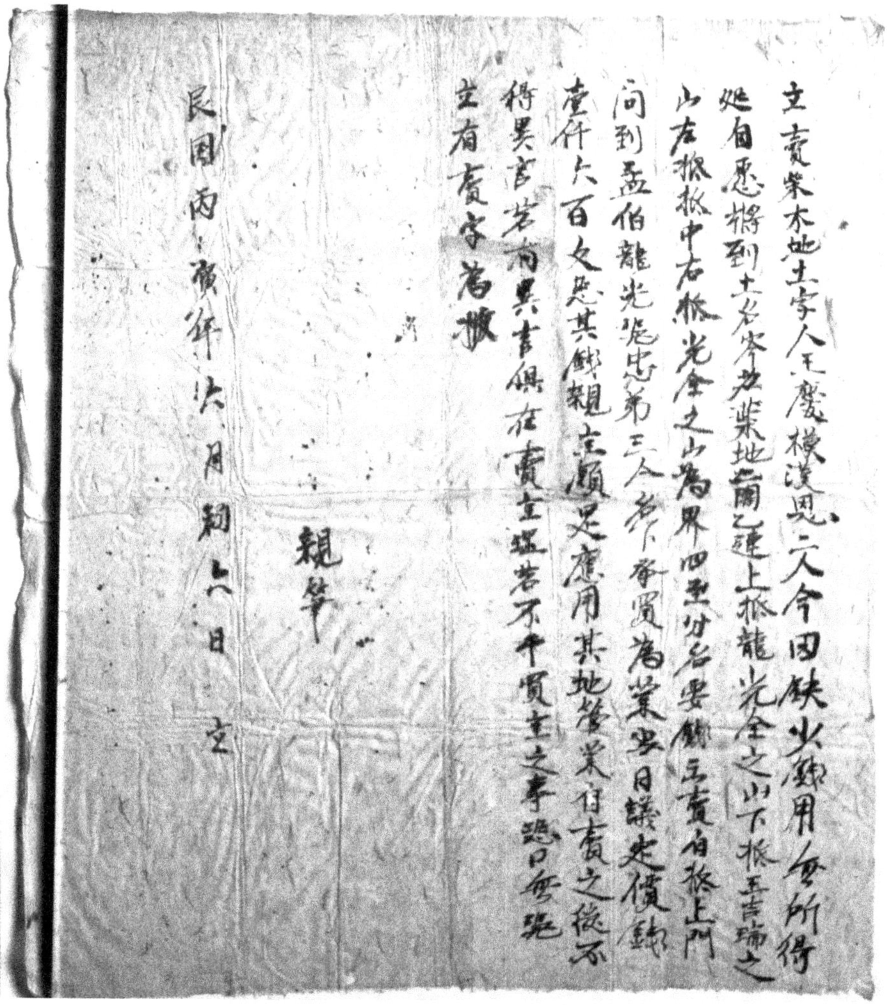

立賣柴木地土字人王慶模、漢恩二人今因缺少錢用無所得
處自愿將到土名岑老業地爾乙蓮上抵龍光全之山下抵王吉瑞之
山左抵抵中右抵光全之山為界四至分明要錢出賣自抵上門
問到孟伯龍光光忠弟三人名下承買為業當日議定價錢
壹仟六百文整其錢親手領足應用其地管業有賣之後不
得異言若有異言俱在賣主理落不干買主之事恐口無憑
立有賣字為據

親筆

民國丙寅年六月初六日　立

LZS102　民国十五年六月初六日王庆模等卖柴木地土字*

一　立賣柴木地土字人王慶模、漢恩二人，今因鈌少錢用，(無)所得

二　(処)，自愿將到土名岑归葉地二團乙連，上抵龍光全之山，下抵王吉瑞之

三　山，左抵抵中，右抵光全之山為界，四至分名。要錢(出)賣，自抵上門

四　问到孟伯龍光(凴)忠弟三人名下承買為業。当日議定價錢

五　壹仟六百文(整)，其錢親主領足應用，其地管業。自賣之後，不

六　得異言。若有異言，俱在賣主理若，不干買主之事。恐口(無)(凴)，

七　立有賣字為據。

八　　　　　　親筆

九　民国丙寅年六月初六日　　　立

*此为王庆模、王汉恩民国十五年(1926年)六月初六日卖柴木地土字据，原件现保藏于龙昭松家中，原色影像典藏于贵州师范学院『中国山地民族特色文献数据库』，编号为LZS102。原件内容共9列165字。

编号：LZS103（340mm×470mm）

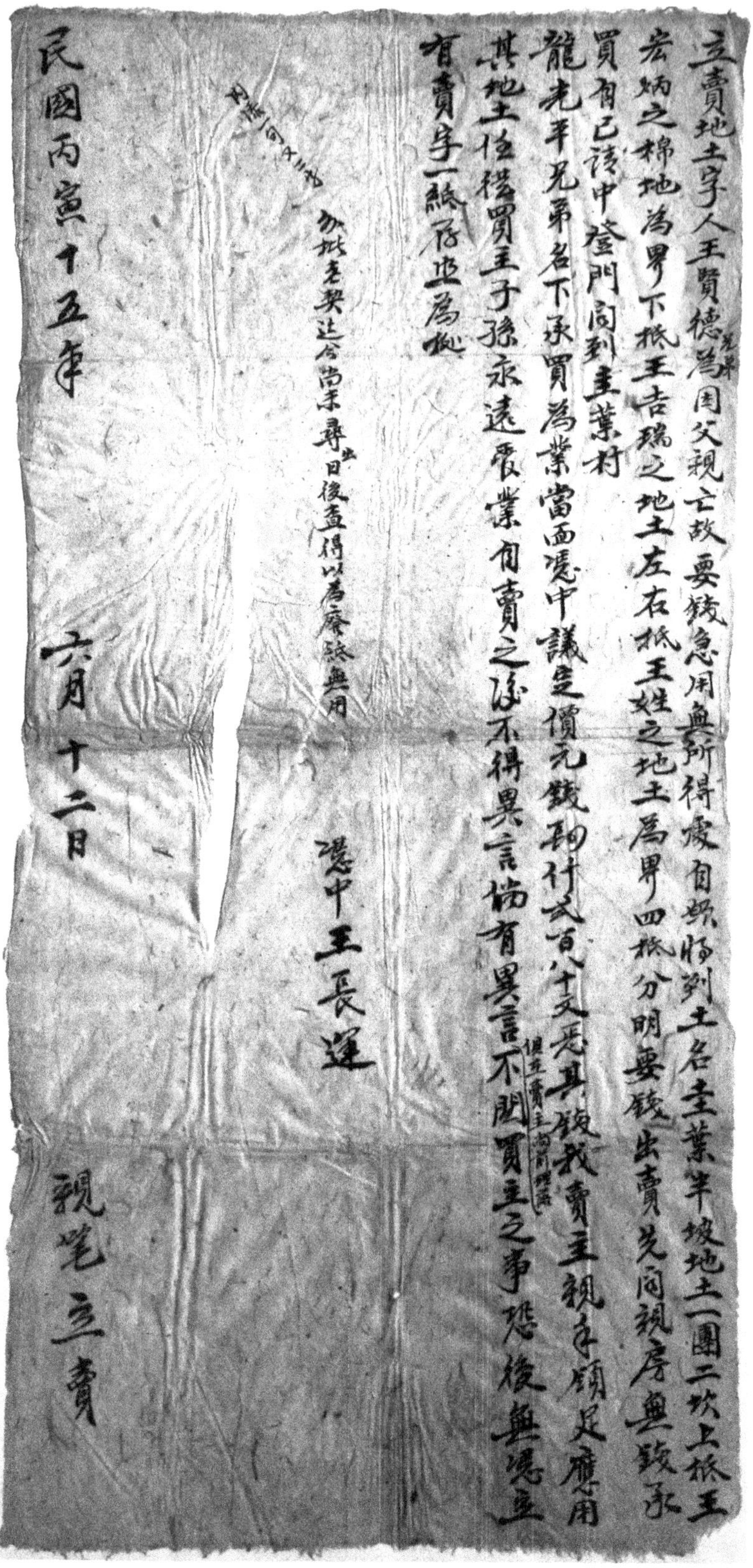

立賣地土字人王賢德爲因父親亡故要錢急用無所得處自願將到土名圭葉半坡地土一團二坎上抵王宏炳之棉地爲界下抵王吉瑞之地土左右抵王姓之地土爲界四抵分明要錢出賣先問親房無錢承買自己請中登門問到圭葉村龍光平兄弟名下承買爲業當面憑中議定價元錢貳仟貳百八十文足其錢我賣主親手領足應用其地土任從買主子孫永遠管業自賣之後不得異言倘有異言不關買主之事恐後無憑立有賣字一紙存照爲據

外批老契迭今尚未尋出日後查得以爲廢紙無用

憑中 王長運

民國丙寅十五年六月十二日 親筆 立賣

LZS103　民国十五年六月十二日王贤德等卖地土字*

一　立賣地土字人王賢德兄弟，為因父親亡故，要錢急用，(無)所得處，自願(將)到土名圭葉半坡地土一團二坎，上抵王

二　宏炳之棉地為界，下抵王吉瑞之地土，左右抵王姓之地土為界，四抵分明。要錢出賣，先问親房，(無)錢承

三　買，自己請中登門问到圭葉村

四　龍光平兄弟名下承買為業。當面憑中議定價元錢肆仟弍百八十文(整)，其錢我賣主親手領足應用，

五　其地土任從買主子孫永遠(管)業。自賣之後，不得異言。倘有異言，俱在賣主尚前理落，不関買主之事。恐後(無)憑，立

六　有賣字一紙存照為拠。

七　内(添)一句又二字　外批　老契迄今尚未尋出，日後查得以為廢(纸)無用　憑中　王长運

八　民國丙寅十五年六月十二日　親筆立賣

＊此为王贤德兄弟民国十五年(1926年)六月十二日卖地土字据，原件现保藏于龙昭松家中，原色影像典藏于贵州师范学院『中国山地民族特色文献数据库』，编号为LZS103。原件内容共8列236字。原件左侧有一处撕裂缺孔。

编号：LZS104（330mm×480mm）

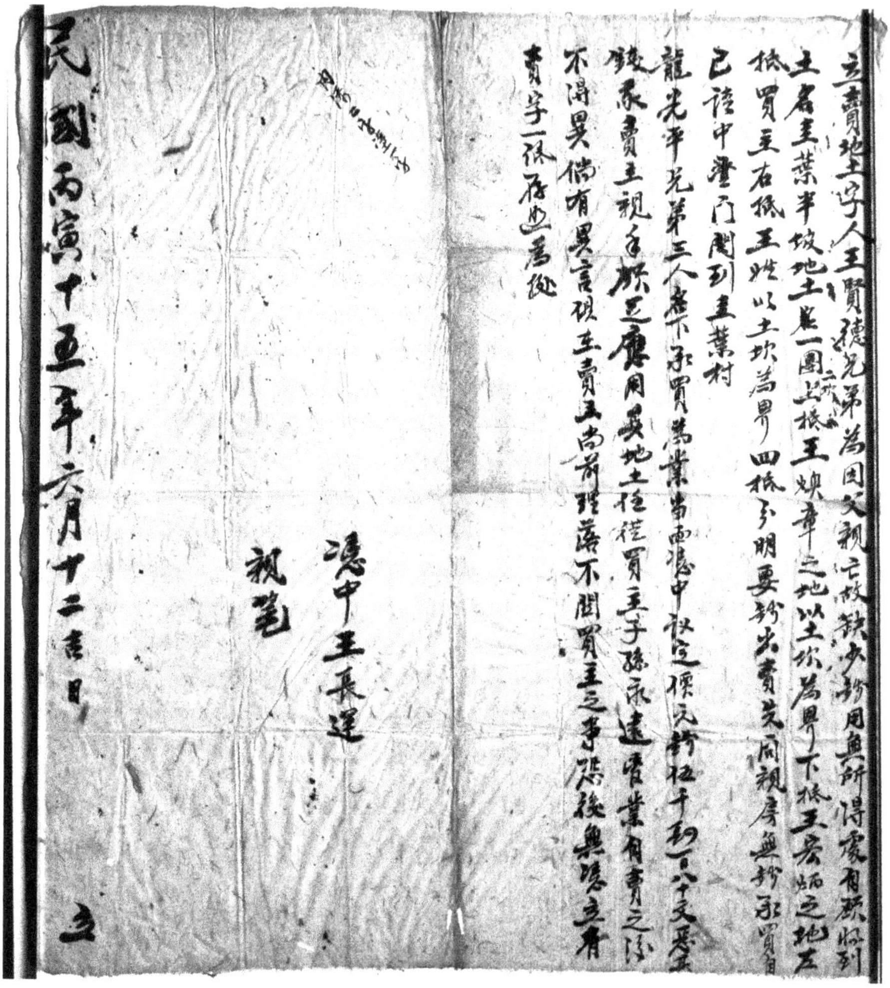
立賣地土字人王賢德兄弟為因父親亡故缺少錢用無所得處自願將到
土名圭葉半坡地土一團上抵王焕章之地以土坎為界下抵王岩岷之地左
抵買主右抵王姓以土坎為界四抵分明要錢出賣先問親房無錢承買自
己請中登門問到圭葉村
龍光平兄弟三人名下承買為業當面憑中議定價元錢柒千貳百八十文其
錢承賣主親手領足應用其地土任從買主子孫永遠管業自賣之後
不得異備有異言恨在賣主尚前理落不關買主之事恐後無憑立有
賣字一張存照為據
憑中 王長運
親筆
民國丙寅十五年六月十二吉日 立

LZS104 民国十五年六月十二日王贤德等卖地土字*

一 立賣地土字人王賢德兄弟，為因父親亡故，鈌少（錢）用，（無）所得處，自願（將）到

二 土名圭葉半坡地土■一團，二坎 上抵王焕章之地以土坎為界，下抵王宏炳之地，左

三 抵買主，右抵王姓以土坎為界，四抵分明。要（錢）出賣，先问親房，（無）（钱）承買，自

四 己请中登门問到圭葉村

五 龍光平兄弟三人名下承買為業。当面憑中议定價元（錢）伍千肆百八十文（整），其

六 钱（承）賣主親手領足應用，其地土任（從）買主子孫永遠（管）業。自賣之後，

七 不得異。倘有異言，俱在賣主尚前理落，不闗買主之事。恐後無憑，立有

八 賣字一（纸）存照為（拠）。

九 内（添）二字 塗一字

十 憑中 王長運

十一 親笔

十二 民國丙寅十五年六月十二吉日 立

*此为王贤德兄弟民国十五年（1926年）六月十二日卖地土字据，原件现保藏于龙昭松家中，原色影像典藏于贵州师范学院『中国山地民族特色文献数据库』，编号为LZS104。原件内容共12列221字。

编号：LZS105（310mm×430mm）

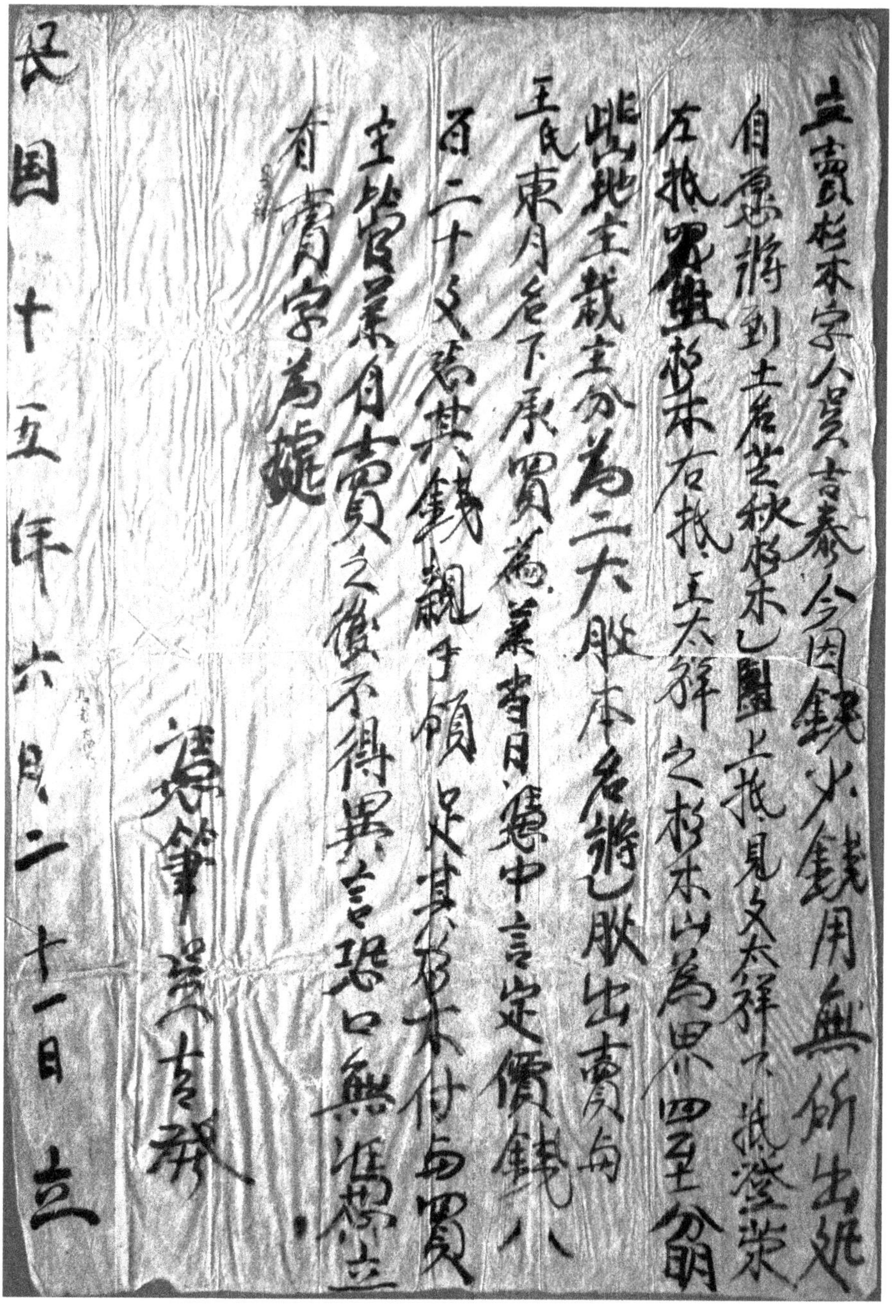

立賣杉木字人吴吉春今因缺少錢用無所出處
自愿將到土名芒秋杉木乙團上抵見文太祥下抵登荣
左抵羅鎮杉木右抵王太祥之杉木山為界四至分明
此地主栽主分為二大股本名將乙股出賣與
王氏東月名下承買為業當日憑中言定價錢八
百二十文其錢親手領足其杉木付與買
主管業自賣之後不得異言恐口無憑立
有賣字為據
憑筆吴吉發
民国十五年六月二十一日立

LZS105　民国十五年六月二十一日吴吉泰卖杉木字*

一　立賣杉木字人吴吉泰，今因缺少錢用，無所出（処），

二　自愿將到土名芝秋杉木乙團，上抵見文、太祥，下抵登荣，

三　左抵■生杉木，右抵王太祥之杉木山為界，四至分明。

四　此山地主、栽主分為二大股，本名將乙股出賣（与）

五　王氏東月名下承買為業。当日憑中言定價錢八

六　百二十文（整），其錢親手領足，其杉木付（与）買

七　主管業。自賣之後，不得異言。恐口無憑，立

八　有賣字為據。

九　　　　憑筆　吴吉（發）

十　民国十五年六月二十一日　立

* 此为吴吉泰民国十五年（1926年）六月二十一日卖杉木字据，原件现保藏于龙昭松家中，原色影像典藏于贵州师范学院『中国山地民族特色文献数据库』，编号为LZS105。原件内容共10列154字。

编号：LZS106（330mm×460mm）

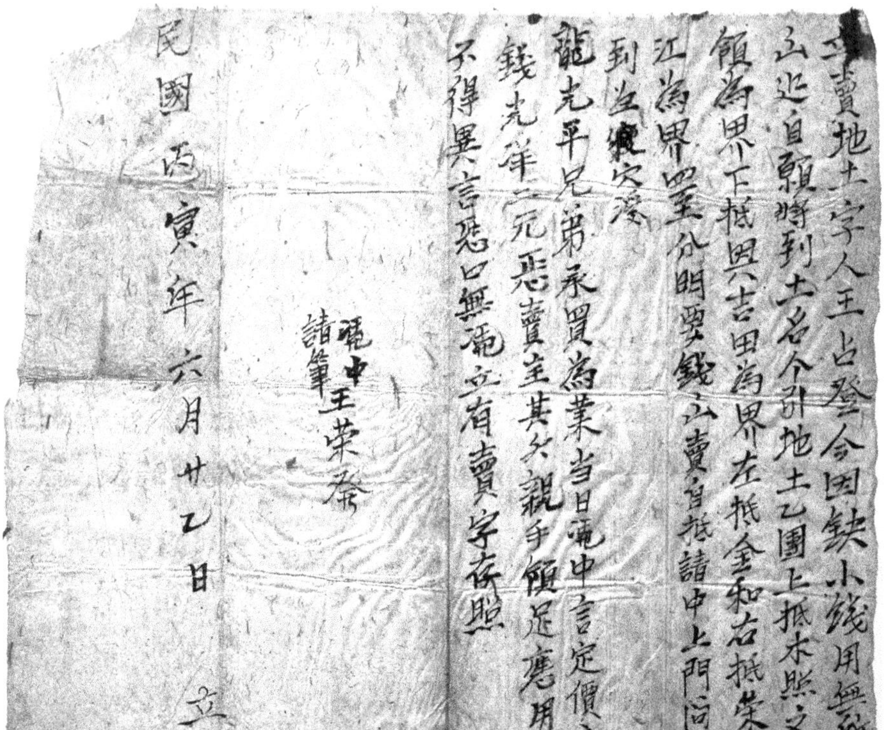
立賣地土字人王占登今因缺少錢用無所
山迯自願將到土名介丹地土乙團上抵木照之
領為界下抵吳吉田為界左抵金和右抵榮
江為界四至分明要錢出賣自己請中上門問
到岩寨安濠
龍光平兄弟承買為業當日憑中言定價
錢光洋二元正賣主其父親手領足應用
不得異言恐口無憑立有賣字存照
憑中
請筆 王榮發
民國丙寅年六月廿乙日　立

LZS106　民国十五年六月二十一日王占登卖地土字*

一　立賣地土字人王占登，今因鈌小錢用，無所

二　(出)処，自願將到土名个引地土乙團，上抵木照之

三　領為界，下抵(興)吉田為界，左抵金和，右抵荣

四　江為界，四至分明。要錢(出)賣，自抵請中上門问

五　到归■穴溪

六　龍光平兄弟承買為業。当日(凴)中言定價

七　錢光洋二元(整)，賣主其(錢)親手領足應用，

八　不得異言。恐口無(凴)，立有賣字存照。

九　(憑)中　　王荣(發)
　　請筆

十　民國丙寅年六月廿乙日　立

*此为王占登民国十五年(1926年)六月二十一日卖地土字据，原件现保藏于龙昭松家中，原色影像典藏于贵州师范学院『中国山地民族特色文献数据库』，编号为LZS106。原件内容共10列139字。原件右上角有一处墨迹。

编号：LZS107（310mm×440mm）

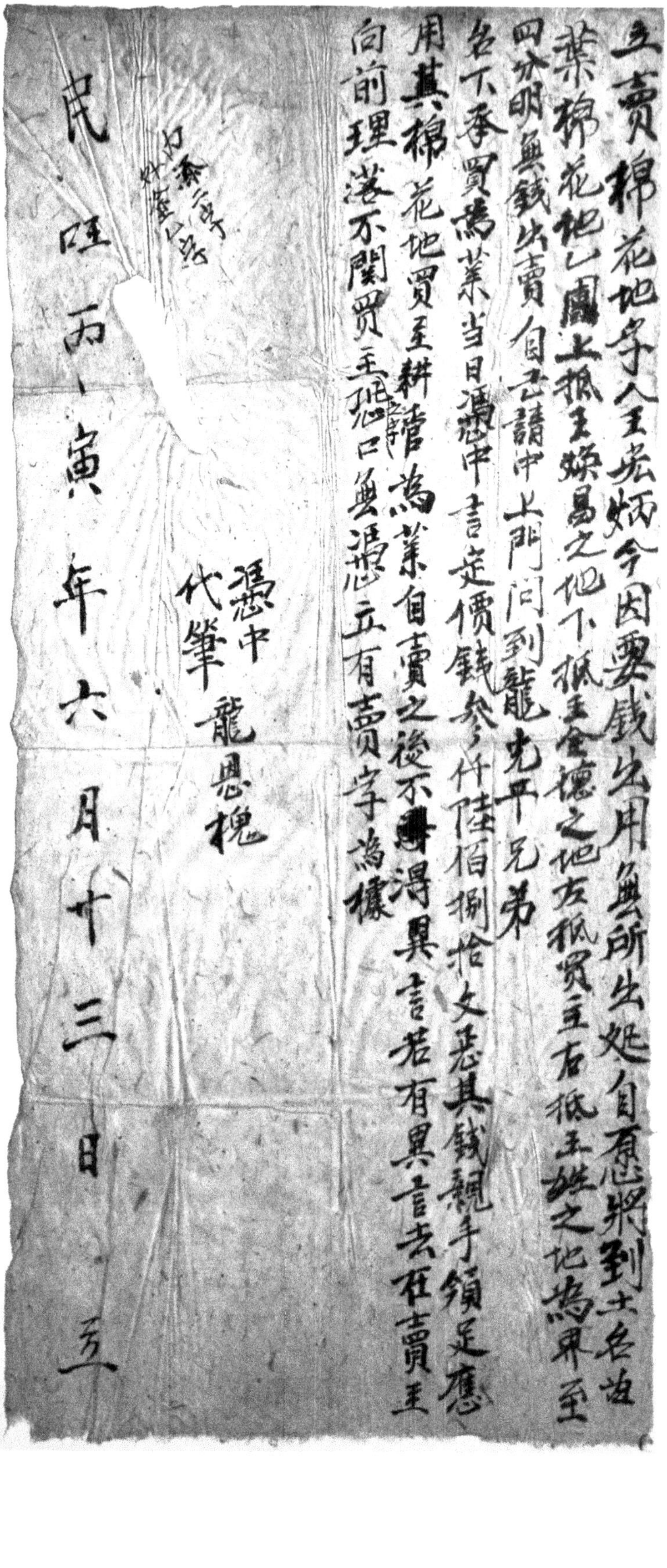

立賣棉花地字人王宏炳今因要錢出用無所出処自愿將到土名故
葉棉花地一團上抵王焕昌之地下抵王金德之地左抵買主右抵王姓之地為界至
四分明無錢出賣自己請中上門問到龍光平兄弟
名下承買為業当日憑中言定價錢叁仟陸佰捌拾文恶其錢親手領足應
用其棉花地買主耕管為業自賣之後不得異言若有異言去在賣主
向前理落不関買主之事恐口無憑立有賣字為據
內添二字
外塗一字
憑中
代筆 龍恩槐
民國丙寅年六月廿三日 立

LZS107　民国十五年六月二十三日王宏炳卖棉花地字*

一　立賣棉花地字人王宏炳，今因要錢出用，(無)所出(処)，自愿將到土名归

二　葉棉花地乙團，上抵王焕昌之地，下抵王全德之地，左抵買主，右抵王姓之地為界，至

三　四分明。(無)錢出賣，自己請中上門问到龍光平兄弟

四　名下承買為業。当日憑中言定價錢参仟陸佰捌拾文(整)，其錢親手領足應

五　用，其棉花地買主耕(管)為(業)。自賣之後，不[redacted]淂異言。若有異言，去在賣主

六　向前理落，不関買主。之字　恐口(無)憑，立有賣字為據。

七　內(添)二字　憑中

龍恩槐

八　外塗乙字　代筆

九　民(國)丙寅年六月廿三日　立

*此为王宏炳民国十五年(1926年)六月二十三日卖棉花地字据，原件现保藏于龙昭松家中，原色影像典藏于贵州师范学院『中国山地民族特色文献数据库』，编号为LZS107。原件内容共9列181字。原件左上角有一处条状缺孔，上端和中部有水渍。

编号：LZS108（240mm×190mm）

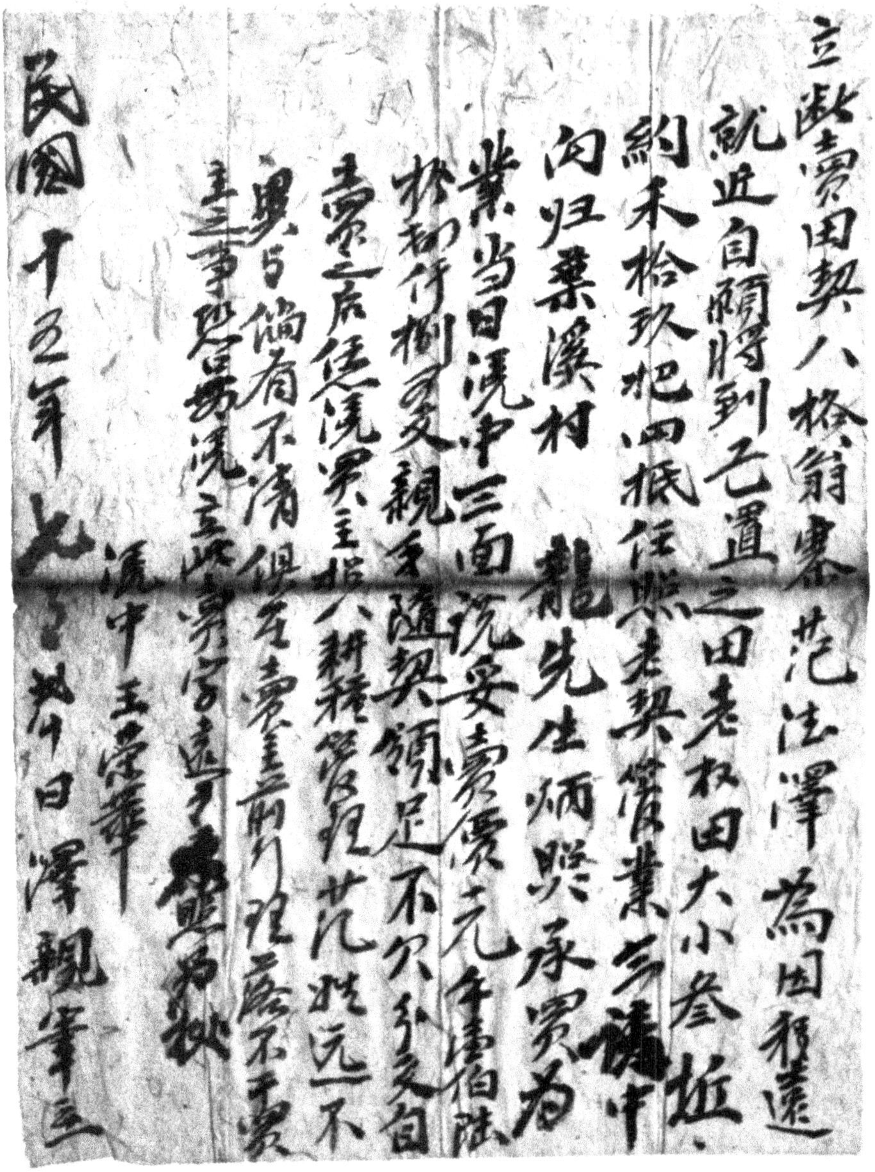

立断卖田契人格翁寨范法泽为因移远
就近自愿将到已置之田名杈田大小叁坵
约禾拾玖把四抵任照老契管业请中
问归叶溪村 龙先生炳煐承买为
业当日凭中三面议妥卖价元壹佰陆
拾捌仟捌百文亲手随契领足不欠分文自
卖之后任凭买主耕种管理其业永远不
异言倘有不清俱在卖主前理落不干买
主之事恐口无凭立此卖字远为存照为据
凭中 王学华
民国十五年七月卅日 泽亲笔立

LZS108　民国十五年七月二十日范德泽卖田契*

一　立断賣田契人格翁寨范德澤，為因移遠

二　就近，自願（將）到已置之田老杈田大小叁坵，

三　約禾拾玖把，四抵任照老契管業。三请中

四　问归葉溪村龍先生炳（照）承買为

五　業，当日（凴）中三面说妥賣價元（錢）壹佰陆

六　拾（肆）仟捌百文，親手随契領足，不欠分文。自

七　賣之后，恁（凴）買主（招）人耕種管理，范姓远不

八　異言。倘有不清，俱在賣主前行理落，不干買

九　主之事。恐口（無）（凴），立此賣字遠遠■照為（拠）。

十　　　　　（凴）中　王荣華

十一　民國十五年七月弍十日　澤親筆立

---

*此为范德泽民国十五年（1926年）七月二十日卖田契约，原件现保藏于龙昭松家中，原色影像典藏于贵州师范学院『中国山地民族特色文献数据库』，编号为LZS108。原件内容共11列165字。原件中部有棕色横向锈迹。

编号：LZ109（340mm×460mm）

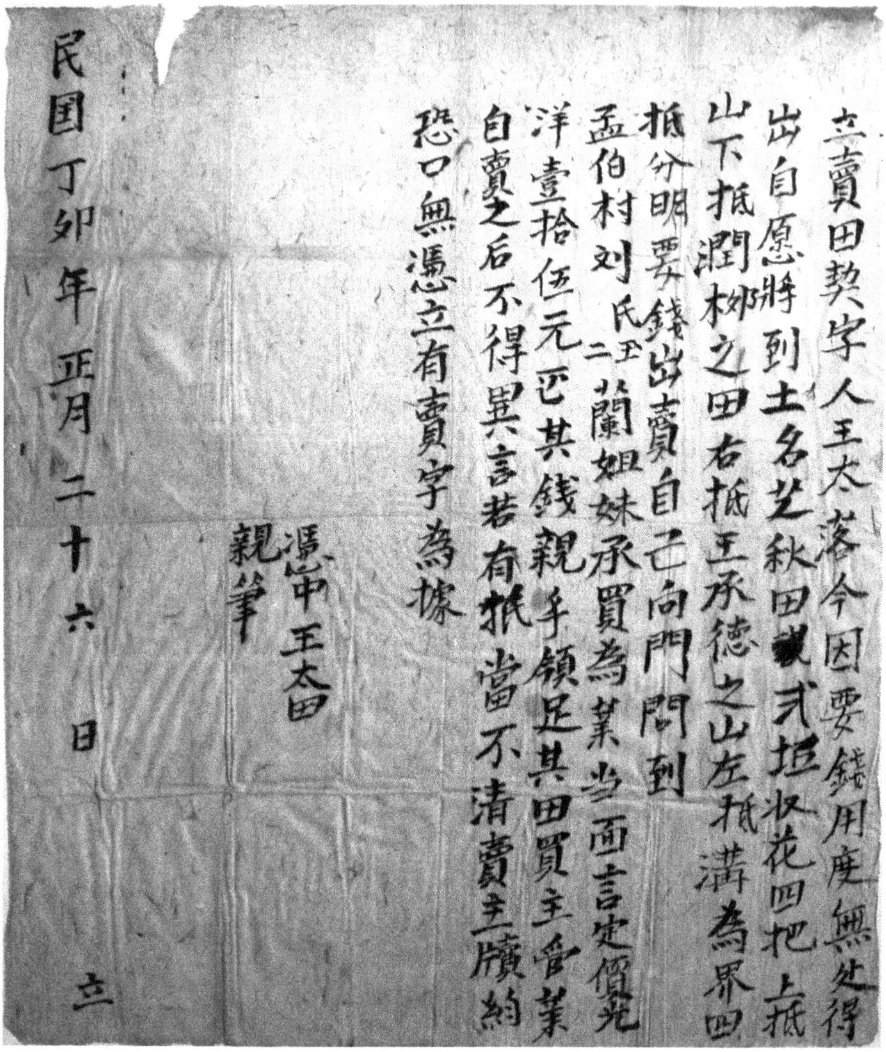

立賣田契字人王太落今因要錢用度無处得
出自愿將到土名芝秋田[illegible]式坵收花四把上抵
山下抵潤㭎之田右抵王承德之山左抵溝為界四
抵分明要錢出賣自己向門問到
孟伯村刘氏丑二蘭姐妹承買為業当面言定價光
洋壹拾伍元正其錢親手領足其田買主管業
自賣之后不得異言若有抵當不清賣主[illegible]約
恐口無憑立有賣字為據

憑中王太田
親筆

民国丁卯年正月二十六日　立

LZS109　民国十六年正月二十六日王太落卖田契*

一　立賣田契字人王太落，今因要錢用度，無处得

二　出，自愿將到土名(芝)秋田■弍坵，(收)花四把，上抵

三　山，下抵潤(柳)之田，右抵王承德之山，左抵溝為界，四

四　抵分明。要錢出賣，自己向門問到

五　孟伯村刘氏玉二蘭姐妹承買為(業)。当面言定價光

六　洋壹拾伍元(正)，其錢親手領足，其田買主(管)(業)。

七　自賣之后，不得異言。若有(抵)當不清，賣主牘約。

八　恐口無憑，立有賣字為據。

九　憑中　親筆　王太田

十　民国丁(卯)年正月二十六日　立

---

* 此为王太落民国十六年(1927年)正月二十六日卖田契约，原件现保藏于龙昭松家中，原色影像典藏于贵州师范学院『中国山地民族特色文献数据库』，编号为LZS109。原件内容共10列154字。

编号：LZS110（420mm×470mm）

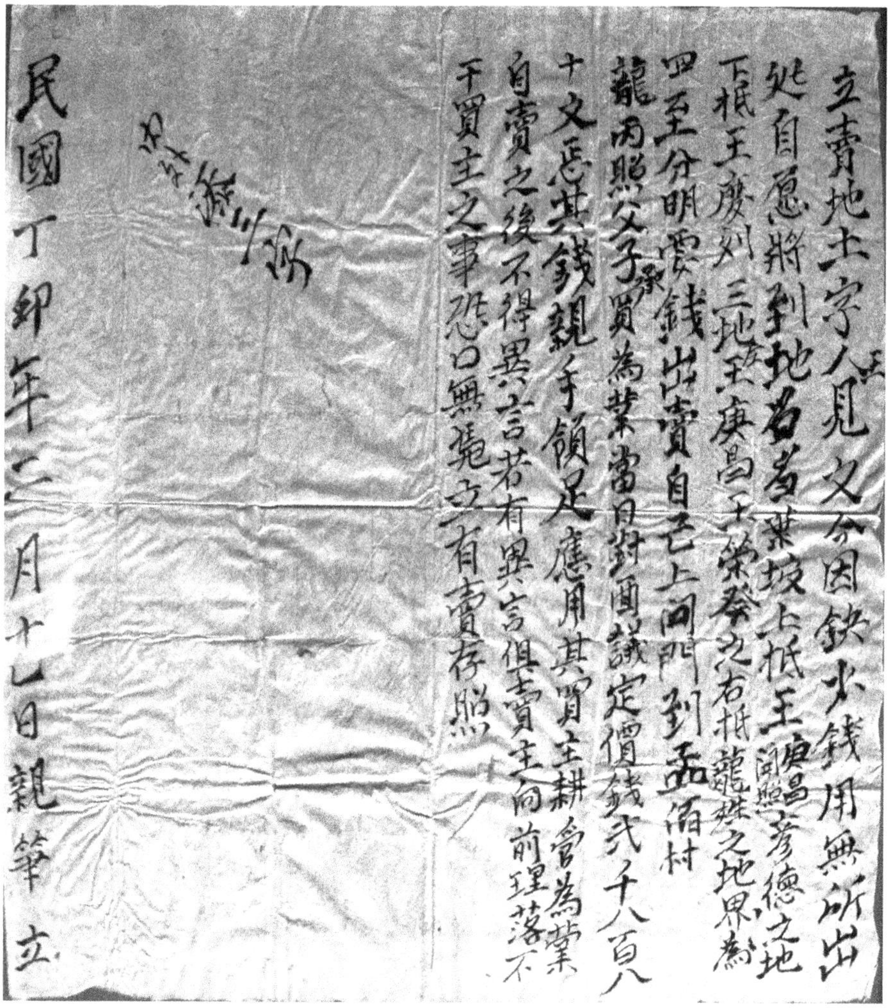

立賣地土字人見文仝因缺少錢用無所出
処自愿將到手地名岑業坡上抵王定昌閏照彦德之地
下抵王慶列三地至庚昌十榮癸之右抵龍姓之地界爲
四至分明要錢出賣自己上門問到孟佰村
龍丙照父子承買爲業當日對面議定價錢弍千八百八
十文其錢親手領足應用其買主耕管爲業
自賣之後不得異言若有異言俱賣主向前理落不
干買主之事恐口無憑立有賣存照

民國丁卯年二月十七日親筆立

LZS110　民国十六年二月十一日王见文卖地土字*

一　立賣地土字人[王]見文，今因缺少錢用，無所出

二　(処)，自愿將到地名归葉坡，上抵王[庚昌](開)照、彥德之地，

三　下抵王慶列三地，[左]王庚昌、王(榮)(發)之，右抵龍姓之地界為，

四　四至分明。要錢出賣，自己上问門到孟佰村

五　龍丙照父子[承]買為業。當日對面議定價錢(弍)千八百八

六　十文(整)，其錢親手領足應用，其買主耕(管)為(業)。

七　自賣之後，不得異言。若有異言，俱賣主向前理落，不

八　干買主之事。恐口無(凴)，立有賣存照。

九　内外(添)三字。

十　民國丁(卯)年二月十乙日親筆立

*此为王见文民国十六年(1927年)二月十一日卖地土字据，原件现保藏于龙昭松家中，原色影像典藏于贵州师范学院『中国山地民族特色文献数据库』，编号为LZS110。原件内容共10列171字。

编号：LZS111（330mm×430mm）

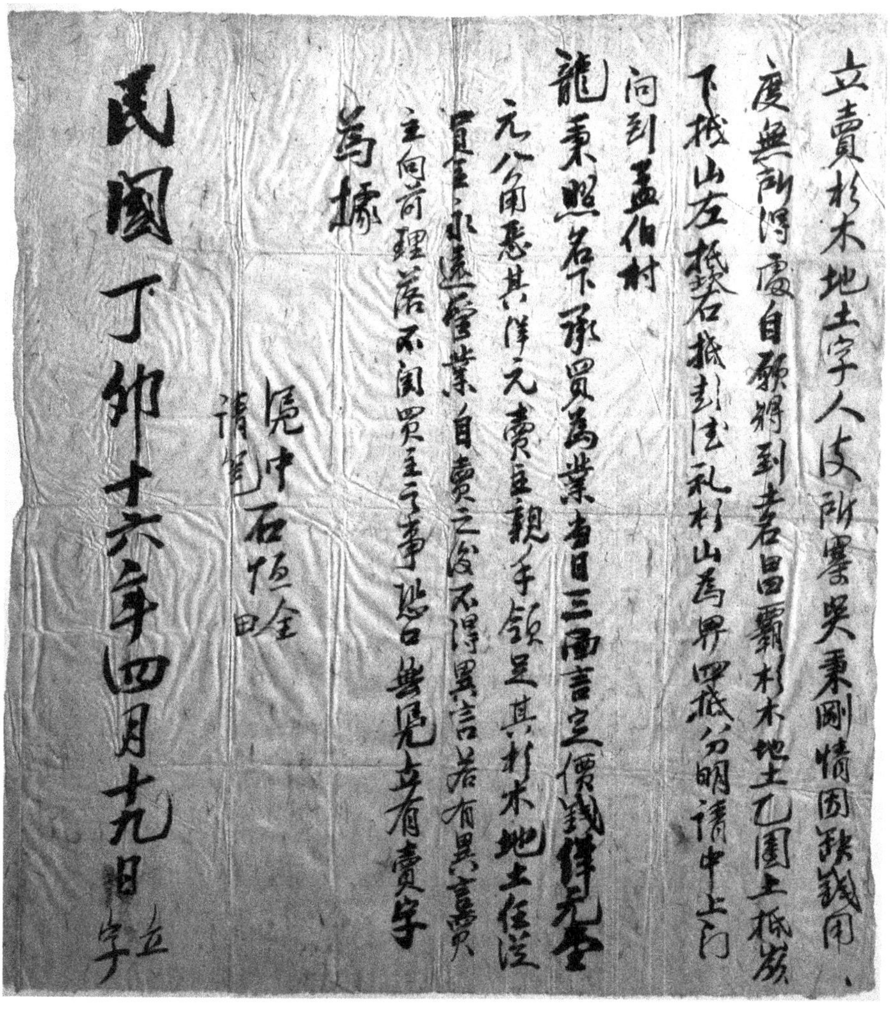
立賣杉木地土字人皮所寨吳秉剛情因缺錢用、
度無所得處自願將到土名岩晶霸杉木地土乙團上抵坡
下抵山左抵岩石右抵封法私杉山為界四抵分明請中上門
問到孟伯村
龍秉照名下承買為業當日三面言定價錢伍元叁
元八角悉其洋元賣主親手領足其杉木地土任從
買主永遠管業自賣之後不得異言若有異言賣
主向前理落不闗買主之事恐口無憑立有賣字
為據
憑中 石炳全
請筆 田
民國丁卯十六年四月十九日 立字

LZS111　民国十六年四月十九日吴秉刚卖杉木地土字*

一　立賣杉木地土字人皮所寨吴秉剛，情因缺錢用

二　度，無所得處，自願將到土名昌霸杉木地土乙團，上抵嶺，

三　下抵山，左抵坎，右抵彭德礼杉山為界，四抵分明。请中上门

四　问到孟伯村

五　龍秉照名下承買為業。当日三面言定價錢伴元壹

六　元八角（整），其伴元賣主親手領足，其杉木地土任（從）

七　買主永遠（管）業。自賣之後，不得異言。若有異言，賣

八　主向前理落，不（関）買主之事。恐口（無）（凴），立有賣字

九　為據。

十　（凴）中　石恒全
　　請笔　石恒田

十一　民國丁（卯）十六年四月十九日　立字

*此为吴秉刚民国十六年（1927年）四月十九日卖杉木地土字据，原件现保藏于龙昭松家中，原色影像典藏于贵州师范学院『中国山地民族特色文献数据库』，编号为LZS111。原件内容共11列172字。

编号：LZS112（300mm×325mm）

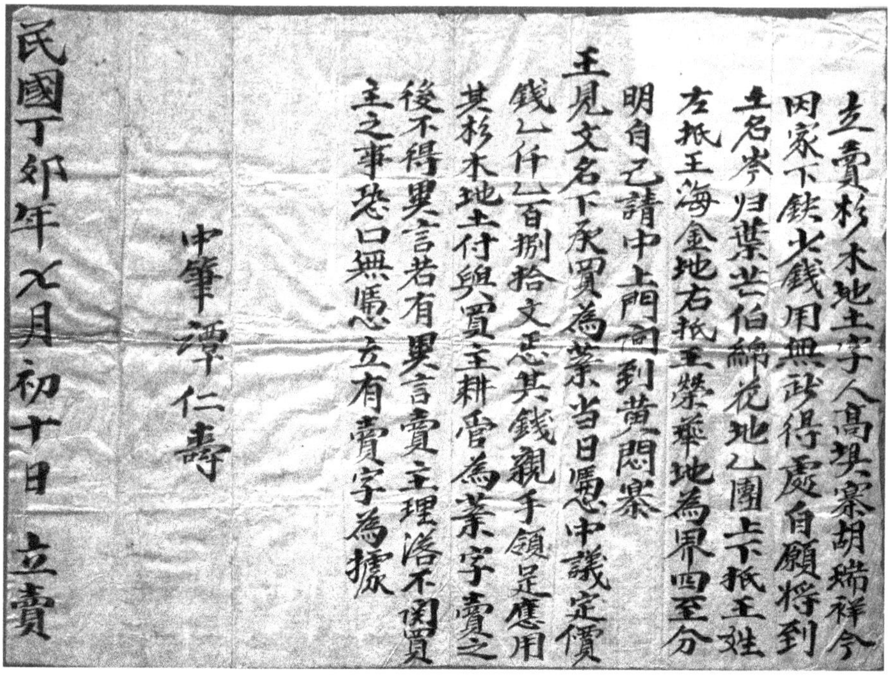

立賣杉木地土字人高埧寨胡端祥今
因家下缺少錢用無出得處自願將到
土名岑归葉芒伯綿花地乙團上下抵王姓
左抵王海金地右抵王榮華地為界四至分
明自己請中上門問到黄悶寨
王見文名下承買為業當日憑中議定價
錢乙仟乙百捌拾文正其錢親手領足應用
其杉木地土付與買主耕管為業字賣之
後不得異言若有異言賣主理落不関買
主之事恐口無憑立有賣字為據

中筆 潭仁壽

民國丁卯年七月初十日 立賣

LZS112　民国十六年七月初十日胡瑞祥卖杉木地土字*

一　立賣杉木地土字人高塻寨胡瑞祥，今
二　因家下鈌少錢用，無（所）得處，自願（將）到
三　土名岑归葉芒伯綿花地乙團，上下（抵）王姓，
四　左（抵）王海金地，右（抵）王榮華地為界，四至分
五　明。自己請中上門问到黄閟寨
六　王見文名下承買為（業），当日憑中議定價
七　錢乙仟乙百捌拾文（整），其錢親手領足應用，
八　其杉木地土付與買主耕（管）為（業）。字賣之
九　後，不得異言。若有異言，賣主理落，不（関）買
十　主之事。恐口無憑，立有賣字為據。
十一　　　　中筆　譚仁壽
十二　民國丁（卯）年七月初十日　立賣

*此为胡瑞祥民国十六年（1927年）七月初十日卖杉木地土字据，原件现保藏于龙昭松家中，原色影像典藏于贵州师范学院『中国山地民族特色文献数据库』，编号为LZS112。原件内容共12列171字。

编号：LZS113（230mm×420mm）

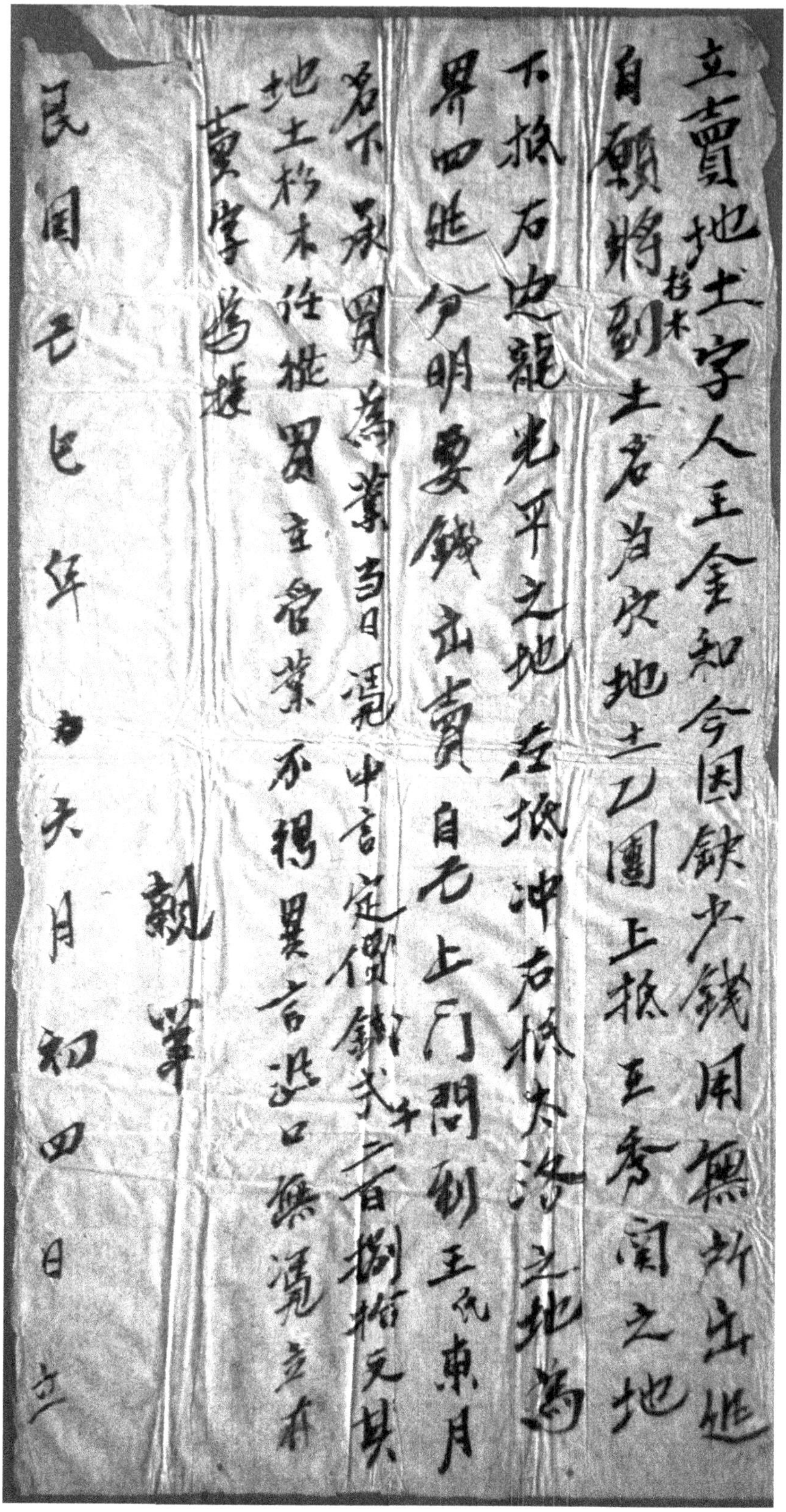
立賣地土字人王金知今因缺少錢用無所出處
自願將杉木到土名岩穴地土乙團上抵王秀園之地
下抵石边龍光平之地左抵冲右抵大路之地為
界四至分明要錢出賣自己上門問到王氏東月
名下承買為業當日憑中言定價銀弍千二百捌拾元其
地土杉木任從買主管業不得異言恐口無憑立有
賣字為據
親筆
民國己巳年六月初四日立

LZS113 民国十八年六月初四日王金和卖地土字*

一 立賣地土字人王金和，今因鈌少錢用，無所（出）（処），
二 自願將到杉木土名归穴地土乙團，上抵王秀（関）之地，
三 下抵右边龍光平之地，左抵冲，右抵太洛之地為
四 界，四（処）分明。要錢（出）賣，自己上门問到王氏東月
五 名下承買為（業）。当日（凴）中言定價錢弍千二百捌拾文，其
六 地土杉木任從買主（管）業，不得異言。恐口無（凴），立有
七 賣字為據。
八 親筆
九 民国己巳年■六月初四日 立

*此为王金和民国十八年（1929年）六月初四日卖地土字据，原件现保藏于龙昭松家中，原色影像典藏于贵州师范学院『中国山地民族特色文献数据库』，编号为LZS113。原件内容共9列136字。

编号：LZS114（320mm×480mm）

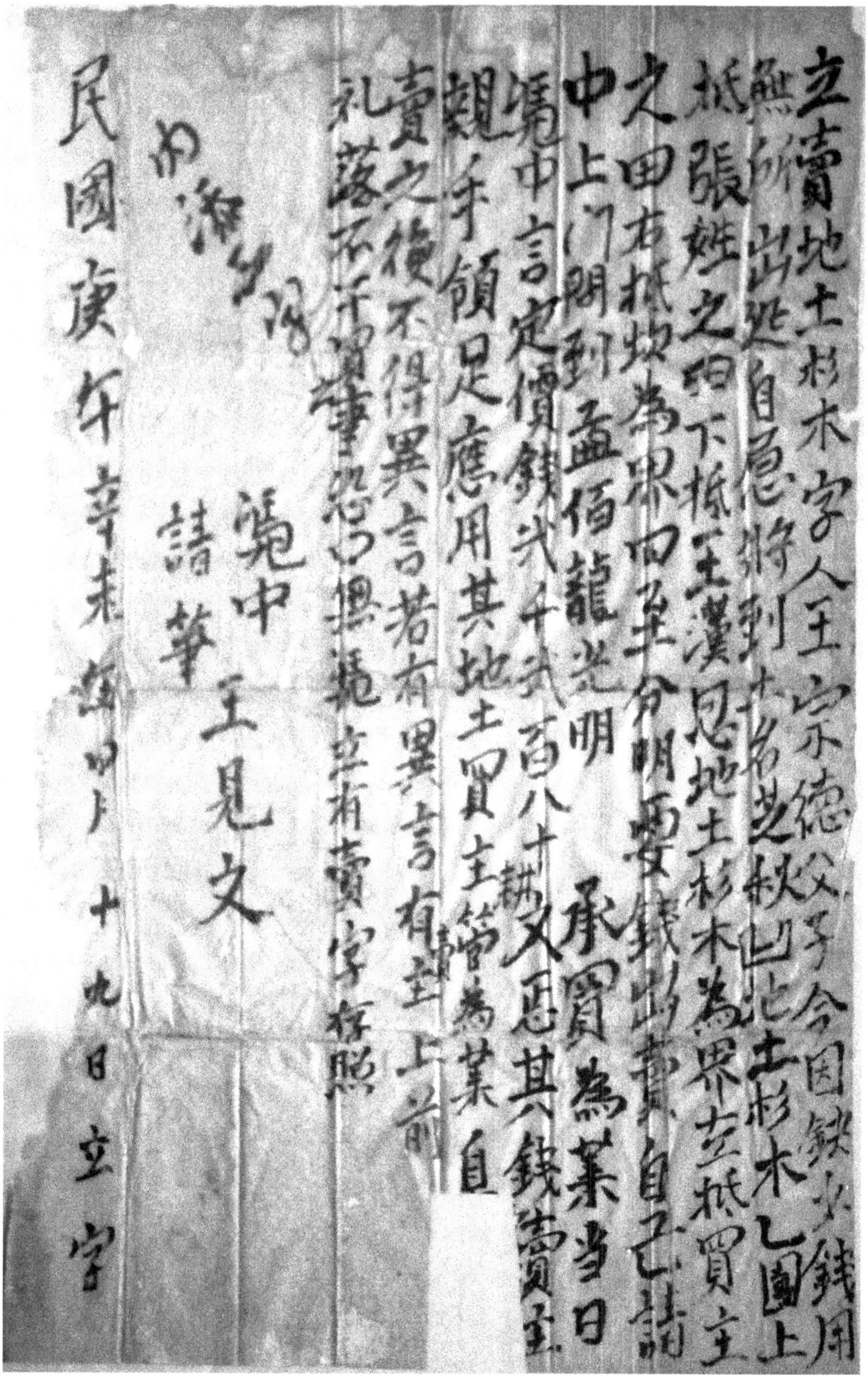

立賣地土杉木字人王宗德父子今因缺少錢用
無所出處自愿將到土名也叔山地土杉木乙團上
抵張姓之田下抵王漢恩地土杉木為界左抵買主
之田右抵坎為界四至分明要錢出賣自己請
中上門問到孟佰龍光明承買為業当日
憑中言定價錢弍千弍百八十捌文正其錢賣主
親手領足應用其地土買主管為業自
賣之後不得異言若有異言有賣主上前
礼落不干買主之事恐口無憑立有賣字存照
憑中 王見文
內添出字 請筆
民國庚午年辛未歲四月十九日立字

LZS114　民国十九年四月十九日王宗德等卖地土杉木字*

一　立賣地土杉木字人王宗德父子，今因鈌少錢用，

二　無所出(処)，自愿將到土名芝秋凹地土杉木乙團，上

三　抵張姓之田，下抵王漢恩地土杉木為界，左抵買主

四　之田，右抵坎為界，四至分明。要錢出賣，自己請

五　中上门問到孟佰龍光明承買為(業)。当日

六　(憑)中言定價錢(弍)千(弍)百八十文(整)，其錢賣主

七　親手領足應用，其地土買主耕管為(業)。自

八　賣之後，不得異言。若有異言，有賣主上前

九　礼落，不干買之事。恐口無(憑)，立有賣字存照。

十　內(添)三字　(憑)中請筆　王見文

十一　民國庚午辛未年四月十九日　立字

*此为王宗德父子民国十九年(1930年)四月十九日卖地土杉木字据，原件现保藏于龙昭松家中，原色影像典藏于贵州师范学院『中国山地民族特色文献数据库』，编号为LZS114。原件内容共11列184字。

编号：LZS115（270mm×490mm）

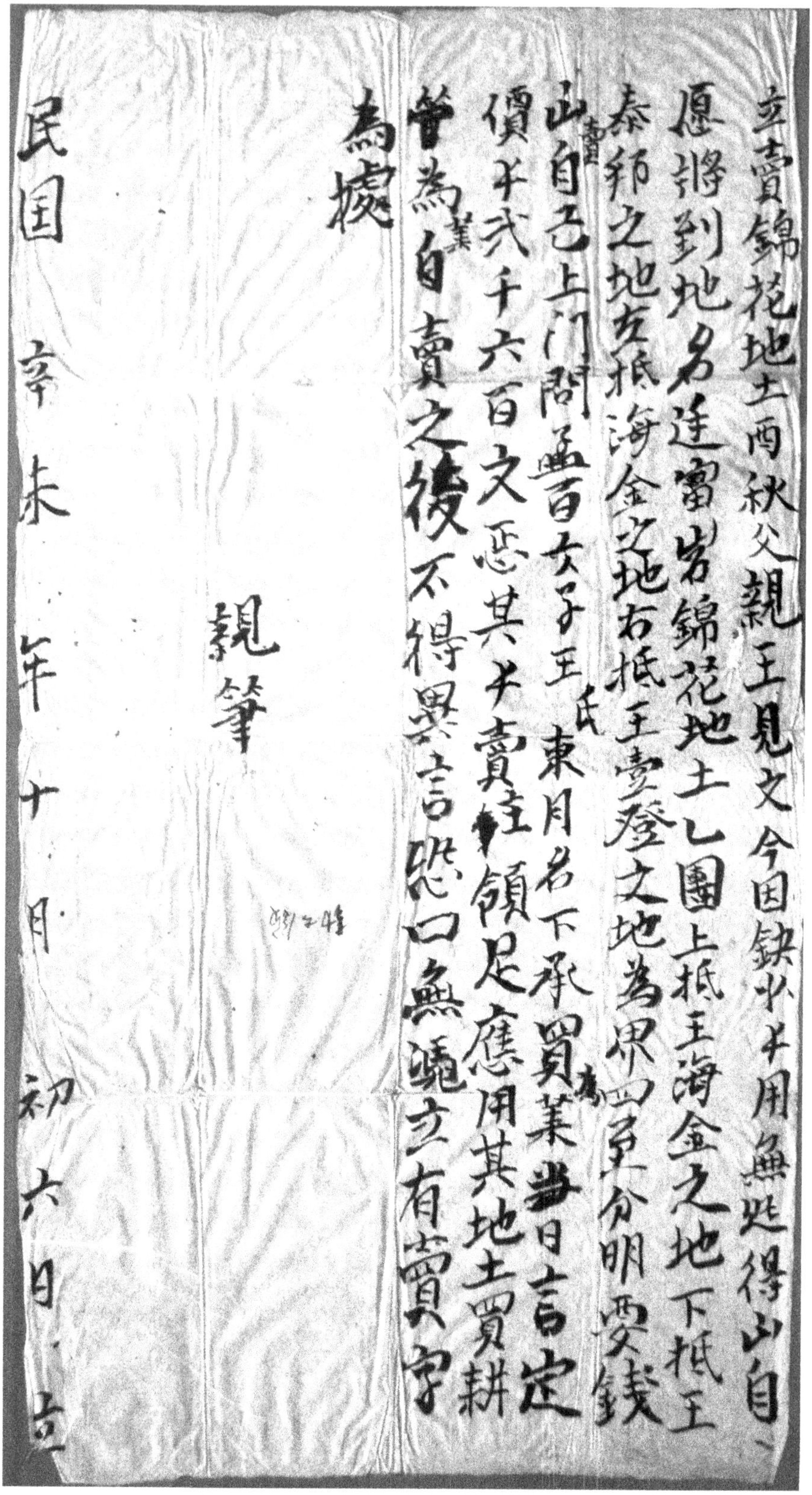

立賣錦花地土丙秋父親王見文今因缺少乎用無处得出自
愿將到地名送窗岩錦花地土乙團上抵王海金之地下抵王
泰邦之地左抵海金之地右抵王壹登之地為界四至分明要錢
出賣自己上門問孟百女子王氏東月名下承買為業當日言定
價乎弍千六百文正其乎賣主領足應用其地土買耕
管為業自賣之後不得異言恐口無憑立有賣字
為據
親筆
民国辛未年十月初六日立

LZS115　民国二十年十月初六日王见文卖棉花地字*

一　立賣錦花地土西秋父親王見文，今因缺(少)(錢)用，(無)(処)得(出)，自

二　愿(將)到地名廷富岩錦花地土乙團，上抵王海金之地，下抵王

三　泰邦之地，左抵海金之地，右抵王壹登之地為界，四至分明。要錢

四　(出)，賣自己上门問孟百女子王氏東月名下承買為(業)。当日言定

五　價(錢)(弍)千六百文(整)，其(錢)賣主■領足應用，其地土買耕

六　管為業。自賣之後，不得異言。恐口無(凴)，立有賣字

七　為攄。

八　　　　親筆

九　民国辛未年十月初六日　立

*此为王见文民国二十年(1931年)十月初六日卖棉花地字据，原件现保藏于龙昭松家中，原色影像典藏于贵州师范学院『中国山地民族特色文献数据库』，编号为LZS115。原件内容共9列153字。原件右侧中部有明显水渍。

编号：LZS116（330mm×390mm）

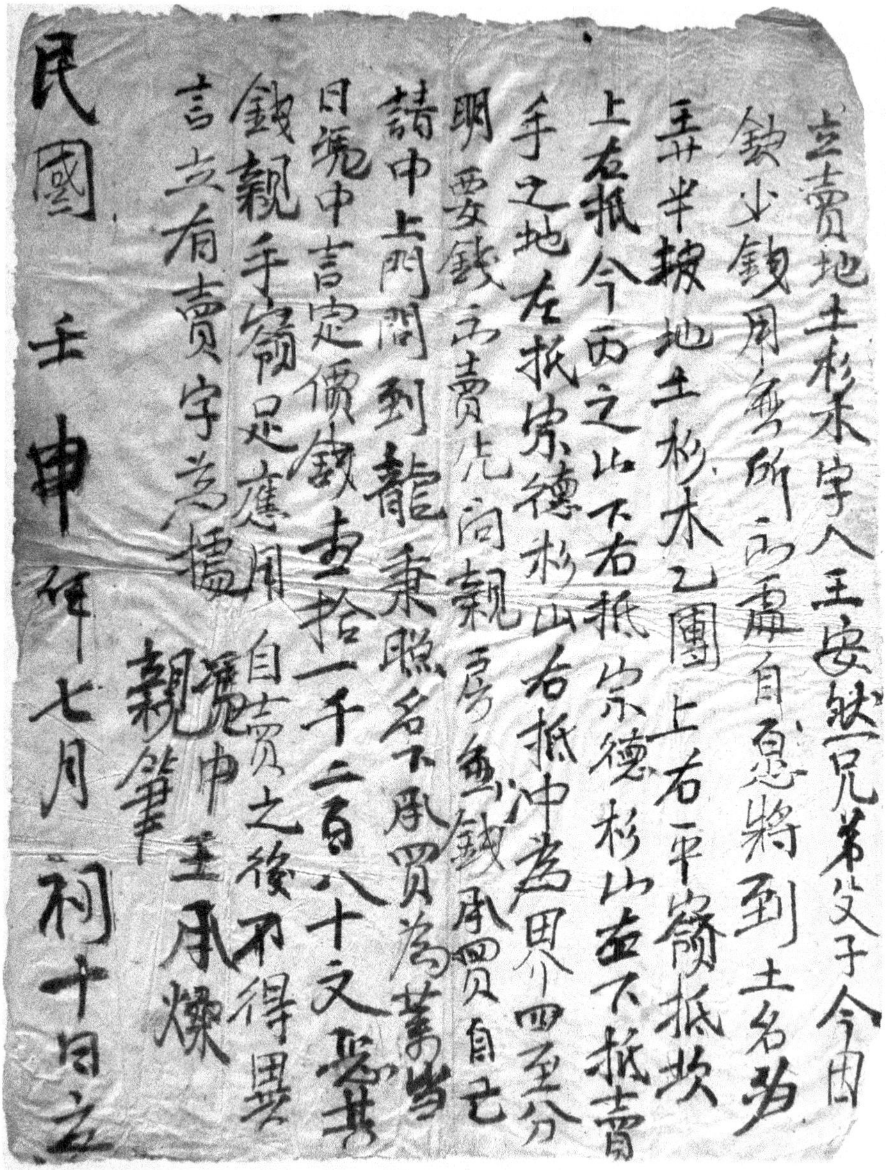
立賣地土杉木字人王安然兄弟父子今因
缺少錢用無所出處自愿將到土名坳
弄半坡地土杉木一團上右平嶺抵坎
上右抵今丙之山下右抵宗德杉山左下抵賣
手之地左抵宗德杉山右抵冲為界四至分
明要錢出賣先問親房無錢承買自己
請中上門問到龍秉聰名下承買為業當
日憑中言定價錢壹拾一千二百八十文其
錢親手領足應用自賣之後不得異
言立有賣字為據　憑中王承燦
親筆
民國壬申年七月初十日立

LZS116 民国二十一年七月初十日王安然等卖地土杉木字*

一 立賣地土杉木字人王安然兄弟父子，今因

二 鈌少錢用，(無)所(出)(處)，自愿將到土名归

三 弄半坡地土杉木乙團，上右平嶺抵坎，

四 上右抵今丙之山，下右抵宗德杉山，左下抵賣

五 手之地，左(抵)宗德杉山，右抵冲為界，四至分

六 明。要錢(出)賣，先问親房，(無)錢承買，自己

七 請中上門問到龍秉照名下承買為(業)。当

八 日(凴)中言定價錢壹拾一千二百八十文(整)，其

九 錢親手嶺足應用。自賣之後，不得異

十 言，立有賣字為(據)。

十一 (凴)中 請筆 王承(燦)

十二 民國壬申年七月初十日 立

*此为王安然兄弟民国二十一年(1932年)七月初十日卖地土杉木字据，原件现保藏于龙昭松家中，原色影像典藏于贵州师范学院『中国山地民族特色文献数据库』，编号为LZS116。原件内容共12列170字。原件中部有明显水渍和褶皱。

编号：LZS117（330mm×350mm）

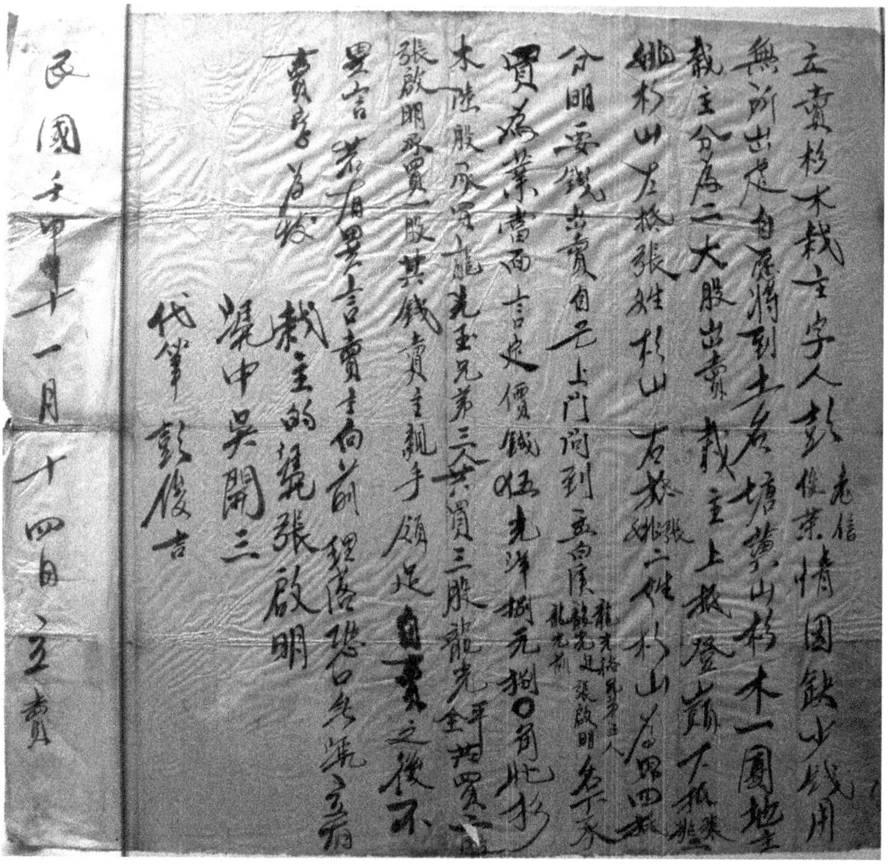
立賣杉木栽主字人彭俊荣（光信）情因缺少錢用
無所出處自愿將到土名塘夢山杉木一團地主
栽主分為二大股出賣栽主上抵登嶺下抵張姓
姚杉山左抵張姓杉山右抵姚張二姓杉山為界四抵
分明要錢出賣自己上門問到五南康龍光廷張啟明龍光榜承買
買為業當面言定價錢伍光洋捌元捌角此杉
木陸股承買龍光玉兄弟三人共買三股龍光全共買一股
張啟明承買一股其錢賣主親手領足自賣之後不
異言若有異言賣主向前理落恐口無憑立有
賣字為據　栽主的憑張啟明
憑中吳開三
代筆彭俊吉
民國壬申年十一月十四日立賣

LZS117 民国二十一年十一月十四日彭老信等卖杉木栽主字*

一 立賣杉木栽主字人彭老信/俊荣，情因缺少錢用，
二 無所出處，自愿将到土名塘黄山杉木一團，地主、
三 栽主分為二大股，出賣栽主。上抵登嶺，下抵張/姚二
四 姚杉山，左抵張姓杉山，右抵張/姚二姓杉山為界，四抵
五 分明。要錢出賣，自己上门问到孟白溪龍光裕兄弟三人/龍光廷/龍光前、張啟明名下承
六 買為業，當面言定價錢伍光洋捌元捌〇角。此杉
七 木陸股承買，龍光玉兄弟三人共買三股，龍光平/全共買二股，
八 張啟明承買一股，其錢賣主親手領足。自賣之後，不
九 異言。若有異言，賣主向前理落。恐口(無)(凭)，立有
十 賣字為(據)。栽主的(凭) 張啟明
十一 (凭)中 吳開三
十二 代筆 彭俊吉
十三 民國壬申■十一月十四日 立賣

*此为彭老信、彭俊荣民国二十一年（1932年）十一月十四日卖杉木栽主字据，原件现保藏于龙昭松家中，原色影像典藏于贵州师范学院『中国山地民族特色文献数据库』，编号为LZS117。原件内容共13列227字。原件下方有一个缺孔。

编号：LZS118（390mm×500mm）

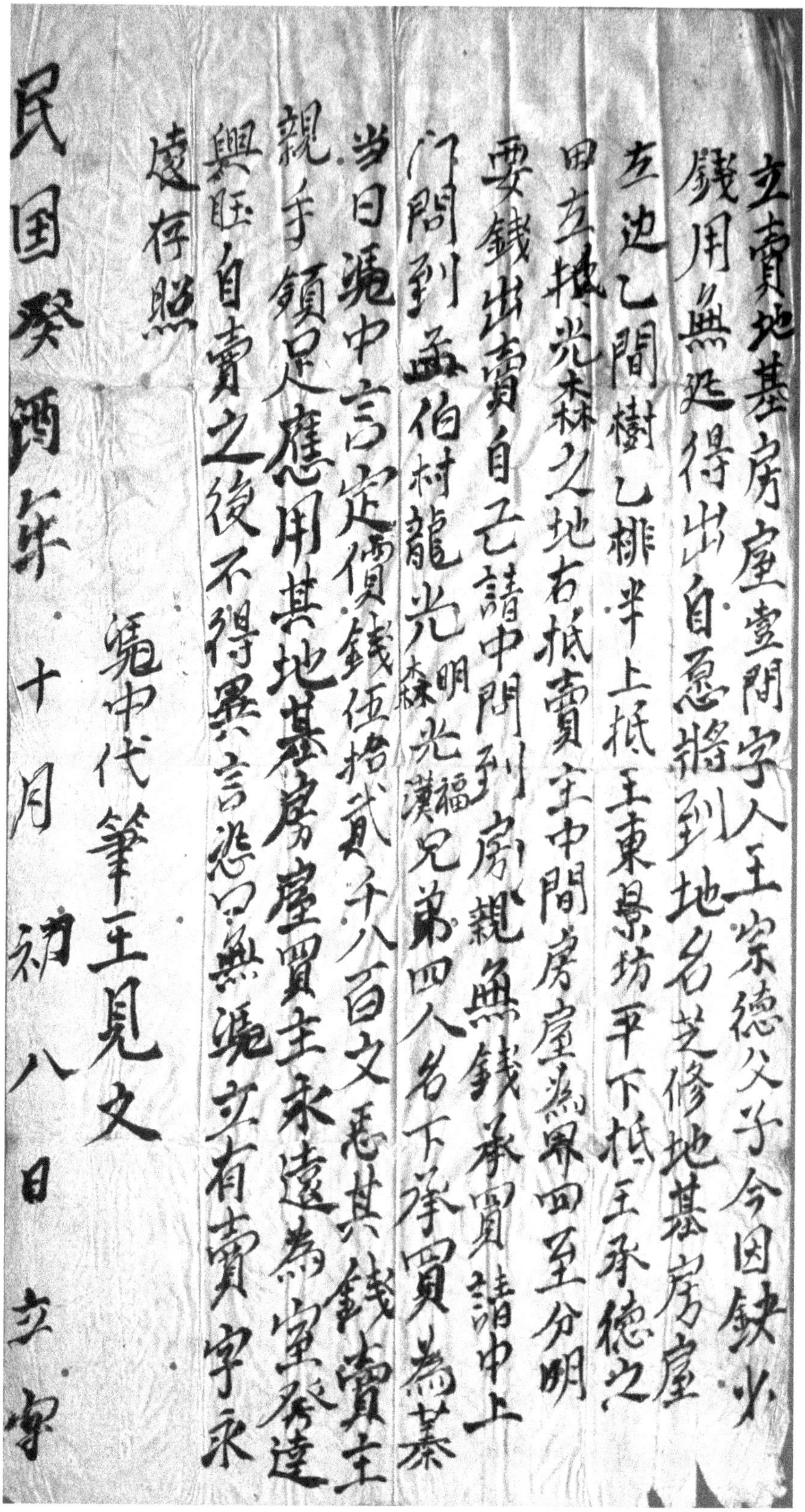
立賣地基房屋壹間字人王宗德父子今因缺少
錢用無處得出自愿將到地名芝修地基房屋
左边乙間樹乙排半上抵王東景坊平下抵王承德之
田左抵光森之地右抵賣主中間房屋為界四至分明
要錢出賣自己請中問到房親無錢承買請中上
门問到孟伯村龍光森明光漢福兄弟四人名下承買為業
当日憑中言定價錢伍拾貳千八百文悉其錢賣主
親手領足應用其地基房屋買主永遠為室發達
興旺自賣之後不得異言恐口無憑立有賣字永
遠存照
憑中代筆王見文
民国癸酉年十月初八日立字

LZS118　民国二十二年十月初八日王宗德等卖地基房屋字*

一　立賣地基房(屋)壹間字人王宗德父子，今因鈌少

二　錢用，(無)(処)得出，自愿將到地名芝修地基房(屋)

三　左边乙間樹乙(排)半，上抵王東景坊平，下抵王承德之

四　田，左抵光森之地，右抵賣主中間房(屋)為界，四至分明。

五　要錢出賣，自己請中問到房親，(無)錢承買，請中上

六　门問到孟伯村龍光明森、光福漢兄弟四人名下承買為(業)。

七　当日(凴)中言定價錢伍拾貳千八百文(整)，其錢賣主

八　親手領足應用，其地基房(屋)買主永遠為室，(發)達

九　興(旺)。自賣之後，不得異言。恐口(無)(凴)，立有賣字永

十　遠存照。

十一　(凴)中代筆　王見文

十二　民国癸(酉)年十月初八日　立字

---

*此为王宗德父子民国二十二年(1933年)十月初八日卖地基房屋字据，原件现保藏于龙昭松家中，原色影像典藏于贵州师范学院『中国山地民族特色文献数据库』，编号为LZS118。原件内容共12列201字。原件中部有一处污渍。

编号：LZS119（360mm×500mm）

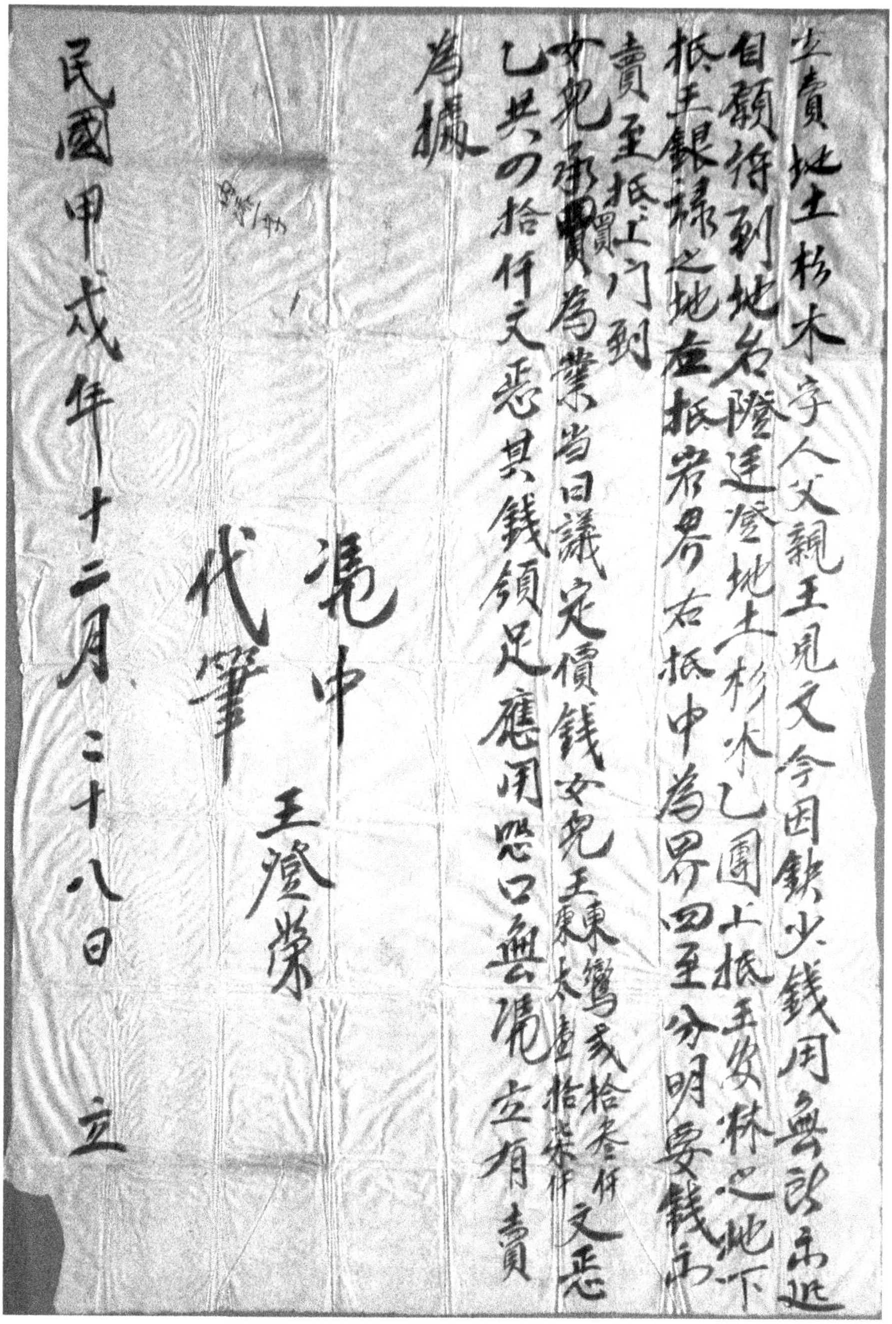

立賣地土杉木字人文親王見文今因缺少錢用無路出進
自願將到地名陰廷登地土杉木乙團上抵王安林之地下
抵王銀祿之地左抵岩界右抵中為界四至分明要錢出
賣至抵上門到
女兒承買為業當日議定價錢女兒王東鸞貳拾叁仟文惡
王東太壹拾柒仟
乙共四拾仟文惡其錢領足應用恐口無憑立有賣
為據

憑中 王燈榮 代筆

民國甲戌年十二月二十八日 立

LZS119　民国二十三年十二月二十八日王见文卖地土杉木字*

一　立賣地土杉木字人父親王見文，今因缺少錢用，(無)(所)(出)(処)，

二　自願(將)到地名隥廷登地土杉木乙團，上抵王安林之地，下

三　抵王銀禄之地，左抵(岩)界，右抵中為界，四至分明。要錢(出)

四　賣，至抵上门到

五　女兒承■(買)為業。当日議定價錢女兒王東鸞(弍)拾叁仟文(整)，東太壹拾柒仟

六　乙共(四)拾仟文(整)，其錢領足應用。恐口(無)(憑)，立有賣

七　為據。

八　　內(添)一字　(憑)中代筆　王登榮

九　民國甲(戍)年十二月二十八日　立

*此为王见文民国二十三年(1934年)十二月二十八日卖地土杉木字据，原件现保藏于龙昭松家中，原色影像典藏于贵州师范学院『中国山地民族特色文献数据库』，编号为LZS119。原件内容共9列149字。

编号：LZS120(290mm×470mm)

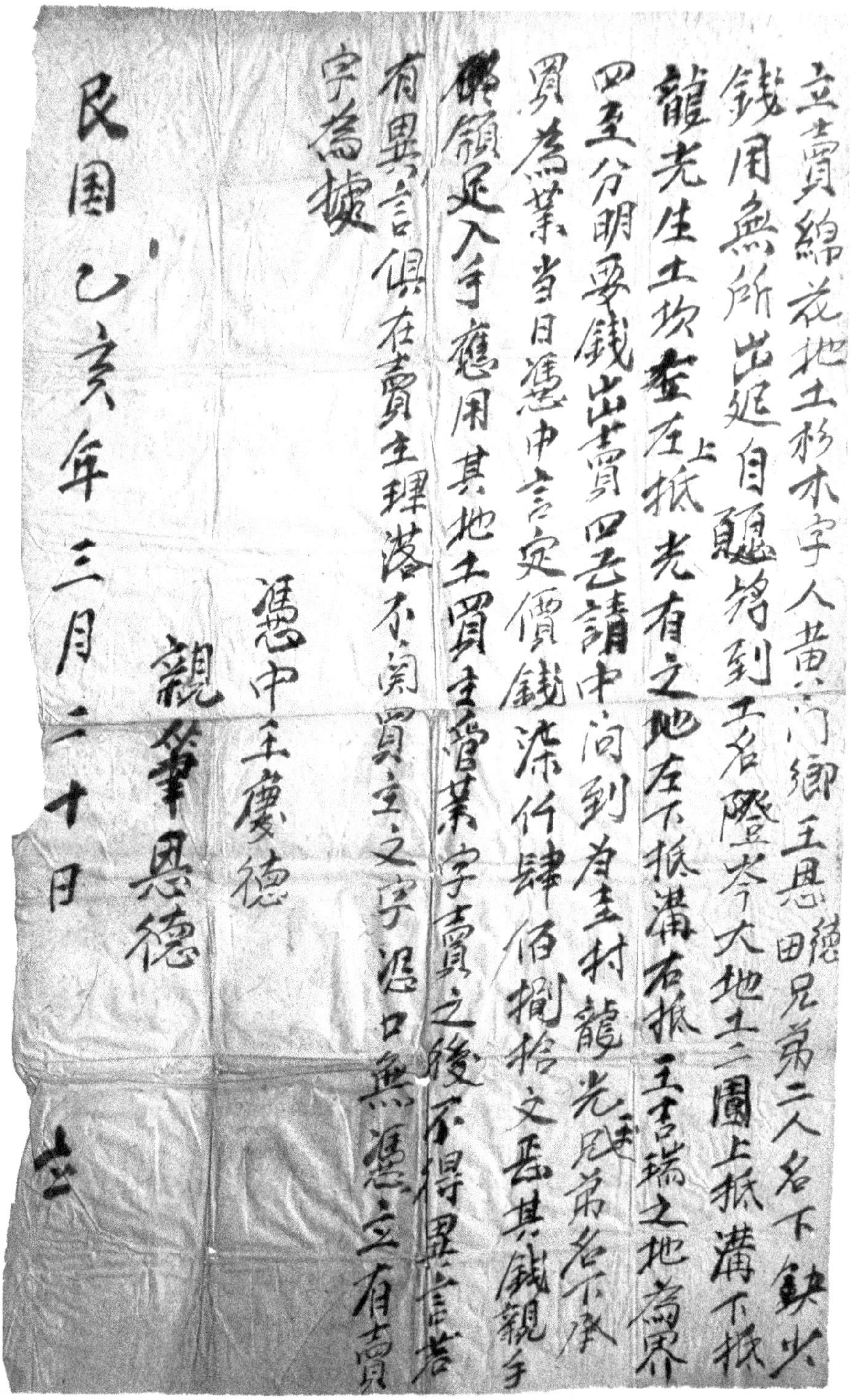
立賣綿花地土杉木字人黄門鄉王恩德田兄弟二人名下缺少
錢用無所出延自願將到土名隥岑大地土二團上抵溝下抵
龍光生土坎查左上抵光有之地左下抵溝右抵王吉瑞之地為界
四至分明要錢出賣四老請中問到本村龍光玉兄弟名下承
買為業当日憑中言定價錢柒仟肆佰捌拾文正其錢親手
領足入手應用其地土買主管業字賣之後不得異言若
有異言俱在賣主理落不関買主之字恐口無憑立有賣
字為據
憑中王慶德
親筆恩德
民国乙亥年三月二十日 立

LZS120 民国二十四年三月二十日王恩德等卖棉花地土杉木字*

一 立賣綿花地土杉木字人黄门鄉王恩德/田兄弟二人，名下缺少

二 錢用，(無)所出(処)，自(願)(將)到土名隥岑大地土二團，上抵溝，下抵

三 龍光生土坎，■上左抵光有之地，左下抵溝，右抵王吉瑞之地為界，

四 四至分明。要錢出賣，四己請中问到归圭村龍光玉兄弟名下承

五 買為(業)。当日憑中言定價錢柒仟肆佰捌拾文(整)，其錢親手

六 ■領足，入手應用，其地土買主(管)(業)。字賣之後，不得異言。若

七 有異言，俱在賣主理落，不(関)買主之字。恐口(無)憑，立有賣

八 字為(據)。

九 憑中 王慶德

十 親筆 恩德

十一 民国乙亥年三月二十日 立

*此为王恩德、王恩田兄弟民国二十四年(1935年)三月二十日卖棉花地土杉木字据，原件现保藏于龙昭松家中，原色影像典藏于贵州师范学院『中国山地民族特色文献数据库』，编号为LZS120。原件内容共11列189字。原件有多处缺孔，并有明显折痕。

编号：LZS121（500mm×270mm）

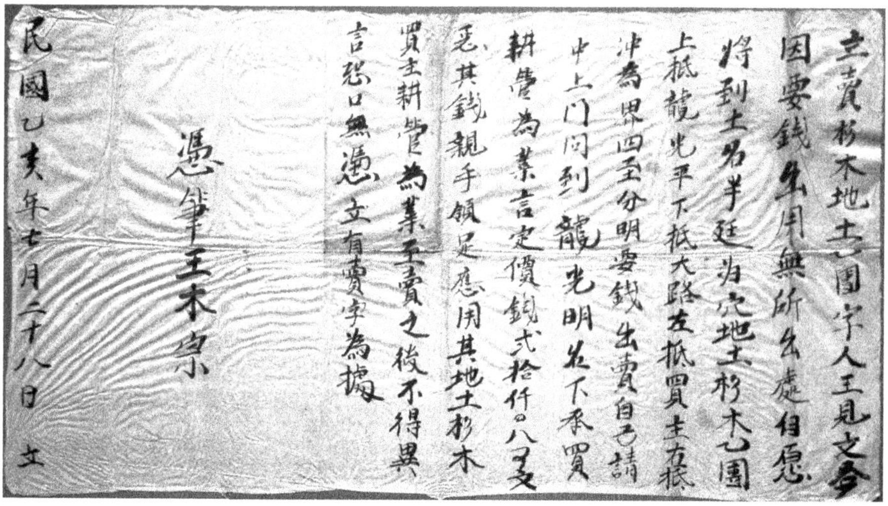
立賣杉木地土山園字人王見文今
因要錢出用無所出處自愿
將到土名羊廷为穴地土杉木山園
上抵龍光平下抵大路左抵買主右抵
冲為界四至分明要錢出賣自己請
中上门问到龍光明名下承買
耕管為業言定價錢弍拾仟○八百文
兲其錢親手領足應用其地土杉木
買主耕管為業平賣之後不得異
言恐口無憑立有賣字為據
憑筆王木泉
民國乙未年七月二十八日 立

LZS121　民国二十四年七月二十八日王见文卖杉木地土字*

一　立賣杉木地土乙團字人王見文，今

二　因要錢出用，無所出處，自愿

三　（將）到土名半廷归穴地土杉木乙團，

四　上抵龍光平，下抵大路，左抵買主，右抵

五　冲為界，四至分明。要錢出賣，自己請

六　中上门问到龍光明名下承買

七　耕管為（業）。言定價錢弍拾仟〇八（百）文

八　（整），其錢親手領足應用，其地土杉木

九　買主耕管為（業）。至賣之後，不得異

十　言。恐口無憑，立有賣字為擄。

十一　　　　憑筆　王木宗

十二　民國乙亥年七月二十八日　立

---

*此为王见文民国二十四年（1935年）七月二十八日卖杉木地土字据，原件现保藏于龙昭松家中，原色影像典藏于贵州师范学院『中国山地民族特色文献数据库』，编号为LZS121。原件内容共12列150字。原件中上部有一处缺孔。

编号：LZS122（345mm×245mm）

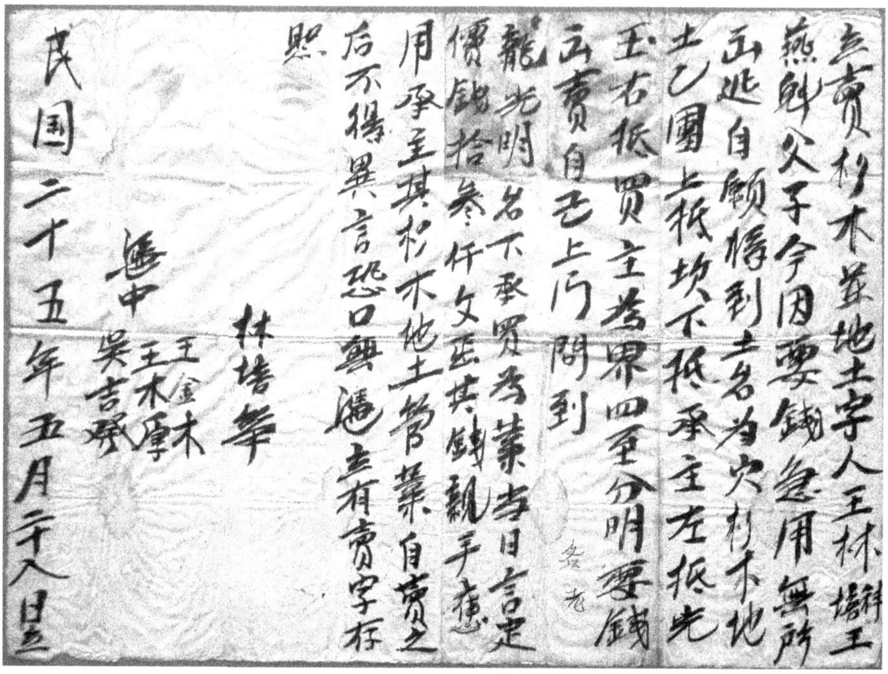
立賣杉木并地土字人王林、培祥、王燕鉾父子今因要錢急用無所出處自願將到土名為穴杉木地土乙團上抵坎下抵承主左抵光玉右抵買主為界四至分明要錢出賣自己上門問到龍光明名下承買為業當日言定價錢拾叁仟文正其錢親手乘用承主其杉木地土管業自賣之后不得異言恐口無憑立有賣字存照

林培筆

憑中 王金木 王木厚 吳吉旺

民国二十五年五月廿八日立

LZS122　民国二十五年五月二十八日王林科等卖杉木并地土字*

一　立賣杉木並地土字人王林科培、王
二　燕魁父子，今因要錢急用，(無)所
三　(出)(処)，自願(將)到土名归穴杉木地
四　土乙團，上抵坎，下抵承主，左抵光
五　玉，右抵買主為界，四至分明。要錢
六　(出)賣，自己上门問到　各　老
七　龍光明名下承買為(業)。当日言定
八　價錢拾叁仟文(整)，其錢親手應
九　用，承主其杉木地土管業。自賣之
十　后，不得異言。恐口(無)(憑)，立有賣字存
十一　照。
十二　林培筆
十三　(憑)中　王金木　王木厚　吴吉(發)
十四　民国二十五年五月二十八日立

*此为王林科、王林培、王燕魁父子民国二十五年(1936年)五月二十八日卖杉木并地土字据，原件现保藏于龙昭松家中，原色影像典藏于贵州师范学院『中国山地民族特色文献数据库』，编号为LZS122。原件内容共14列155字。原件有多处轻微水渍。

编号：LZS123（345mm×245mm）

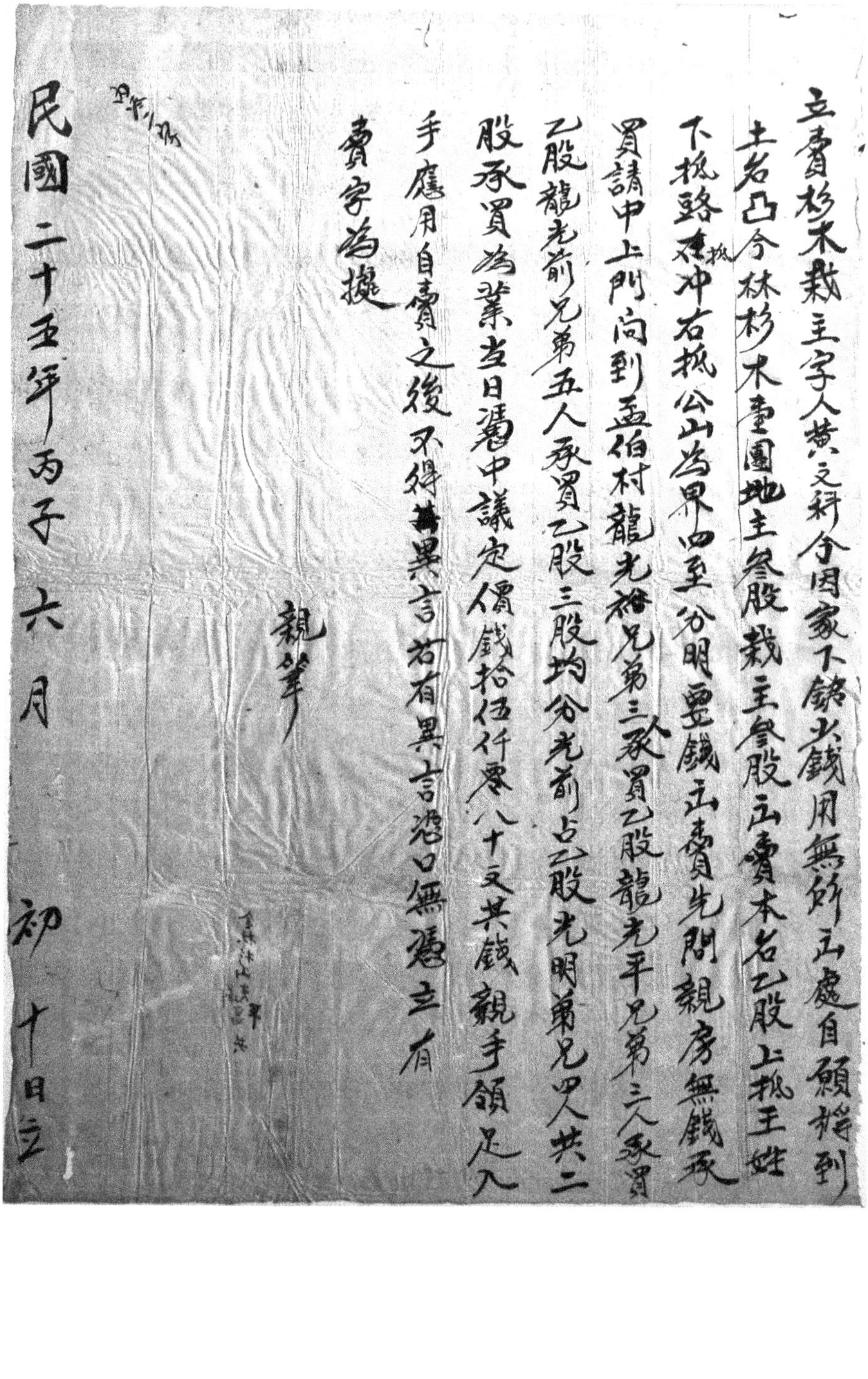

立賣杉木栽主字人黄之科今因家下缺少錢用無所出處自願將到
土名凸令林杉木壹團地主叁股栽主叁股出賣本名乙股上抵王姓
下抵路左抵冲右抵公山為界四至分明要錢出賣先問親房無錢承
買請中上門問到孟伯村龍光裕兄弟三人承買乙股龍光平兄弟三人承買
乙股龍光前兄弟五人承買乙股三股均分光前占乙股光明弟兄四人共二
股承買為業當日憑中議定價錢拾伍仟零八十文其錢親手領足入
手應用自賣之後不得異言若有異言恐口無憑立有
賣字為據

親筆

民國二十五年丙子六月初十日立

LZS123　民国二十五年六月初十日黃文科卖杉木栽主字*

一　立賣杉木栽主字人黃文科，今因家下缺少錢用，無所(出)處，自願(將)到

二　土名凸今林杉木壹團，地主叁股，栽主叁股，(出)賣本名乙股。上抵王姓，

三　下抵路，左抵冲，右抵公山為界，四至分明。要錢(出)賣，先問親房，無錢承

四　買，請中上門问到孟伯村龍光裕兄弟三人承買乙股，龍光平兄弟三人承買

五　乙股，龍光前兄弟五人承買乙股。三股均分，光前占乙股，光明弟兄四人共二

六　股，承買為業。当日憑中議定價錢拾伍仟零八十文，其錢親手領足入

七　手應用。自賣之後，不得■異言。若有異言，(恐)口無憑，立有

八　賣字為摅。

九　　　　　　　　　　　　　親筆

十　　　　　　　　　　　　　　　　　　　　　　金林杉山光富共 前 平

十一　內(添)二字

十二　民國二十五年丙子六月初十日　立

*此为黄文科民国二十五年(1936年)六月初十日卖杉木栽主字据，原件现保藏于龙昭松家中，原色影像典藏于贵州师范学院『中国山地民族特色文献数据库』，编号为LZS123。原件内容共12列224字。原件有多处明显水渍。文中第十列内容在原契中位于背面。

编号：LZS124（230mm×340mm）

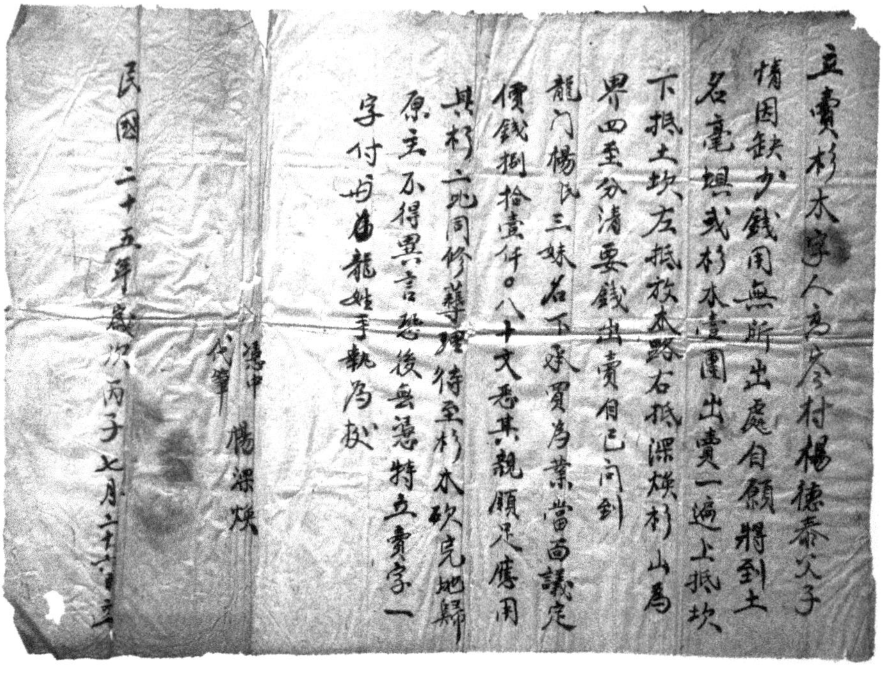

立賣杉木字人高岑村楊德泰父子
情因缺少錢用無所出處自願將到土
名毫𡋾贰杉木壹團出賣一邊上抵坎
下抵土坎左抵放木路右抵深煥杉山爲
界四至分清要錢出賣自己問到
龍门楊氏三妹名下承買爲業當面議定
價錢捌拾壹仟〇八十文悉其親領足應用
其杉木之地同修薅理待至杉木砍完地歸
原主不得異言恐後無憑特立賣字一
字付與楊龍姓手執爲據
憑中
代筆 楊深煥
民國二十五年歲次丙子七月二十六日立

LZS124　民国二十五年七月二十六日杨德泰等卖杉木字*

一　立賣杉木字人高岑村楊德泰父子，
二　情因（缺）少錢用，無所出處，自願將到土
三　名毫垻或杉木壹團出賣一遍。上抵坎，
四　下抵土坎，左抵放木路，右抵深焕杉山為
五　界，四至分清。要錢出賣，自己问到
六　龍门楊氏三妹名下承買為業。當面議定
七　價錢捌拾壹仟〇八十文（整），其親領足應用，
八　其杉二比同修（薅）理。待至杉木砍完，地（歸）
九　原主，不得異言。恐後（無）憑，特立賣字一
十　字付（与）■龍姓手（執）為（拠）。
十一　　憑中 代筆　楊深焕
十二　民國二十五年（歲）次丙子七月二十六日　立

*此为杨德泰父子民国二十五年（1936年）七月二十六日卖杉木字据，原件现保藏于龙昭松家中，原色影像典藏于贵州师范学院『中国山地民族特色文献数据库』，编号为LZS124。原件内容共12列170字。原件有多处明显污渍和缺孔。

编号：LZS125（270mm×500mm）

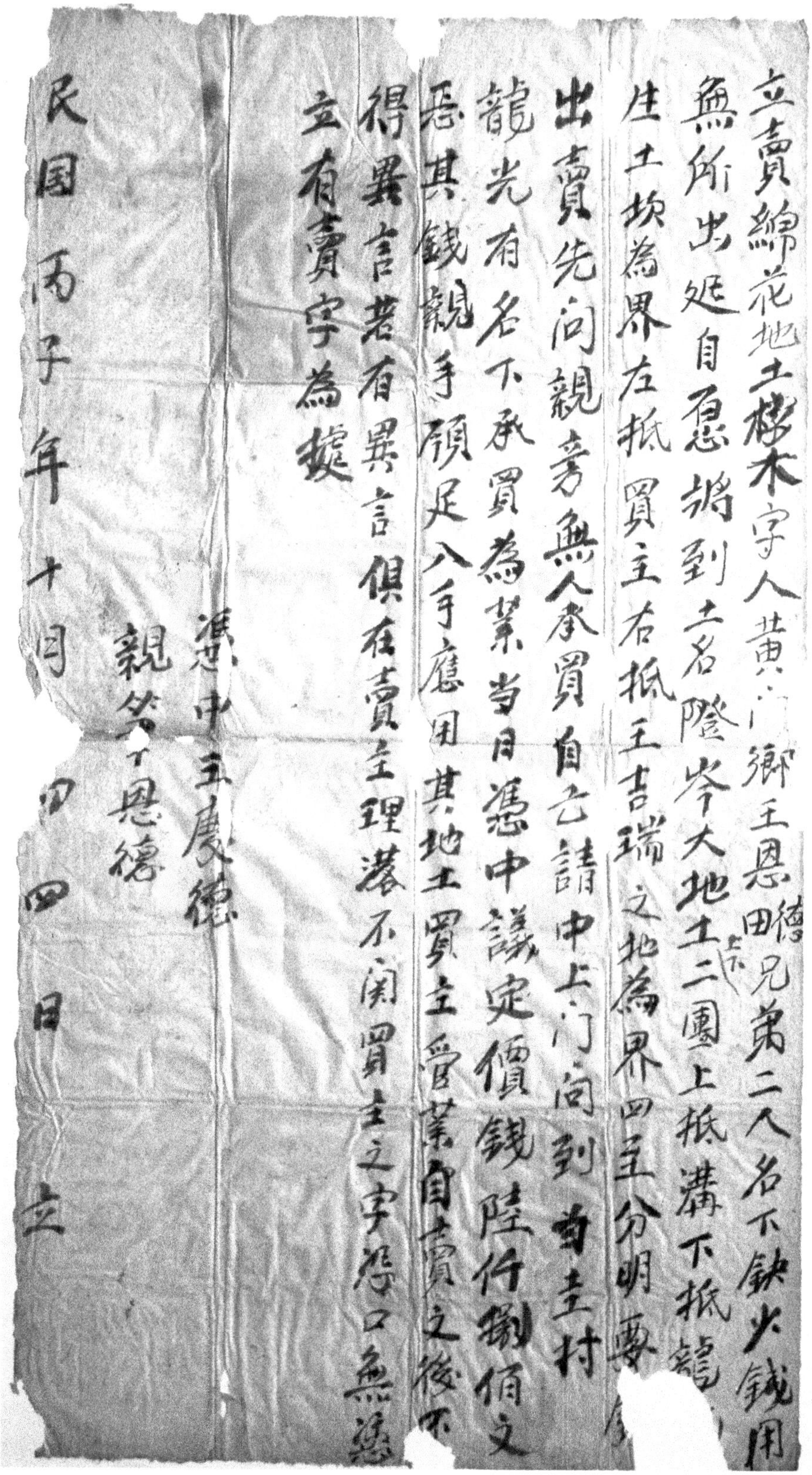
立賣綿花地土杉木字人黄门鄉王恩德田兄弟二人名下缺少錢用
無所出延自愿將到土名隆岑大地土二團上抵溝下抵龍
生土坎為界左抵買主右抵王吉瑞之地為界四至分明要賣
出賣先向親房無人承買自己請中上门向到剪圭村
龍光有名下承買為業当日憑中議定價錢陸仟捌佰文
吾其錢親手領足入手應用其地土買主管業自賣之後不
得異言若有異言俱在賣主理落不関買主之事恐口無憑
立有賣字為據
憑中王慶德
親筆王恩德
民国丙子年十月四日立

LZS125 民国二十五年十月初四日王恩德等卖棉花地土杉木字*

一　立賣綿花地土杉木字人黄门鄉王恩德/田兄弟二人，名下鈌少錢用，

二　（無）所出（処），自願將到土名隥岑大地土上下二團，上抵溝，下抵龍□

三　生土坎為界，左抵買主，右抵王吉瑞之地為界，四至分明。要□

四　出賣，先问親旁，（無）人承買，自己請中上门问到归圭村

五　龍光有名下承買為業。当日憑中議定價錢陸仟捌佰文

六　（整），其錢親手領足，入手應用，其地土買主（管）（業）。自賣之後，不

七　得異言。若有異言，俱在賣主理落，不（関）買主之字。恐口（無）憑，

八　立有賣字為據。

九　　　　　　憑中　王慶德

十　　　　　　親筆　恩德

十一　民国丙子年十月初四日　　　　立

*此为王恩德、王恩田兄弟二人民国二十五年（1936年）十月初四日卖棉花地土杉木字据，原件现保藏于龙昭松家中，原色影像典藏于贵州师范学院『中国山地民族特色文献数据库』，编号为LZS125。原件内容共11列190字。原件有多处明显缺孔。

编号：LZS126（330mm×470mm）

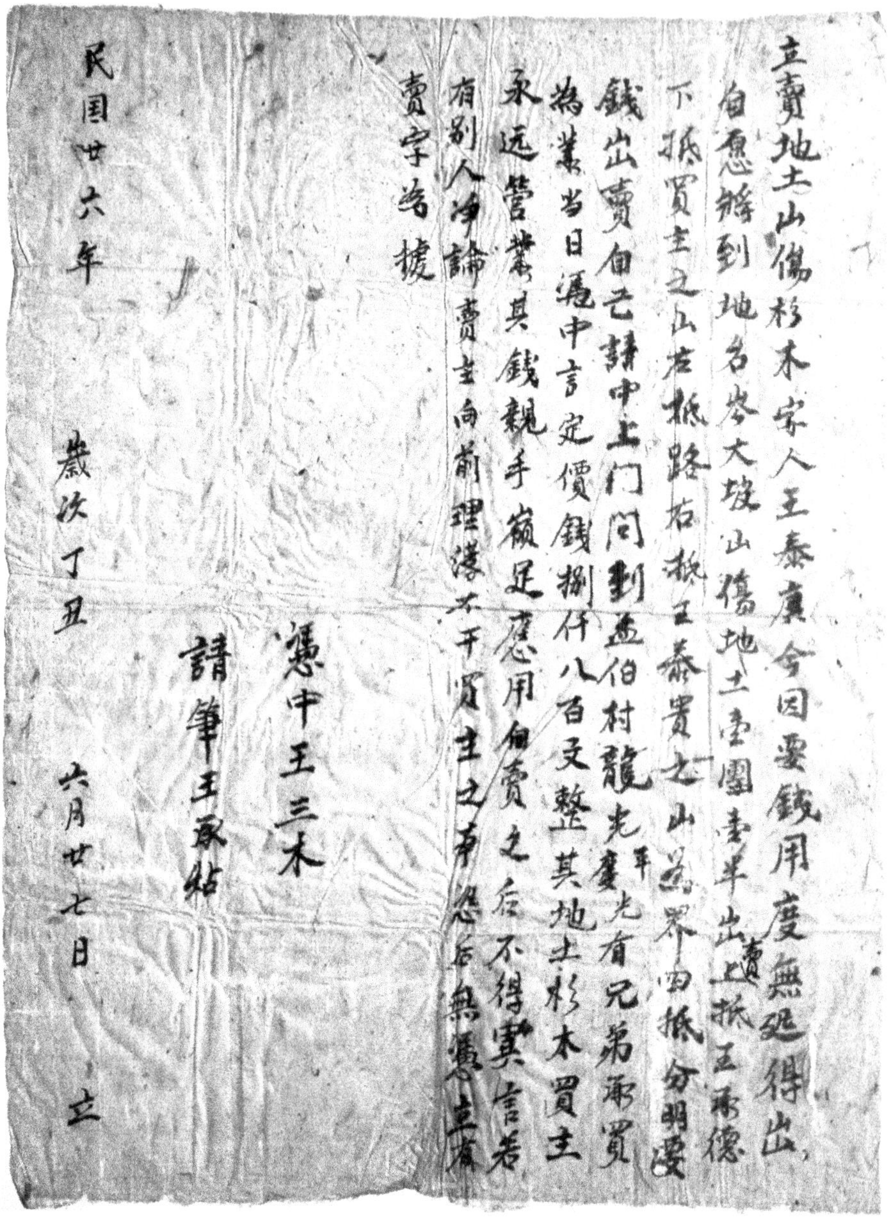

立賣地土山場杉木字人王泰廣今因要錢用度無処得出
自愿將到地名岑大坡山場地土壹團壹半出賣上抵王承德
下抵買主之山左抵路右抵王泰貴之山為界四抵分明要
錢出賣自己請中上门问到孟伯村龍光年光有兄弟承買
為業當日憑中言定價錢捌仟八百文整其地土杉木買主
永远管業其錢親手領足應用自賣之后不得異言若
有別人爭論賣主向前理落不干買主之事恐后無憑立有
賣字為據

憑中王三木

請筆王承佑

民国廿六年 歲次丁丑 六月廿七日 立

LZS126　民国二十六年六月二十七日王泰庚卖地土山场杉木字*

一　立賣地土山(傷)杉木字人王泰庚，今因要錢用度，無(処)得出，

二　自愿(將)到地名岑大坡山傷地土壹團壹半出賣。上抵王承德，

三　下抵買主之山，左抵路，右抵王泰贵之山為界，四抵分明。要

四　錢出賣，自己請中上门问到孟伯村龍光平/慶、光有兄弟承買

五　為業。当日(凴)中言定價錢捌仟八百文整，其地土杉木買主

六　永远管業，其錢親手嶺足應用。自賣之后，不得異言。若

七　有别人净論，賣主向前理落，不干買主之事。恐后無憑，立有

八　賣字為(據)。

九　　　　　　　凴中　王三木

十　　　　　　　請筆　王承呫

十一　民国廿六年(歲)次丁丑六月廿七日　立

*此为王泰庚民国二十六年(1937年)六月二十七日卖地土山场杉木字据，原件现保藏于龙昭松家中，原色影像典藏于贵州师范学院『中国山地民族特色文献数据库』，编号为LZS126。原件内容共11列190字。原件中有多处明显水渍。

编号：LZS127（150mm×290mm）

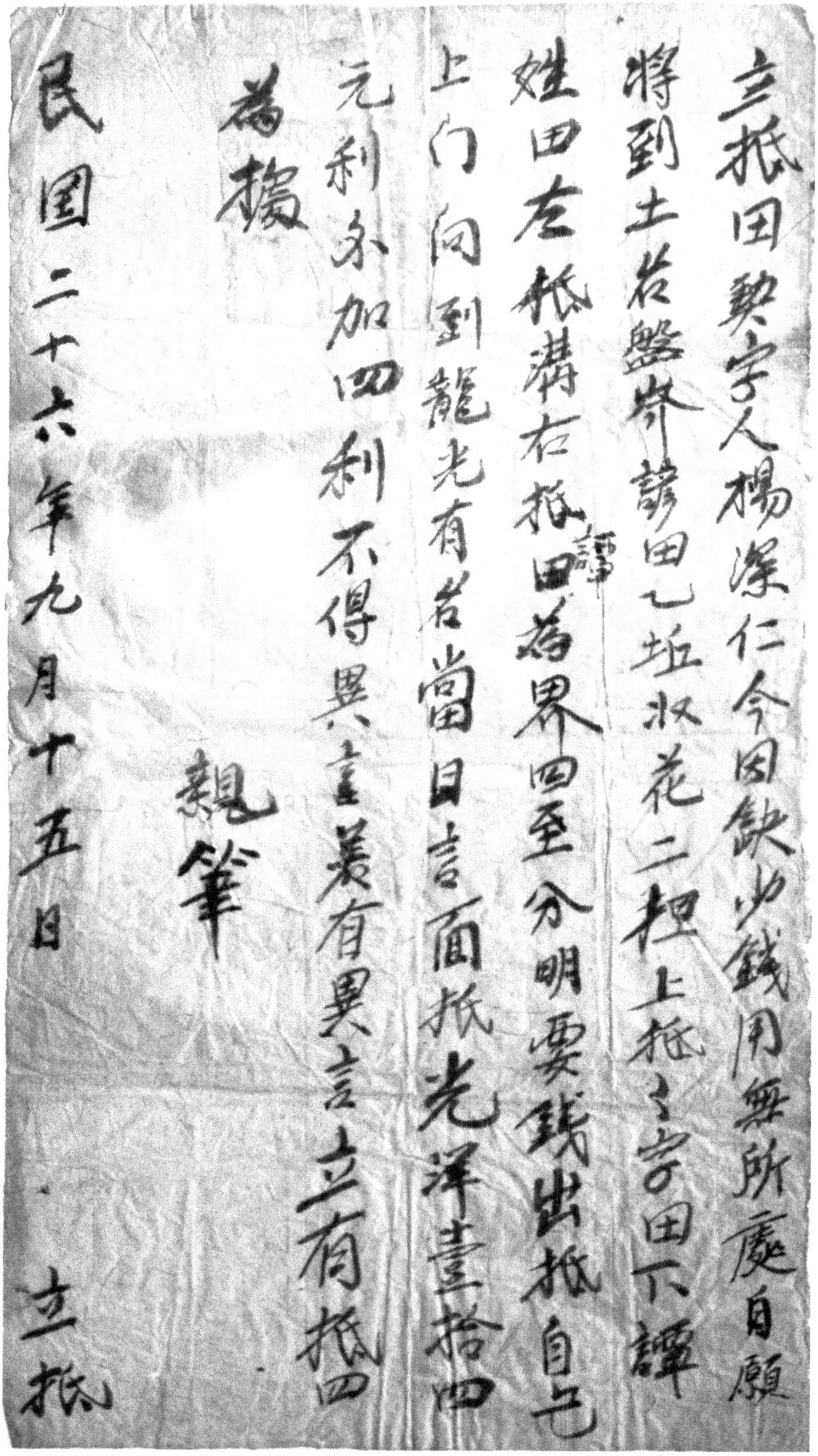
立抵田契字人楊深仁今因缺少錢用無所處自願
將到土名盤𡩋謗田乙坵收花二挑上抵之字田下譚
姓田左抵溝右抵譚田為界四至分明要錢出抵自己
上门向到龍光有名當日言面抵光洋壹拾四
元利糸加四利不得異言異有異言立有抵四
為據　親筆
民国二十六年九月十五日　立抵

LZS127 民国二十六年九月十五日杨深仁抵田契*

一 立抵田契字人楊深仁，今因缺少錢用，無所處，自願

二 (將)到土名盘(岑)諺田乙坵，(收)花二担，上抵(乙)字田，下譚

三 姓田，左抵溝，右抵譚田為界，四至分明。要錢出抵，自己

四 上门问到龍光有名。當日言面(抵)光洋壹拾四

五 元，利(錢)加四利，不得異言。(若)有異言，立有抵四

六 為攄。

七 親筆

八 民国二十六年九月十五日 立抵

*此为杨深仁民国二十六年(1937年)九月十五日抵田契约，原件现保藏于龙昭松家中，原色影像典藏于贵州师范学院『中国山地民族特色文献数据库』，编号为LZS127。原件内容共8列115字。

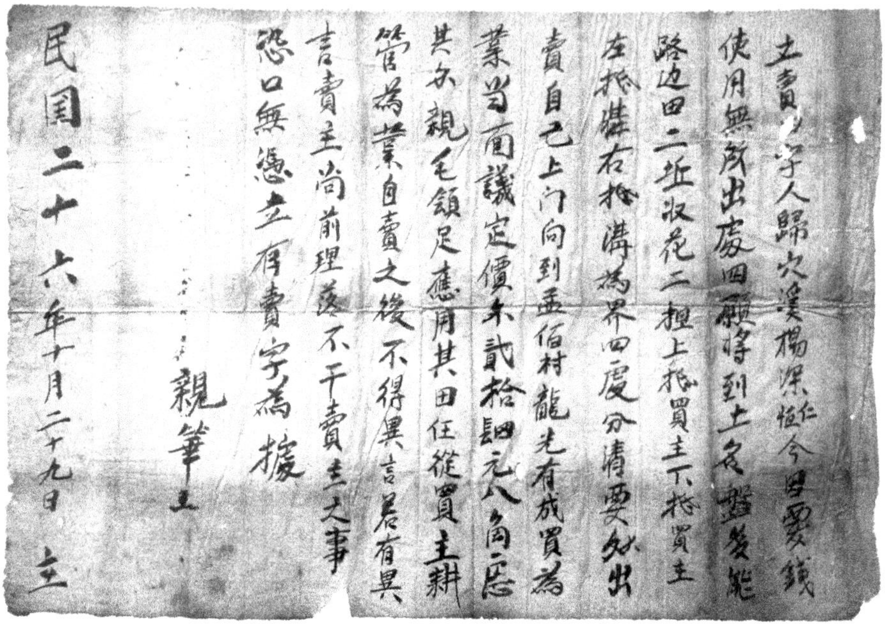
立賣[illegible]字人歸次溪楊深恒仁今因要錢
使用無所出處四願將到土名盤髮能
路边田二坵收花二担上抵買主下抵買主
左抵堪右抵溝為界四處分清要錢出
賣自己上门向到岳佰村龍光有成買為
業當面議定價禾貳拾捌元八角正
其名親手領足應用其田任從買主耕
管為業自賣之後不得異言若有異
言賣主尚前理落不干買主之事
恐口無憑立有賣字為據
親筆立
民国二十六年十月二十九日 立

编号：LZS128（350mm×380mm）

LZS128　民国二十六年十月二十九日杨深仁等卖田字*

一　立賣田字人歸穴溪楊深仁恒，今因要錢

二　使用，無所出處，四願（將）到土名盤多能

三　路边田二坵，（收）花二担，上抵買主，下抵買主，

四　左抵溝，右抵溝為界，四（處）分清。要（錢）出

五　賣，自己上门问到孟佰村龍光有成買為

六　業。当面議定價（錢）（貳）拾（肆）元八角（整），

七　其（錢）親毛（領）足應用，其田任（從）買主耕

八　管為業。自賣之後，不得異言。若有異

九　言，賣主尚前理落，不干賣主之事。

十　恐口無憑，立有賣字為（據）。

十一　　　　　　親筆　立

十二　民国二十六年十月二十九日　立

* 此为杨深仁、杨深恒民国二十六年（1937年）十月二十九日卖田字据，原件现保藏于龙昭松家中，原色影像典藏于贵州师范学院『中国山地民族特色文献数据库』，编号为LZS128。原件内容共12列161字。原件中有多处明显烟熏痕迹，并有多处缺孔。

编号：LZS129（290mm×230mm）

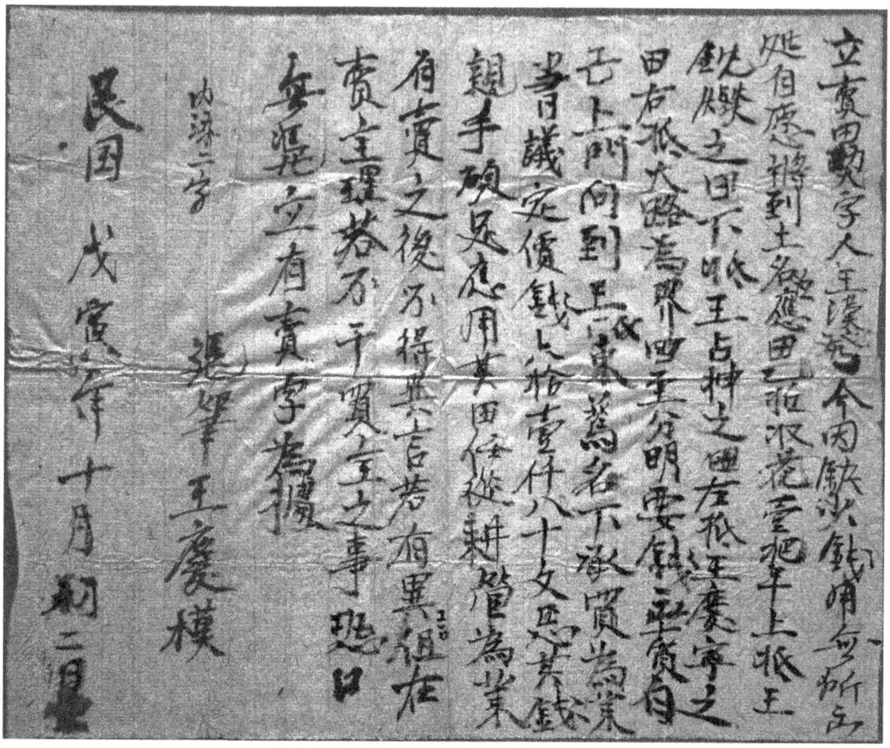

立賣田地字人王澤奎今因缺少錢用無所出
處自愿將到土名[illegible]田一坵收花壹把半上抵王
欽爕之田下抵王占坤之田左抵王慶寧之
田右抵大路為界四至分明要錢出賣自
己上門問到王氏東蘭名下承買為業
當日議定價錢七拾壹仟八十文正其錢
親手領足應用其田任從耕管為業
自賣之後不得異言若有異[illegible]在
賣主理落不干買主之事恐口
無憑立有賣字為據
內添二字
憑筆 王慶模
民国 戊寅 年 十月 初二日

LZS129　民国二十七年十月初二日王汉发卖田契*

一　立賣田契字人王漢(發),今因鈌少錢用,無所(出)

二　(処),自愿將到土名應‖归田乙𢫨,(收)花壹把半,上抵王

三　鉄(燦)之田,下抵王占(神)之田,左抵王慶寧之

四　田,右抵大路為界,四至分明。要錢(出)賣,自

五　己上門问到王氏東(鸞)名下承買為業。

六　当日議定價錢六拾壹仟八十文(整),其錢

七　親手領足應用,其田任從耕管為業。

八　自賣之後,不得異言。若有異言,(俱)在

九　賣主理落,不干買主之事。恐口

十　無(凴),立有賣字為摢。

十一　內(添)二字　(凴)筆　王慶模

十二　民国戊寅年十月初二日　立

*此为王汉发民国二十七年(1938年)十月初二日卖田契约,原件现保藏于龙昭松家中,原色影像典藏于贵州师范学院『中国山地民族特色文献数据库』,编号为LZS129。原件内容共12列169字。原件中有多处明显污渍,中间有明显折痕。

编号：LZS130（340mm×550mm）

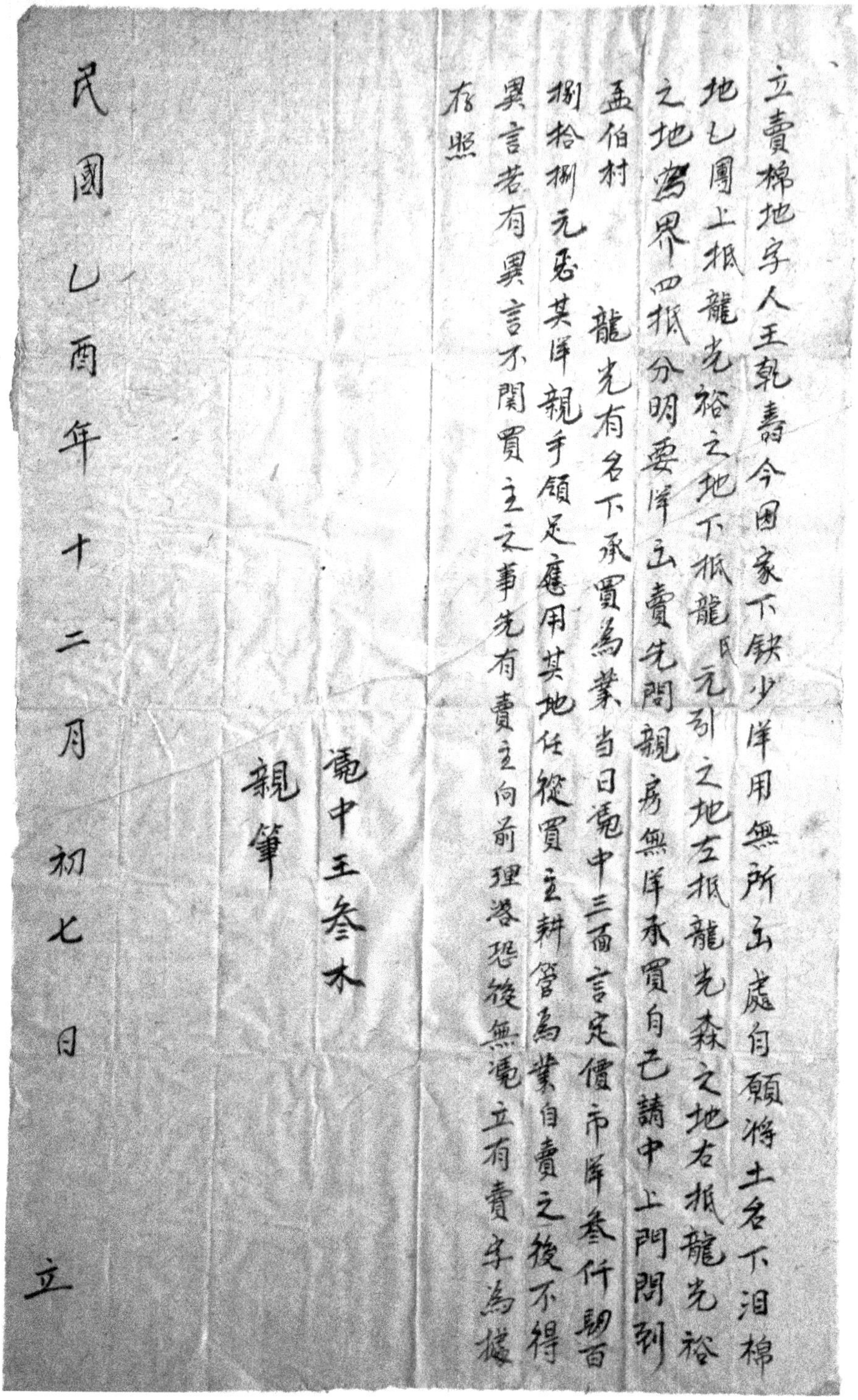

立賣棉地字人王乾壽今因家下缺少洋用無所出處自願將土名下汨棉
地乙團上抵龍光裕之地下抵龍氏元引之地左抵龍光森之地右抵龍光裕
之地爲界四抵分明要洋出賣先問親房無洋承買自己請中上門問到
孟伯村　龍光有名下承買爲業當日憑中三面言定價市洋叁仟肆百
捌拾捌元零其洋親手領足應用其地任從買主耕管爲業自賣之後不得
異言若有異言不閑買主之事先有賣主向前理落恐後無憑立有賣字爲據
存照

憑中王叁木

親筆

民國乙酉年十二月初七日　立

LZS130　民国三十四年十二月初七日王乾寿卖棉地字*

一　立賣棉地字人王乾壽，今因家下缺少洋用，無所（出）處，自願（將）土名下汨棉

氏

二　地乙團，上抵龍光裕之地，下抵龍元引之地，左抵龍光森之地，右抵龍光裕

三　之地為界，四抵分明。要洋（出）賣，先問親房，無洋承買，自己請中上門問到

四　孟伯村　龍光有名下承買為業。当日（凴）中三面言定價市洋叁仟（肆）百

五　捌拾捌元（整），其洋親手領足應用，其地任從買主耕管為業。自賣之後，不得

六　異言。若有異言，不関買主之事，先有賣主向前理落。恐後無（凴），立有賣字為據

七　存照。

八　（凴）中　王叁木

九　親筆

十　民國乙酉年十二月初七日　立

*此为王乾寿民国三十四年（1945年）十二月初七日卖棉地字据，原件现保藏于龙昭松家中，原色影像典藏于贵州师范学院『中国山地民族特色文献数据库』，编号为LZS130。原件内容共10列192字。原件中间有明显折痕。

编号：LZS131（330mm×550mm）

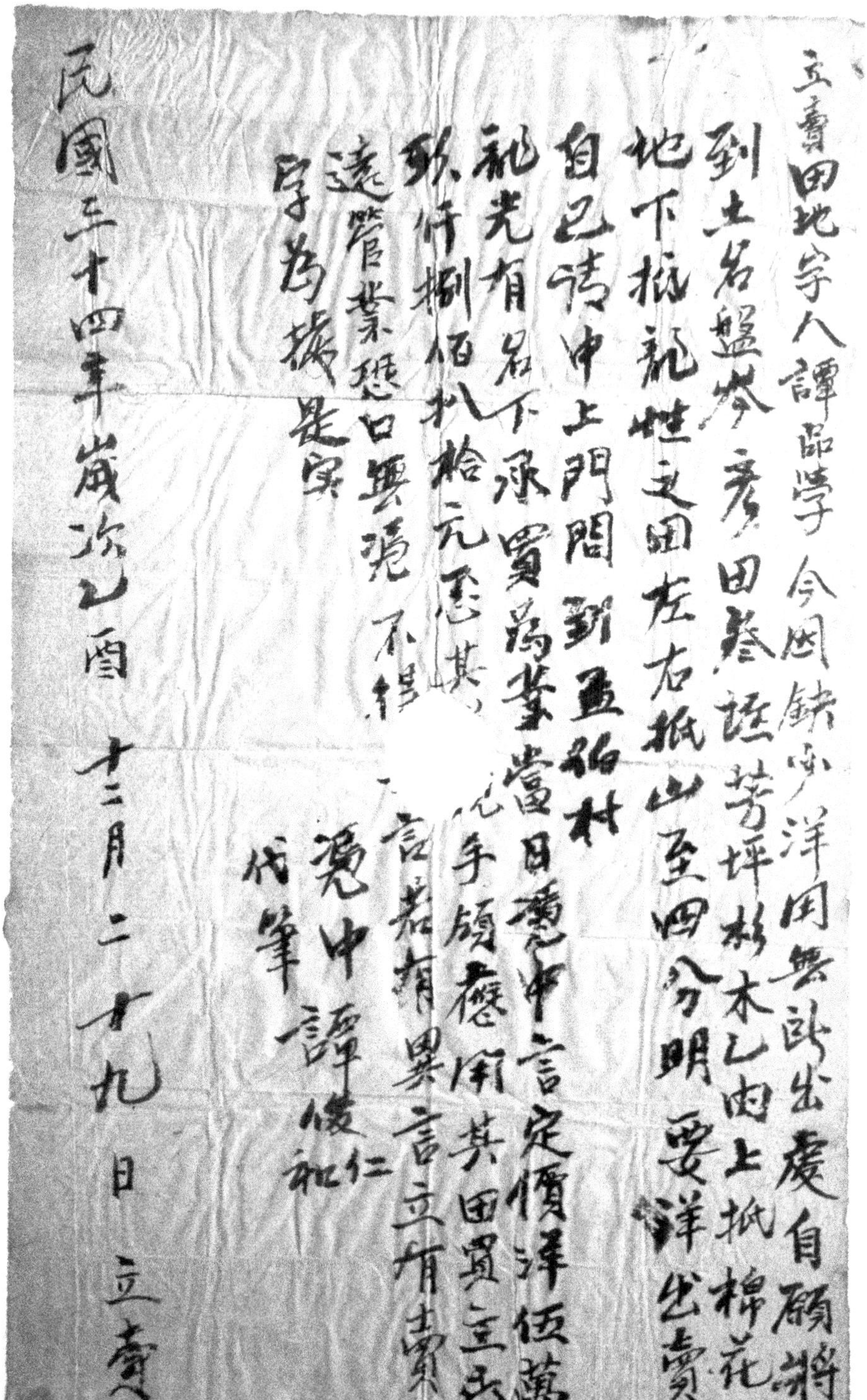
立賣田地字人譚品學今因缺少洋用無從出處自願將
到土名盤岑秀田叁坵芳坪杉木乙由上抵棉花
地下抵龍姓之田左右抵山至四分明要洋出賣
自己請中上門問到孟伯村
龍光有名下承買爲業當日憑中言定價洋伍萬
玖仟捌佰捌拾元正其[illegible]心手領應用其田買主
永遠管業恐口無憑 不[illegible]言嘉有異言立有賣
字爲據是實
憑中譚俊仁
代筆[illegible]和
民國三十四年歲次乙酉 十二月二十九日 立賣

LZS131　民国三十四年十二月二十九日谭品学卖田地字*

一　立賣田地字人譚品學，今因缺少洋用，(無)(所)出處，自願(將)

二　到土名盤岑彦田叁坵，芳坪杉木乙(内)，上抵棉花

三　地，下抵龍性之田，左右抵山，至四分明。要洋出賣，

四　自己请中上門問到孟伯村

五　龍光有名下承買為業。當日(凴)中言定價洋伍萬

六　玖仟捌佰扒拾元(整)，其□□手領應用，其田買主永

七　遠管業。恐口(無)(凴)，不得□言。若有異言，立有賣

八　字為據是实。

九　(凴)中　譚俊仁　代筆　譚俊和

十　民國三十四年歲次乙酉十二月二十九日　立賣

*此为谭品学民国三十四年(1945年)十二月二十九日卖田地字据，原件现保藏于龙昭松家中，原色影像典藏于贵州师范学院『中国山地民族特色文献数据库』，编号为LZS131。原件内容共10列157字。原件中部有一个较大缺孔。

编号：LZS132（290mm×360mm）

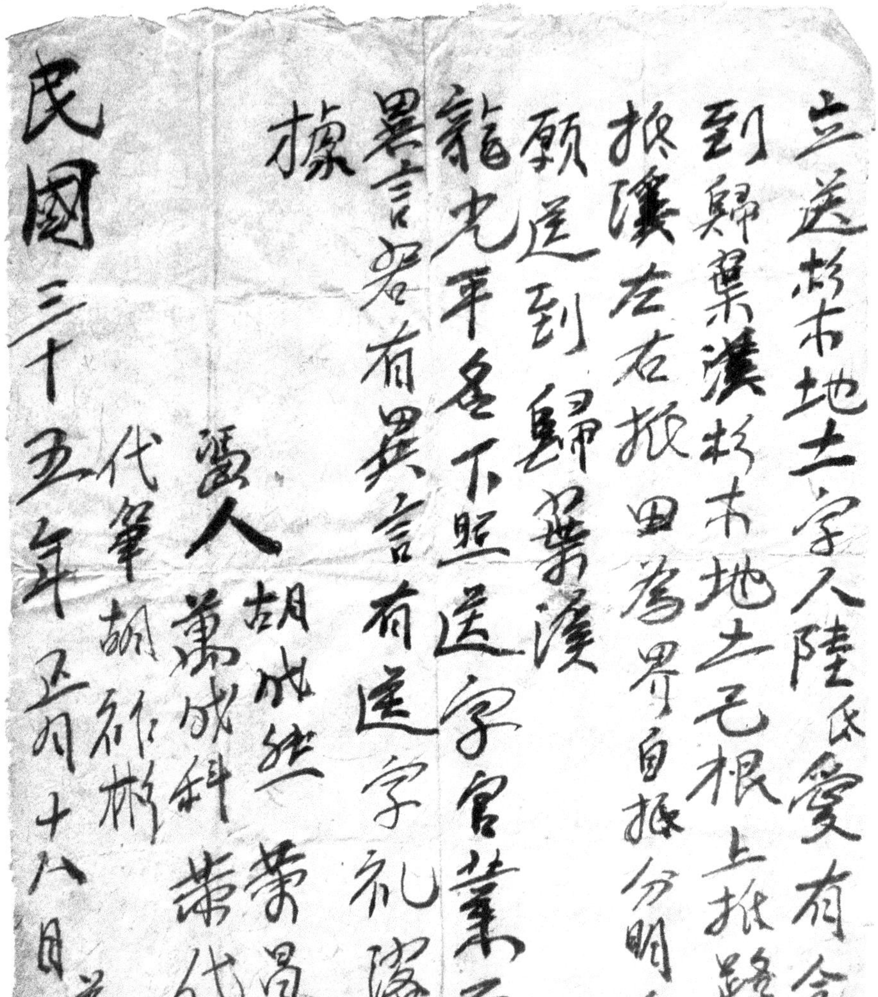

立送杉木地土字人陸氏愛有今送
到歸築溪杉木地土毛根上抵路下
抵溪左右抵田為界自抵分明自
願送到歸築溪
龍光平名下照送字管業不得
異言若有異言有送字礼路為
據

憑人 胡成継 黄昌
萬成科 蒲代
代筆 胡祈彬

民國三十五年五月十八日送

LZS132　民国三十五年正月十八日陆氏爱有送杉木地土字*

一　立送杉木地土字人陸（氏）爱有，今送

二　到（歸）葉溪杉木地土己根，上抵路，下

三　抵溪，左右（抵）田為界，自抵分明。自

四　願送到（歸）葉溪

五　龍光平名下照送字官業，不得

六　異言。若有異言，有送字礼落為

七　據。

八　　　憑人　胡成然　荣昌
　　　　　　萬成科　荣代

九　　　代筆　胡祚彬

十　民國三十五年正月十八日　送

*此为陆氏爱有民国三十五年（1946年）正月十八日送杉木地土字据，原件现保藏于龙昭松家中，原色影像典藏于贵州师范学院『中国山地民族特色文献数据库』，编号为LZS132。原件内容共10列101字。原件中部有一处较大缺孔。

编号：LZS133（310mm×370mm）

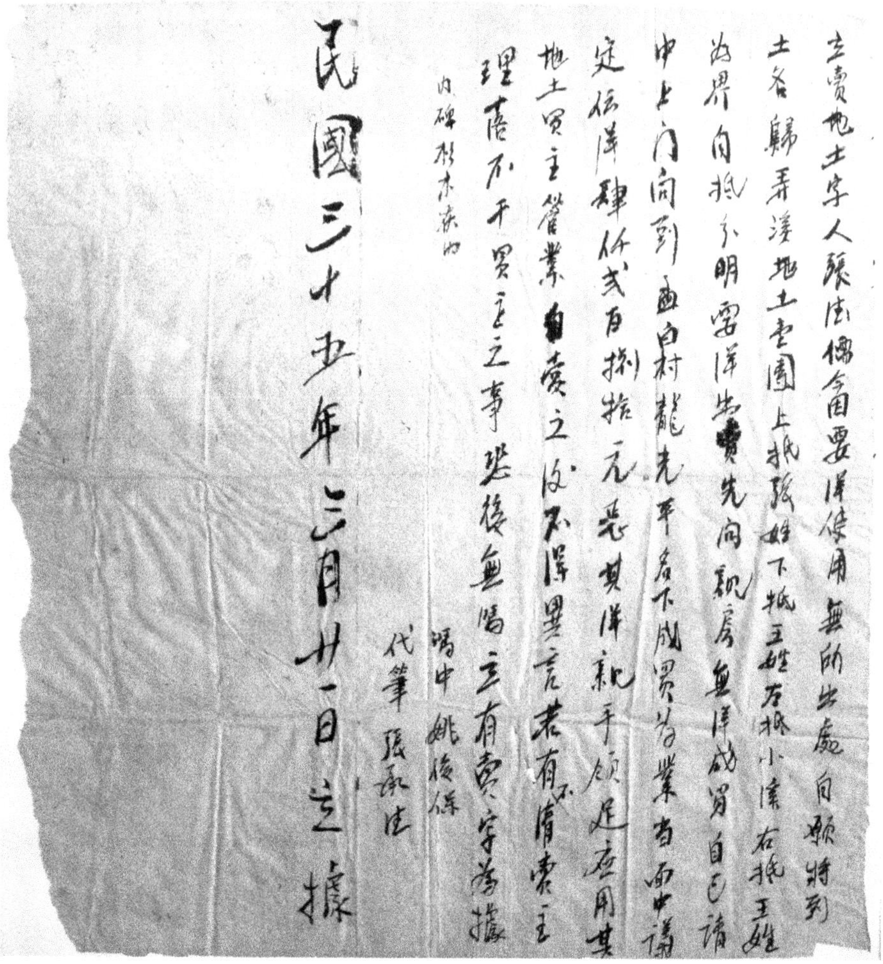

立賣地土字人張法儒今因要洋使用無所出處自願將到
土名歸弄溪地土壹團上抵張姓下抵王姓左抵小溪右抵王姓
為界四抵分明要洋出賣先問親房無洋承買自己請
中上門問到西面村龍光平名下承買為業當面中議
定價洋肆仟貳百捌拾元整其洋親手領足應用其
地土買主管業自賣之後不得異言若有不清賣主
理落不干買主之事恐後無憑立有賣字為據
憑中 姚德保
代筆 張承法
內碑杉木在內
民國三十五年三月廿一日立據

LZS133　民国三十五年三月二十一日张德儒卖地土字*

一　立賣地土字人張德儒，今因要洋使用，(無)所出處，自願將到

二　土名(歸)弄溪地土壹團，上抵張姓，下抵王姓，左抵小溪，右抵王姓

三　為界，自抵分明。要洋出賣，先问(親)房，(無)洋成買，自己请

四　中上门问到孟白村龍光平名下成買为業。当面中(議)

五　定(價)洋肆仟弍百捌拾元(整)，其洋(親)手領足应用，其

六　地土買主管業。自賣之(後)，不得異言。若有不清，賣主

七　理落，不干買主之事。恐後無(憑)，立有賣字為據。

八　内碑　杉木在内

九　　　　　　　　　　　憑中　姚俊保

十　　　　　　　　　　　代筆　張承德

十一　民國三十五年三月廿一日　　　立據

*此为张德儒民国三十五年(1946年)三月二十一日卖地土字据，原件现保藏于龙昭松家中，原色影像典藏于贵州师范学院『中国山地民族特色文献数据库』，编号为LZS133。原件内容共11列178字。

编号：LZS134（340mm×410mm）

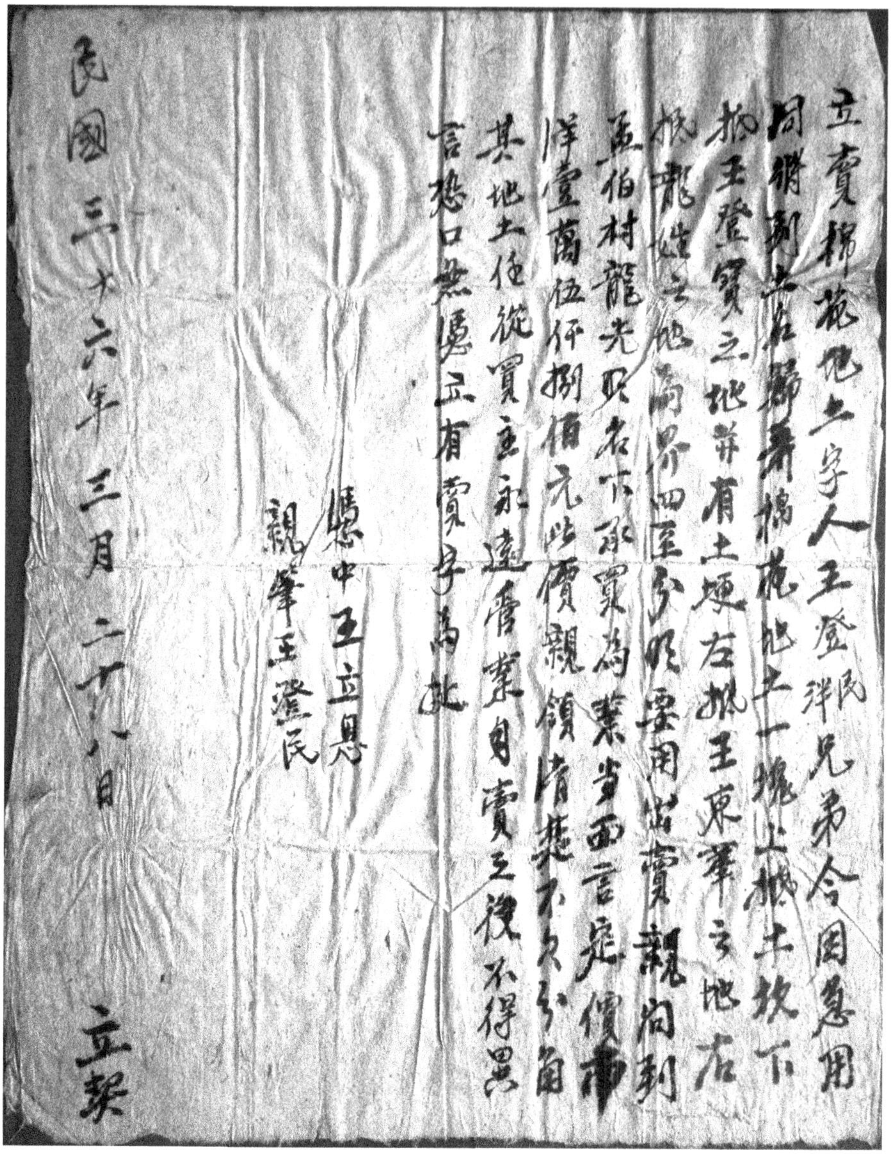
立賣棉花地土字人王登民泮兄弟今因急用
同衆商出在歸寄棉花地土一塊上抵土坎下
抵王登寶之地并有土埂左抵王東華之地右
抵龍姓之地為界四至分明要用出賣親尚到
孟伯村龍光明名下承買為業當面言定價錢
洋壹萬伍仟捌佰元此價親領清楚不欠分角
其地土任從買主永遠管業自賣之後不得異
言恐口無憑立有賣字為據
憑中　王立恩
親筆　王登民
民國三十六年　三月　二十八日　立契

LZS134 民国三十六年三月二十八日王登民等卖棉花地土字*

立賣棉花地土字人王登民洋兄弟，今因急用，
同將到土名(歸)弄棉花地土一塊，上抵土坎，下
抵王登寶之地并有土埂，左抵王東華之地，右
抵龍姓之地為界，四至分明。要用出賣，親问到
孟伯村龍光明名下承買為業。当面言定價市
洋壹萬伍仟捌佰元，此價親領清楚，不欠分角，
其地土任從買主永遠(管)業。自賣之後，不得異
言。恐口無憑，立有賣字為(拠)。
憑中 王立恩
親筆 王登民
民國三十六年三月二十八日 立契

*此为王登民、王登洋兄弟民国三十六年(1947年)三月二十八日卖棉花地土字据，原件现保藏于龙昭松家中，原色影像典藏于贵州师范学院『中国山地民族特色文献数据库』，编号为LZS134。原件内容共11列161字。

编号：LZS135（355mm×270mm）

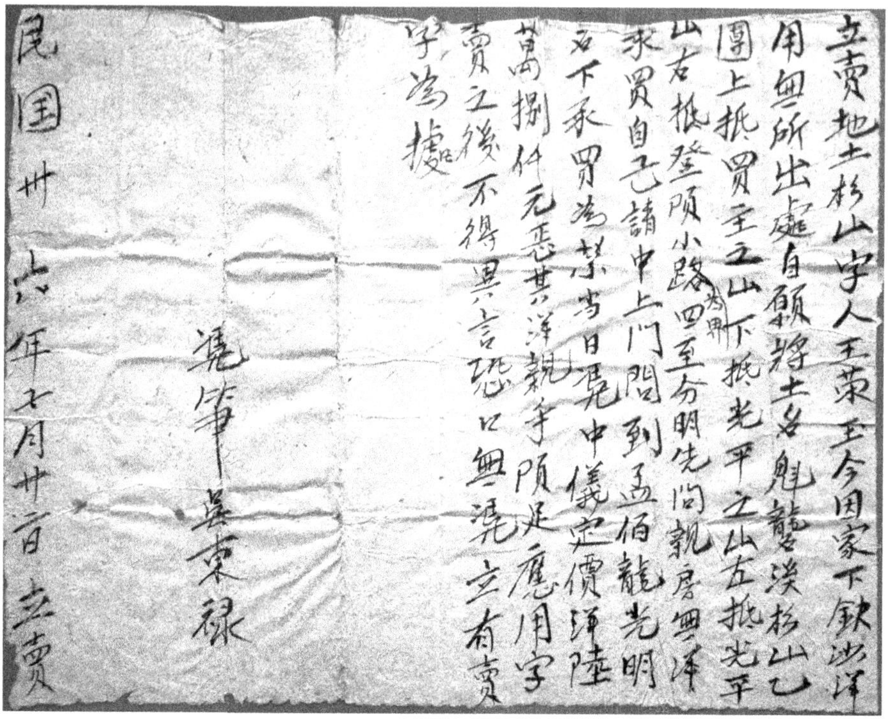
立賣地土杉山字人王荣丰今因家下缺少洋
用無所出處自願將土名鬼龍溪杉山乙
團上抵買主之山下抵光平之山左抵光平
山右抵登頂小路為界四至分明先問親房無洋
承買自己請中上門問到孟佰龍光明
名下承買為業當日憑中議定價洋陸
萬捌仟元悉其洋親手領足應用字
賣之後不得異言恐口無憑立有賣
字為據

憑筆 吴東禄

民国卅六年七月廿三日 立賣

LZS135　民国三十六年七月二十二日王荣玉卖地土杉山字*

一　立賣地土杉山字人王荣玉，今因家下鈌（少）洋

二　用，無所出處，自（願）將土名魁礱溪杉山乙

三　團，上抵（買）主之山，下抵光平之山，左抵光平

四　山，右抵登（领）小路，為界四至分明。先问（親）房，無洋

五　承（買），自己請中上门問到孟佰龍光明

六　名下承（買）為（業）。当日（凴）中儀定價洋陸

七　萬捌仟元（整），其洋親手（领）足應用。字

八　（賣）之後，不得異言。恐口無（凴），立有（賣）

九　字為據。

十　　　　（凴）筆　吳東禄

十一　民国卅六年七月廿二日　立賣

*此为王荣玉民国三十六年（1947年）七月二十二日卖地土杉山字据，原件现保藏于龙昭松家中，原色影像典藏于贵州师范学院『中国山地民族特色文献数据库』，编号为LZS135。原件内容共11列148字。原件中有多处水渍。

编号：LZS136（380mm×440mm）

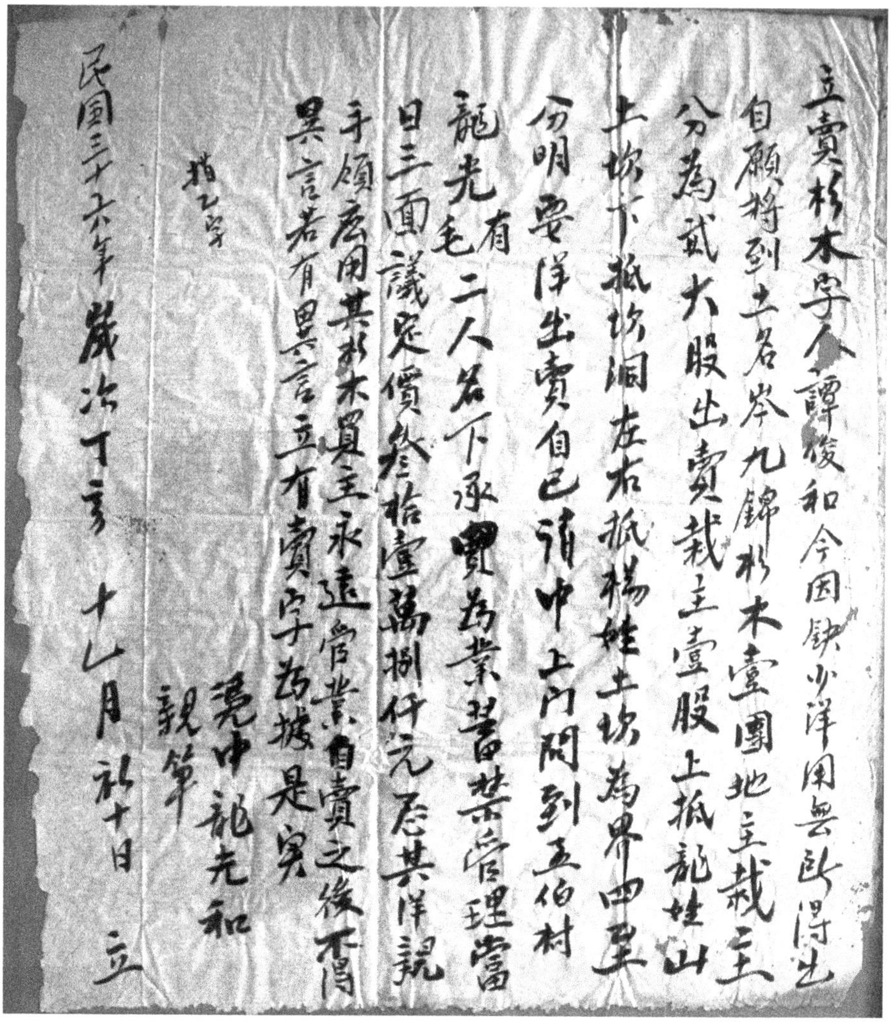
立賣杉木字人譚俊和今因缺少洋用無所得出
自願將到土名岑九錦杉木壹團地主栽主
分為貳大股出賣栽主壹股上抵龍姓山
上坎下抵坎涧左右抵楊姓土坎為界四至
分明要洋出賣自己請中上门問到五伯村
有
龍光毛二人名下承買為業蓄禁管理當
日三面議定價叁拾壹萬捌仟元正其洋親
手領應用其杉木買主永遠管業自賣之後不問
異言若有異言立有賣字為據是實
憑中 龍先和
親筆
措乙字
民國三十六年歲次丁亥 十一月 初十日 立

LZS136　民国三十六年十一月初十日譚俊和卖杉木字*

一　立賣杉木字人譚俊和，今因鈌少洋用，(無)(所)得出，

二　自願(將)到土名岑九錦杉木壹團，地主、栽主

三　分為貳大股，出賣栽主壹股，上抵龍姓山

四　土坎，下抵坎洞，左右抵楊姓土坎為界，四至

五　分明。要洋出賣，自己请中上门問到孟伯村

六　龍光有/毛二人名下承買為業，蓄禁(管)理。(當)

七　日三面議定價叁拾壹萬捌仟元(整)，其洋親

八　手領(應)用，其杉木買主永遠(管)業。自賣之後，不得

九　異言。若有異言，立有賣字為摅是实。

十　措乙字。　(凴)中　龍光和

十一　親筆

十二　民国三十六年歲次丁亥十乙月初十日　立

*此为譚俊和民国三十六年(1947年)十一月初十日卖杉木字据，原件现保藏于龙昭松家中，原色影像典藏于贵州师范学院『中国山地民族特色文献数据库』，编号为LZS136。原件内容共12列177字。原件中有多处虫蚀缺孔。

编号：LZS137（190mm×430mm）

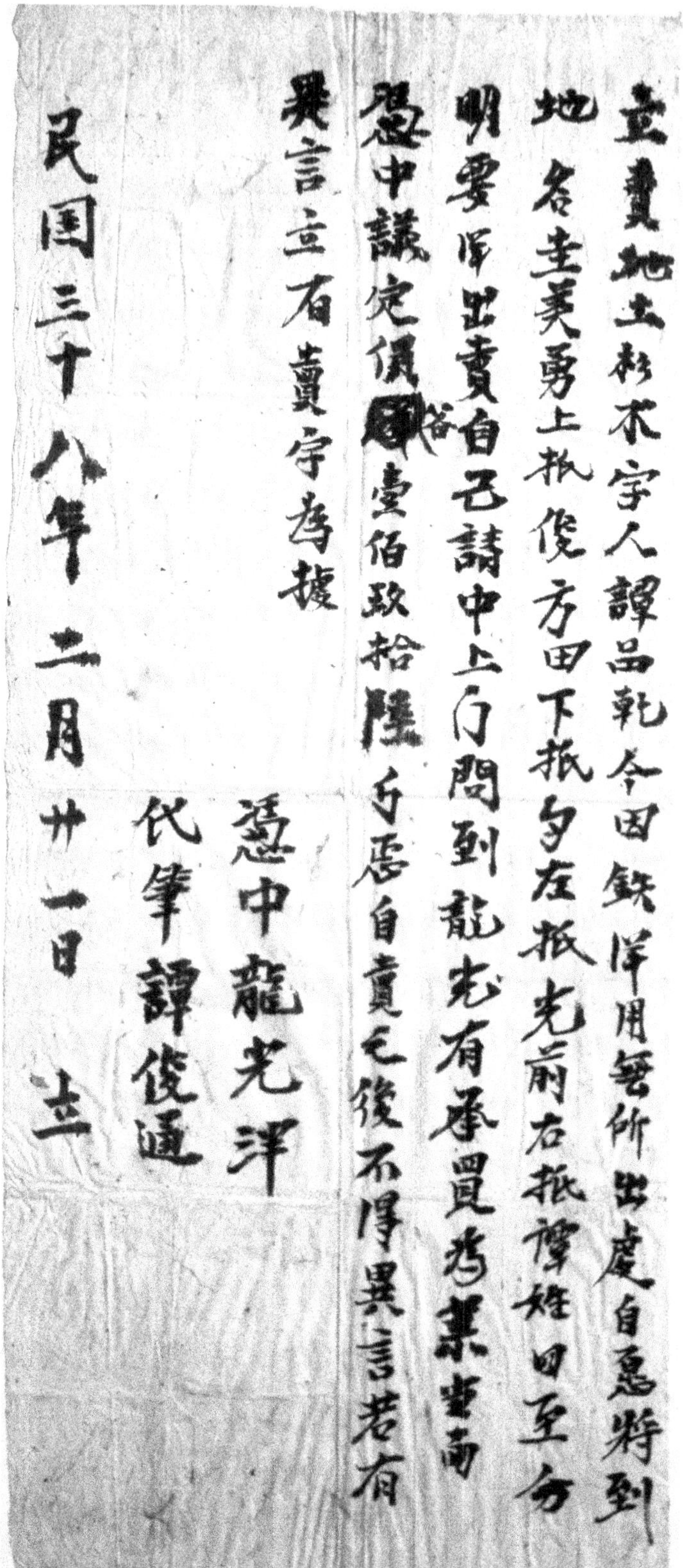
立賣地土杉木字人譚品乾今因缺洋用無所出處自愿將到
地名圭美勇上抵俊方田下抵乡左抵光前右抵潭姓田至分
明要洋出賣自己請中上门問到龍光有承買為業當面
憑中議定價國幣壹佰玖拾陸仟整自賣之後不得異言若有
異言立有賣字為據
憑中 龍光洋
代筆 譚俊通
民国三十八年二月廿一日 立

LZS137　一九四九年二月二十一日譚品乾卖地土杉木字*

一　立賣地土杉木字人譚品乾，今因鈌洋用，(無)所出處，自愿(將)到

二　地名圭美勇，上(抵)俊方田，下(抵)匀，左(抵)光前，右(抵)譚姓，四至分

三　明。要洋出賣，自己請中上门問到龍光有承買為(業)。当面

四　憑中議定價■(谷)壹佰玖拾陸斤(整)。自賣之後，不得異言。若有

五　異言，立有賣字為(據)。

六　　　　　　　憑中　龍光泮

七　　　　　　　代筆　譚俊通

八　民国三十八年二月廿一日　立

* 此为譚品乾一九四九年二月二十一日卖地土杉木字据，原件现保藏于龙昭松家中，原色影像典藏于贵州师范学院『中国山地民族特色文献数据库』，编号为LZS137。原件内容共8列123字。

编号：LZS138（290mm×420mm）

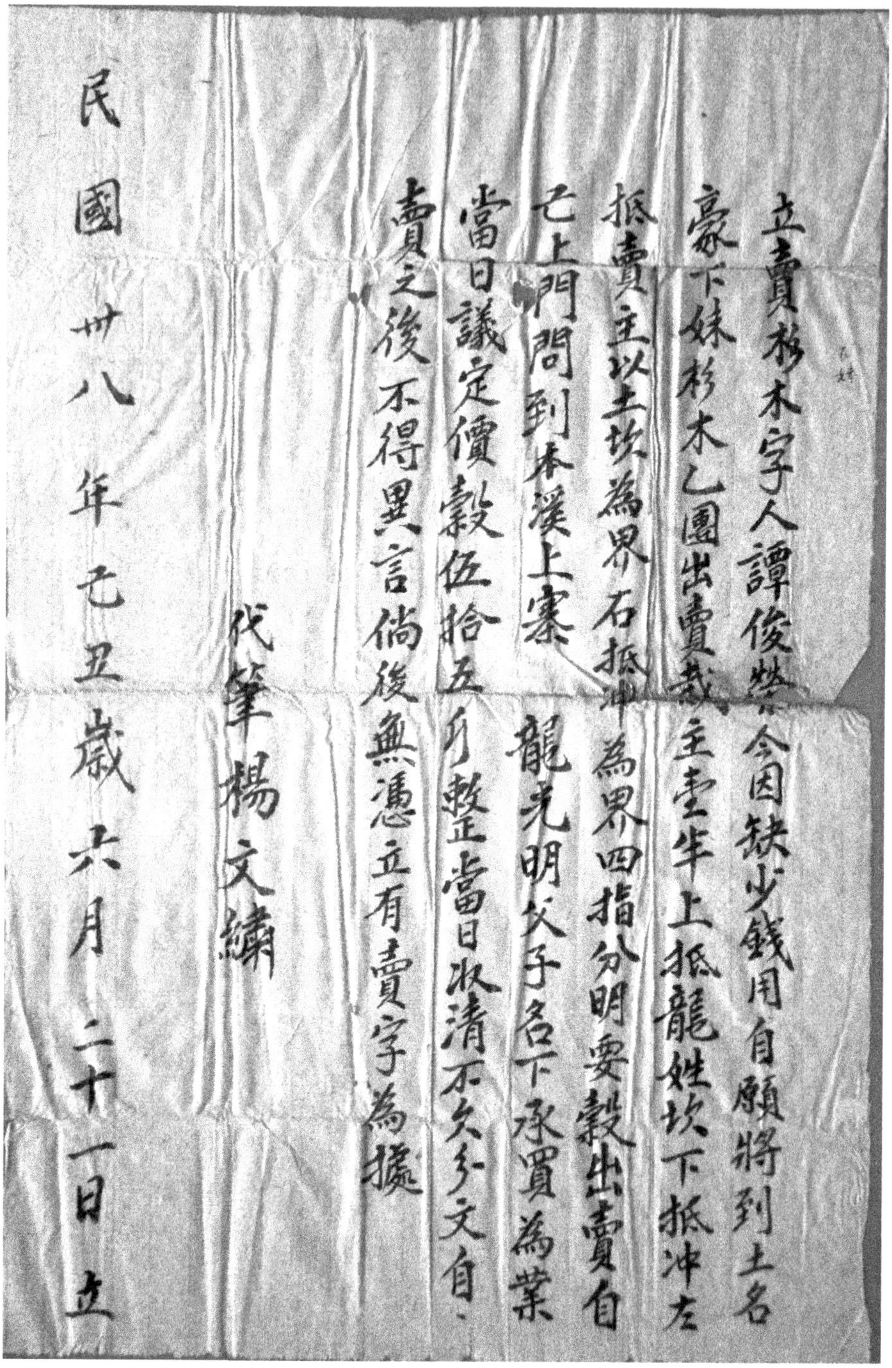

立賣杉木字人譚俊燊今因缺少錢用自願將到土名
豪下妹杉木乙團出賣栽主壹半上抵龍姓坎下抵冲左
抵賣主以土坎為界右抵冲為界四指分明要穀出賣自
己上門問到本寨上寨龍光明父子名下承買為業
當日議定價穀伍拾五斤整正當日收清不欠分文自
賣之後不得異言倘後無憑立有賣字為據

代筆 楊文繡

民國卅八年己丑歲六月二十一日立

LZS138　一九四九年六月二十一日譚俊荣卖杉木字*

一　立賣杉木字人譚俊榮，今因缺少錢用，自願將到土名

二　豪下妹杉木乙團，出賣栽主壹半。上抵龍姓坎，下抵冲，左

三　抵賣主以土坎為界，右抵冲為界，四指分明。要穀出賣，自

四　己上門問到本溪上寨　　龍光明父子名下承買為業。

五　當日議定價穀伍拾五斤整，當日（收）清，不欠分文。自

六　賣之後，不得異言。倘後（無）憑，立有賣字為據。

七　　　　代筆　楊文（繡）

八　民國卅八年己丑（歲）六月二十一日　　　　立

*此为谭俊荣一九四九年六月二十一日卖杉木字据，原件现保藏于龙昭松家中，原色影像典藏于贵州师范学院『中国山地民族特色文献数据库』，编号为LZS138。原件内容共8列142字。原件中部有明显折痕，有多处缺孔。

编号：LZS139（310mm×570mm）

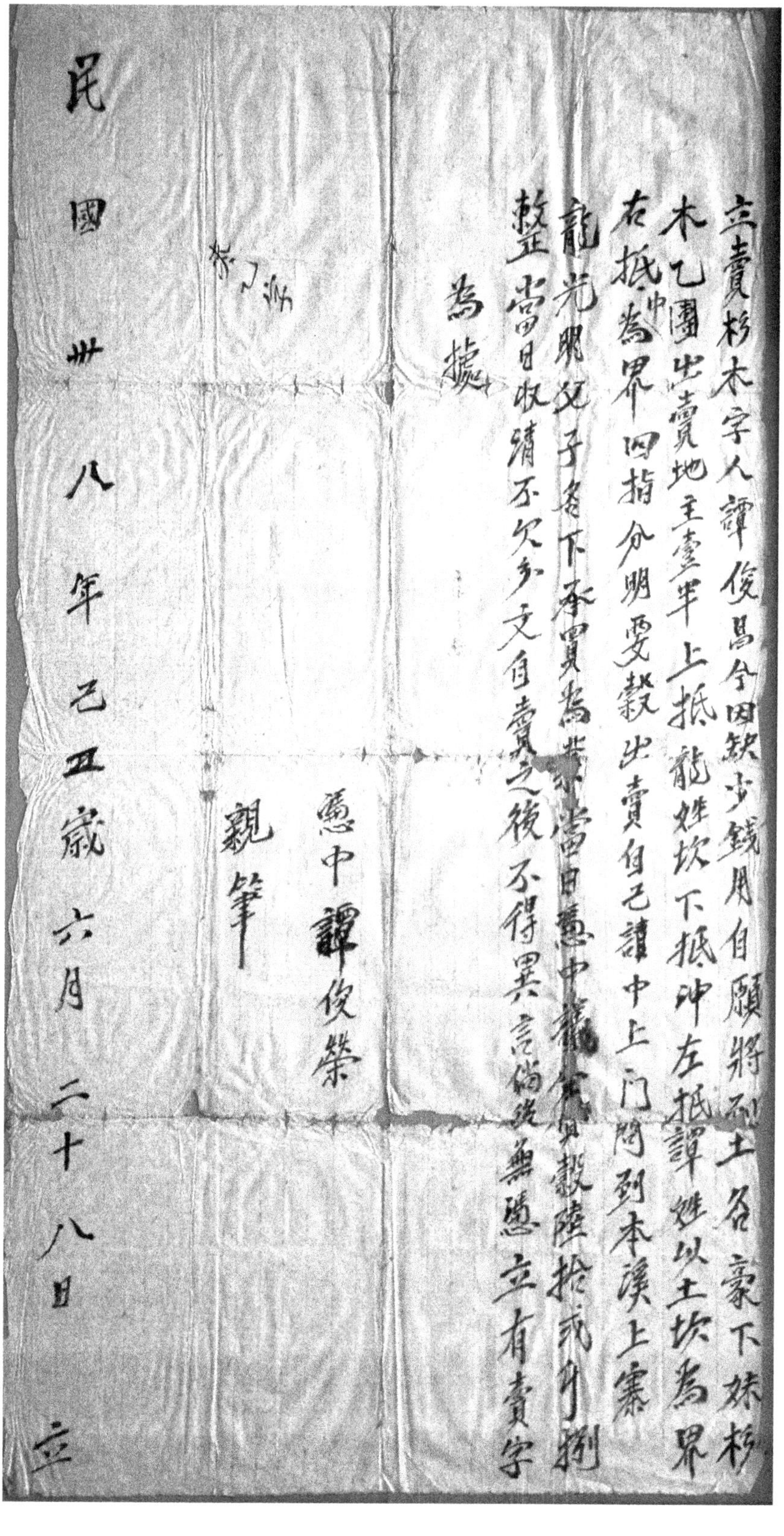

立賣杉木字人譚俊昌今因缺少錢用自願將到土名豪下妹杉木乙團出賣地主壹半上抵龍姓坎下抵冲左抵譚姓以土坎為界右抵（中）為界四指分明要穀出賣自己請中上门問到本溪上寨龍光明父子名下承買為業當日憑中議定價穀陸拾貳斤捌整當日收清不欠分文自賣之後不得異言倘後無憑立有賣字為據

憑中譚俊榮

親筆

民國卅八年己丑歲六月二十八日立

LZS139　一九四九年六月二十八日譚俊昌卖杉木字*

一　立賣杉木字人譚俊昌，今因缺少錢用，自願將到土名豪下妹杉

二　木乙團，出賣地主壹半。上抵龍姓坎，下抵冲，左抵譚姓以土坎為界，

三　右抵中為界，四指分明。要穀出賣，自己請中上门問到本溪上寨

四　龍光明父子名下承買為業。當日憑中議定價穀陸拾（弍）斤捌

五　整，當日（收）清，不欠分文。自賣之後，不得異言。倘後（無）憑，立有賣字

六　為據。

七　（添）乙字　　憑中　譚俊榮

八　　　　　　　親筆

九　民國卅八年己丑（歲）六月二十八日　立

*此为譚俊昌一九四九年六月二十八日卖杉木字据，原件现保藏于龙昭松家中，原色影像典藏于贵州师范学院『中国山地民族特色文献数据库』，编号为LZS139。原件内容共9列152字。原件中有多处明显折痕和缺孔。

编号：LZS140（350mm×430mm）

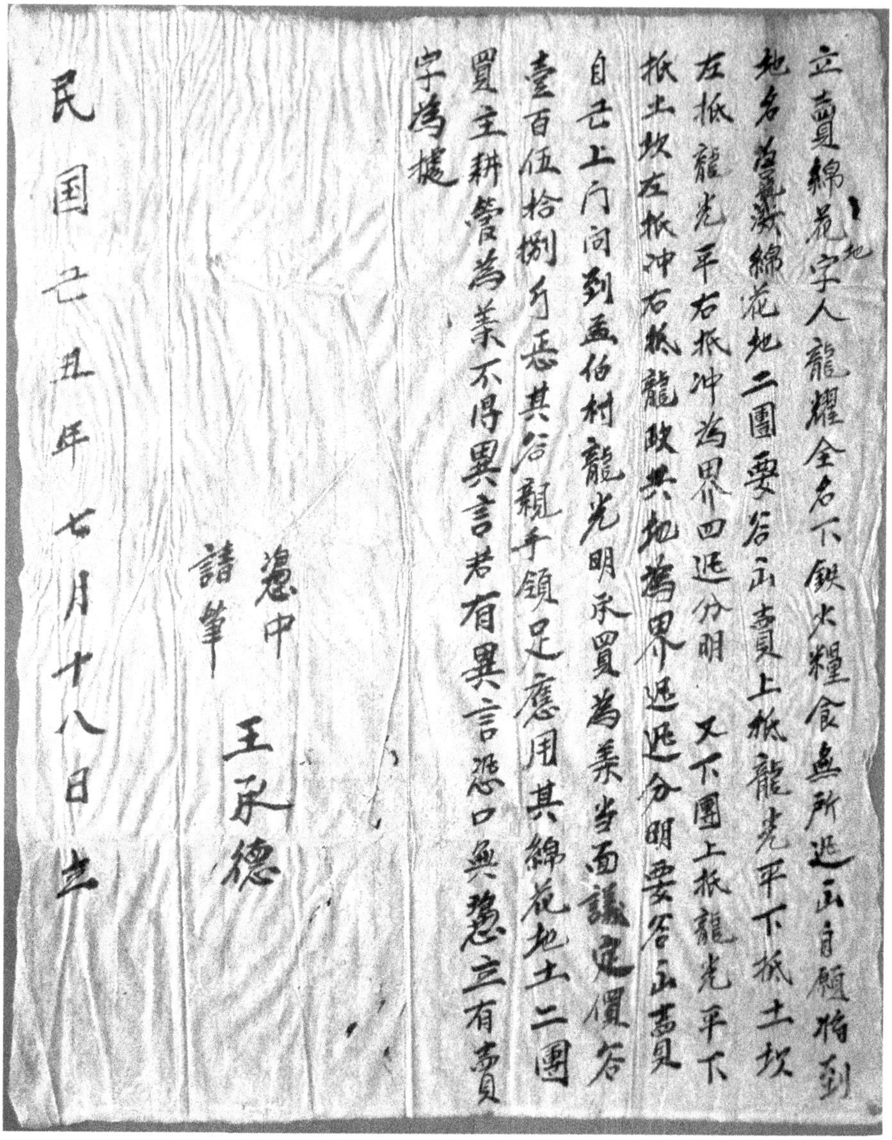

立賣綿花地字人龍耀全名下缺少糧食無所出自願將到
地名[illegible]綿花地二團要谷出賣上抵龍光平下抵土坎
左抵龍光平右抵冲為界四抵分明　又下團上抵龍光平下
抵土坎左抵冲右抵龍政其地為界四抵分明要谷出賣
自己上門問到孟伯村龍光明承買為業當面議定價谷
壹百伍拾捌斤悉其谷親手領足應用其綿花地土二團
買主耕管為業不得異言若有異言恐口無憑立有賣
字為據

憑中
請筆　王承德

民国乙丑年七月十八日　立

LZS140　一九四九年七月十八日龙耀全卖棉花地字*

一　立賣綿花地字人龍耀全，名下鈌少糧食，無所（処）（出），自願将到

二　地名归龍（幾）（綿）花地二團，要谷（出）賣。上抵龍光平，下抵土坎，

三　左抵龍光平，右抵冲為界，四（処）分明。又下團上抵龍光平，下

四　抵土坎，左抵冲，右抵龍政共地為界，（処）（処）分明。要谷（出）賣，

五　自己上门问到孟伯村龍光明承買為（業）。当面議定價谷

六　壹百伍拾捌斤（整），其谷親手領足應用，其（綿）花地土二團

七　買主耕管為（業），不得異言。若有異言，（恐）口（無）憑，立有賣

八　字為（據）。

九　　　　　　（憑）中　王承德
　　　　　　請筆

十　民国己丑年七月十八日立

*此为龙耀全一九四九年七月十八日卖棉花地字据，原件现保藏于龙昭松家中，原色影像典藏于贵州师范学院『中国山地民族特色文献数据库』，编号为LZS140。原件内容共10列178字。

编号：LZS141（400mm×480mm）

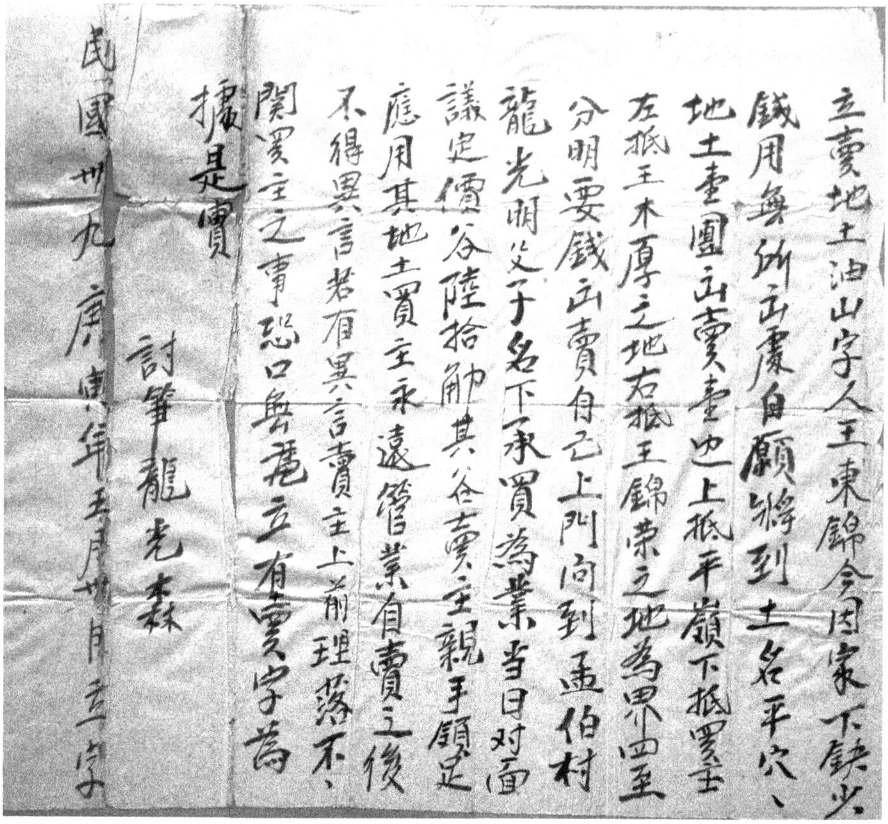

立賣地土油山字人王東錦今因家下缺少
錢用無所出處自願將到土名平穴、
地土壹團出賣壹也上抵平嶺下抵買主
左抵王木厚之地右抵王錦荣之地為界四至
分明要錢出賣自己上門向到孟伯村
龍光朋父子名下承買為業当日对面
議定價谷陸拾觔其谷賣主親手領足
應用其地土買主永遠管業自賣之後
不得異言若有異言賣主上前理落不、
関買主之事恐口無憑立有賣字為
據是實

討筆　龍光森

民國廿九庚辰年五月廿日立字

LZS141　一九五零年五月三十日王东锦卖地土油山字*

一　立賣地土油山字人王東錦，今因家下缺少

二　錢用，（無）所（出）處，自願（將）到土名平穴

三　地土壹團（出）賣壹边。上抵平嶺，下抵買主，

四　左抵王木厚之地，右抵王錦荣之地為界，四至

五　分明。要錢（出）賣，自己上門问到孟伯村

六　龍光明父子名下承買為業。当日对面

七　議定價谷陸拾觔，其谷賣主親手領足

八　應用，其地土買主永遠管業。自賣之後，

九　不得異言。若有異言，賣主上前理落，不

十　関買主之事。恐口（無）（憑），立有賣字為

十一　據是實。

十二　　　　　討筆　龍光森

十三　民國卅九庚寅年五月卅日　　立字

---

*此为王东锦一九五零年五月三十日卖地土油山字据，原件现保藏于龙昭松家中，原色影像典藏于贵州师范学院『中国山地民族特色文献数据库』，编号为LZS141。原件内容共13列175字。原件左侧有严重裂痕。

编号：LZS142（390mm×290mm）

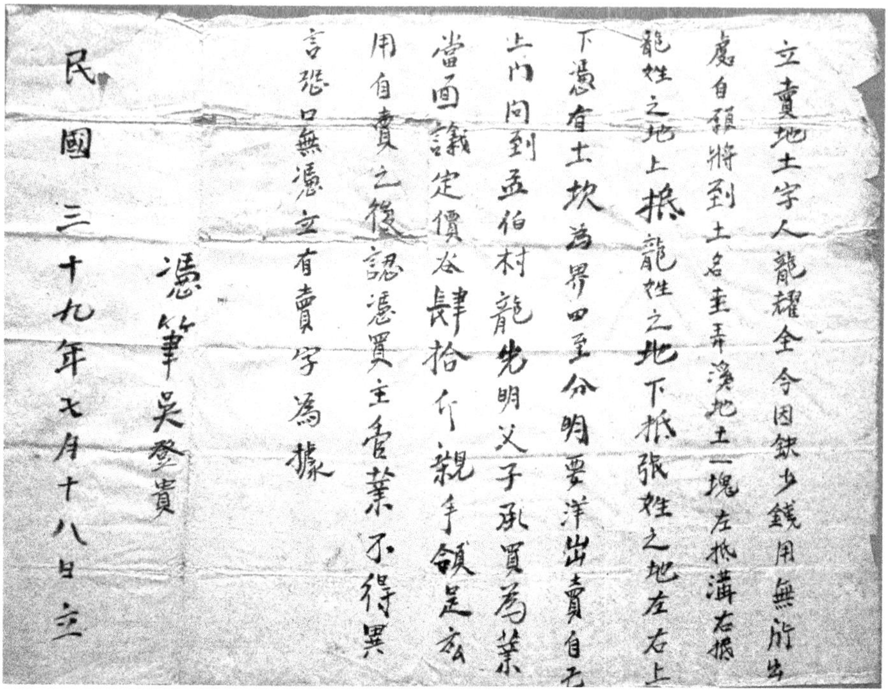

立賣地土字人龍耀全今因缺少錢用無所出
處自願將到土名圭弄溪地土一塊左抵滿右抵
龍姓之地上抵龍姓之地下抵張姓之地左右上
下憑有土坎為界四至分明要洋出賣自己
上門問到孟伯村龍先明父子承買為業
當面議定價谷肆拾斤親手領足交
用自賣之後認憑買主管業不得異
言恐口無憑立有賣字為據
憑筆吳登貴
民國三十九年七月十八日立

LZS142　一九五零年七月十八日龙耀全卖地土字*

一　立賣地土字人龍耀全，今因缺少錢用，無所出

二　（處），自願（將）到土名圭弄溪地土一塊，左抵溝，右抵

三　龍姓之地，上抵龍姓之地，下抵张姓之地，左右上

四　下憑有土坎為界，四至分明。要洋出賣，自己

五　上门问到孟伯村龍光明父子承買為業。

六　當面（議）定價谷肆拾斤，親手領足（应）

七　用。自賣之後，認憑買主（管）業，不得異

八　言。恐口無憑，立有賣字為據。

九　　　憑筆　吴登貴

十　民國三十九年七月十八日　　立

*此为龙耀全一九五零年七月十八日卖地土字据，原件现保藏于龙昭松家中，原色影像典藏于贵州师范学院『中国山地民族特色文献数据库』，编号为LZS142。原件内容共10列144字。原件中有多处严重折痕和缺孔。